净 因 ● 著

《六祖坛经》的创新思维

U0736714

宗教文化出版社

图书在版编目（CIP）数据

《六祖坛经》的创新思维 / 净因著 . -- 北京 : 宗教文化出版社 , 2023.9
ISBN 978-7-5188-1456-5

Ⅰ . ①六… Ⅱ . ①净… Ⅲ . ①《六祖坛经》—研究 Ⅳ . ① B946.5

中国国家版本馆 CIP 数据核字 (2023) 第 180902 号

《六祖坛经》的创新思维

净 因 著

出版发行：宗教文化出版社

地　　址：北京市西城区后海北沿 44 号（100009）

电　　话：64095215（发行部）13301206838（编辑部）

责任编辑：张越宏（280043175@qq.com）

版式设计：贺　兵

印　　刷：北京柯蓝博泰印务有限公司

版权专有　侵权必究

版本记录：787 毫米 ×1092 毫米　16 开　20 印张　390 千字
　　　　　2024 年 1 月第 1 版　2024 年 1 月第 1 次印刷

书　　号：ISBN 978-7-5188-1456-5

定　　价：88.00 元

《宝莲文库》(学术版)编纂委员会

序

　　倘若你造访世界各地的一些著名的博物馆，例如大英博物馆、巴黎的吉美博物馆、柏林的亚洲艺术博物馆、纽约的大都会博物馆、旧金山的亚洲艺术博物馆等，你会看到数量不少的佛教艺术展品，包括雕像、浮雕、壁画等。你会发觉东南亚的佛像和中国、韩国、日本的佛像在造型和艺术风格上有明显的分别。同样地，藏传佛教的佛像及菩萨像的造型，与汉传佛教的亦有显著的分别。这一方面反映了不同地域在审美观及艺术风格上的差异，亦同时反映了佛教在传播的过程中融入当地的文化，成为当地文化艺术的一个组成部分。换言之，这也反映了佛教的圆融无碍，能善巧地适应当地的环境，融入当地的文化艺术之中。

　　佛教的这种圆融的精神（或包容性），既体现于不同的地域或空间之中，亦体现于不同的时间里。佛教的宗旨是让人离苦得乐。在不同的时空里，苦与乐可能会有不同的演绎。佛教会因应当代社会的需求，以契理契机的方式，协助现代人离苦得乐。

　　时空的变化，如何改变我们的生活方式，乃至佛教的弘法利生事业呢？我这里且举一个例子。唐代初年，玄奘法师为了去印度学习大乘佛教中期的唯识经论，孤征万里，历尽艰险，走了三年才到达那烂陀大学学习，然后卓然有成。玄奘法师当然是最值得我们景仰的大德；但如果时空变了，我们今天去印度大可搭乘飞机，那就不用几天就能到达了。又或许在今天的网络时代，我们可以通过互联网，就能把唯识经论的主要内容从印度（或其他地方）传送过来，不一定需要老远跑一趟。这些都是时间所带来的变化。

　　说起网络，也应该提及网络时代教育的变化。现在越来越多的本科或研究生课程，都是以部分面对面授课、部分在线授课的方式进行。明显地，网络教育的比例是在逐步增加之中。美国有些名校的硕士课程，基本上是在网络上进行的。这册新书的内容，基本上就是净因教授在网络上讲授《六祖坛经》的内容；当然也包括了面对面的讨论与交流的时段。过去两年因疫情关系，许多大学都采用了在线授课的方式，对网络教育的功能有了更深刻的体会。

　　说起创新，《六祖坛经》原本就是中国佛教史上最亮丽的创新。在这部经中，佛陀的初心与本怀不变；佛法所涵盖的智慧与基本内容不变；但经文采用了近乎今天的白话文体，让广大民众读来更易懂更有亲切感。六祖的教法亦更人性化、生活化，为修行者指明了一条更清晰、更可行的菩提路，因此《六祖坛经》对整个中国佛教界乃至整个社会都产生了巨大而长期的影响。这些重要的创新，在本书中由净因教授娓娓道来，更显得引人入胜，让人有"拨开云雾见青天"的感觉，启发良多，获益匪浅。感恩净因教授用心为大家组织了这门关键的佛学课，实在无量感恩！

香港珠海学院校长

李焯芬

2021 年秋日

前 言①

人们常说佛法博大精深，深奥难懂。这的确是事实。释迦牟尼佛一生讲经约 300 回，说法 49 年，开设了 84000 种法门，对治 84000 种烦恼，繁芜丛杂，深邃精微，令人望而生畏。

然而，如果把人脑看成电脑，将 84000 种法门看作 84000 种思维软体，能够祛除人们心中的 84000 种思维病毒，那么这个时候，佛法就会变得非常容易理解，而且更能够贴近现实人生。

大家都知道，电脑软体需要不断更新才能够运转正常。我们的大脑同样如此。思维一旦形成，需要通过修行不断提升，才能避免凝滞不前。修行的目标之一就是提升人的思维高度，而思维的高度决定了人生的成就。

人们解决世界的问题，靠的是大脑的思维和智慧。从这种意义上讲，我们的大脑是解决各式疑难问题，调和人与自然、人与社会、人与人之间矛盾的最好武器，而决胜的关键就在于是否拥有先进的思维。

不同的人由于对自身的要求不同，或对其思维软体的更新有急缓之别，从而形成了深浅不一、形态各异的思维模式。有的科学家早在二十世纪八十年代接受《文艺研究》编辑部采访时，就提出了著名的"三种思维形式"理论，即将人类思维划分为形象思维、抽象思维和灵感思维三种。他还指出，人们在解决一个问题、做一项工作或某个思维过程中，至少是形象思维和抽象思维两种并用的。②而灵感思维，就是人们常说的直觉、顿悟，从佛教修学的角度，我

---

① 心举法师、黄伟龙博士对书稿做了细致全面的校改，提高了本书的质量，在此表示诚挚的谢意。
② 参见《人民日报》1985 年 2 月 18 日。

们也可以称其为"悟性思维"。虽然形象思维和抽象思维是更基本的思维形式，但灵感思维、悟性思维却是人类思维和智慧所能达到的最高形态。

灵感思维的性质与形象思维及抽象思维不同，灵感思维是一种"潜思维"，是潜意识的表现。这种思维虽然能够明显意识到，而且是与显意识相互协调工作的，但潜思维的具体运作方式却通常是人们难以反省的，就连目前的脑科学也尚不能清楚地揭示其生理基础和运行机制。不过，从佛教修学者的角度来看，灵感思维并非完全不可捉摸，而是切切实实可以通过修行习得的。

点、线、面、体是当前商界比较流行的另一种对思维结构的分类方式。

"点式思维"指的是一叶障目、不见森林那种短浅狭隘的思维方式。在商业社会中，最有代表性的就是那种急功近利、只做一锤子买卖的短视行为。而在佛教修学上面，追求当下受益或执着于一个心结，难以开解、不愿开解的情形也屡见不鲜。

"线性思维"，也就是逻辑思维。推此及彼、由因知果，在单一事件的推理上并不算错。但是，生活中出现的具体问题往往是多种因缘聚合分化的结果，而线性思维是单向的，如盲人摸象般只顾及自己所知的单一维度，往往沦于缺乏变化、不知转弯的执拗。

"平面思维"，即形象思维。在这一层面，人们能够从多个角度去审视和理解问题，大致推断出事件的全貌，但仍不能洞察根由，尤其是不能预测或控制事件的走向。

而"立体思维"，则是从整体结构上，动态、综合地观察把握对象的一种系统性思维方式。这种思维能够整合诸多琐细的零散要素，清理出由各种因果错杂交织而成的立体网络，于纷繁中洞察到事物的本质，乃至预见未来。

在一定意义上说，立体思维也就是作为人类思维最高形态的灵感思维、悟性思维。这种思维的特点是通过长期有效的知识积累而获得悟性，由悟性产生灵感，从而明察秋毫、见微知著。掌握这种思维方式的人，表现为直觉异常敏锐，判断精准明确，行事果敢迅速，从而无往而不胜，在各个领域均能比较容易地取得巨大成功。

我本人曾经有一段难忘的经历。一次乘飞机，当天下雨，我本以为无法坐飞机出行了，没料到飞机却如期起飞了。当飞机穿过云层的时候，窗外全是云，什么都看不到，但穿过云层之后却是晴空万里。这本是十分寻常的一件小事，但后来我恍然认识到，惠能大师所讲的"人人皆有"的"佛性"，就像天空中的太阳始终都在，从来不曾改变，只不过种种烦恼犹如乌云般遮蔽了我们的正确思维，让我们看不到心中的太阳，也就是看不到与生俱来的佛性。

同样，惠能大师所讲的"烦恼即菩提"，跟思维亦有关系。比如当思维处于低层次的时候，很小的事儿都会使我们感觉十分恼火。随着修为的提升，思维水平虽然有所提高，但我们可能仍会感觉迷茫。就像很多修学者，修行的时日不短，也不能说一无所得，但在重大问题上仍然容易产生困惑之感。其原因就在于，他当前的修行程度就好比飞机已经起飞，距离地面有一定高度了，但刚刚钻进云层，周遭只见云雾弥漫、迷蒙一片。这种时候尤其不能松懈，必须进一步提升自身，才能穿越云层，拨云见日，看到晴空万里的壮观景象。换句话说，当你的思维达到某个高度的时候，就等于把所有烦恼都抛到了脚下，以往缠绕、困惑自己的问题就不再是问题了。越度烦恼，方见菩提，这就是所谓的"烦恼即菩提"。可见，提升思维的高度至关重要，很多成功人士对此都有自己独到的见解。

明末清初的江南大儒陆世仪对"悟"有精辟的见解："人性中皆有悟，必工夫不断，悟头始出。如石中皆有火，必敲击不已，火光始现。"[①]置换为现代语言，即是说人的思维，从比较低级的思维形态，通过精勤修习，不断更新思维软体令其逐步提升，是一个积累的过程，一个由量变到质变的过程，最后到

---

① 清·陆世仪撰：《陆桴亭思辨录辑要》（一），收于王云五主编：《丛书集成初编》，上海：商务印书馆，1936年，第39页。

达悟性思维的高度。悟性是人人都有的潜能，有的人善于发掘，而更多的人则是甘于庸碌，弃而不用。

灵感思维、悟性思维之所以被认为是人类思维的最高形式，在于它能使人超越惯性思维和逻辑思维，步入悟性空间，获得准确的直觉和敏锐的灵感，激发出自身的创造力和其他各种潜能。人们可以凭借它登上巅峰，创造辉煌的人生，也借此为社会、为全人类作出卓越的贡献。很多人的成功都明显受益于这种悟性思维，商界如日本松下电器的创始人松下幸之助、美国苹果公司的创始人史蒂夫·乔布斯。归根结蒂，悟性思维、灵感思维属于一种创新思维，因为它跳出了习惯性和常规性的思维窠臼，具有鲜活的创造力和生命力，不时表现出超常规甚至反常规的特征，却出人意表地勘破问题的实质，想常人所不能想，行常人所不能行，从而建立非凡功业。

一般说来，在世俗社会中获得巨大成功离不了悟性思维、灵感思维这种创新型思维，而在佛道修学上也同样如此。譬如，在汉语文化圈中，通常只有各大宗教开创者的言行录被尊称为"经"；在汉译佛典中，译经者一般也只将佛教创教者释迦牟尼的言行录称为"佛经"。可是，从古至今却有一个例外，那就是将惠能的言行录追称为"坛经"。为什么会出现这样的特例呢？原因固然很多，但个中玄妙，或许主要在于惠能大师能够运用由悟性和灵感搭构而成的创新思维，从内心深处领悟到了宇宙人生的种种至理，再将这些至理用既平和又玄虚的特殊表达方式展示出来。《六祖坛经》（以下简称《坛经》）承载着惠能大师对人生、对佛法的感悟，是一部由悟性和灵感凝结而成的智慧宝典。换句话说，正是这种独特的创新思维成就了《坛经》，它的伟大正在于揭示了这种创新思维的力量。

本书的主旨，一方面在于揭示《坛经》中创新思维运作和表现自身的方式，令读者了知《坛经》在中国传统文化中占据特殊地位的思维形式根源；另一方面更期待通过对《坛经》的分析，使读者认识到悟性思维和创新思维的重要性，从而借助《坛经》的智慧，增强运用创新思维方式化解人生困惑的能力。既然我们已经知道思维方式是决定胜败的关键，悟性思维又代表了思维的最高层次，那么，我们最好能够学习、掌握这种超越惯性思维和逻辑思维的新思维方式，不断突破常规思维的界限，善于灵活运用超常规甚至反常规的方法，以独特而精准的视角去审视和思考问题，提出与众不同却行之有效的解决方案，从而收获既能提升自身，又有益国计民生的思维成果。

目 录

第一章 《六祖坛经》的文化创新

中华文明源远流长，而萌生于先秦时期的儒家文化是其无可置疑的核心和主干。在漫长的历史长河中，从春秋战国时期的百家争鸣逐渐变迁，最终形成了儒家为主，佛、道为辅的文化格局。尤其在伦理体系的建构上，儒家占有主导性地位。不过，无论是儒家，还是道家、法家等其他学派，在世俗伦理体系的建构中都存在着缺陷和短板。这些缺憾却为佛教的兴起和盛行提供了契机，在一定程度上也成为后世《六祖坛经》备受尊崇的文化基因上的助缘。

国学大师钱穆先生在一次学术讲演中，将《六祖坛经》列为了解中国文化最应读的九本书之一。他提出，上古时期的作品最应该读《论语》《孟子》《大学》《中庸》《老子》《庄子》，近古时期应该读朱子的《近思录》和王阳明的《传习录》，至于说中古时期，《六祖坛经》堪为代表。他还将《坛经》与《论语》《孟子》《大学》《中庸》《老子》《庄子》并列为"七经"，因为"中国文化，本不是一个人一家派所建立的"，"至少我自己是得了这几部书的好处"。钱穆先生对《坛经》的评价是"唐代禅宗开山的第一部书""中国第一部用白话文来写的书"。先生还特地辩白说，自己"并不是来提倡佛教，更不是在佛教里面来提倡禅宗"，只是说"唐代以后中国佛教中最盛行的是禅宗"，"这只是一件历史事实"。① 这些话出自国学大师而不是佛教大德之口，更能够证明《坛经》及它所代表的禅宗在中国传统文化中举足轻重的地位。

《坛经》对中国传统文化的影响是全方位的，其中对儒家的伦理观念和道

---

① 详见钱穆：《中国文化丛谈：复兴中华文化人人必读的几部书》，载于台北《青年战士报》，1968 年 2 月。

家修真思想的影响尤为显著。

第一节　"伦理义务"与"业力缘起"

《坛经》因其丰富的思想内涵和独特的语言表达，在中国思想文化史上占有独特的一席之地。而《坛经》和它所代表的禅宗思想对于中国传统价值观创新上的贡献，则是其能在千百年间长久流传、为民间喜闻乐见的深层原因。原始佛教的"业力缘起论"传至民间，很快就化为更加通俗的"三世因果说"。《坛经》等本土经典巧妙地将这种观念与中国传统中以天下事为己任、"先天下之忧而忧"的道德观相嫁接，为人人必须承担的伦理义务和责任提供了三世轮回的深层理论依据。"三世因果"也随之成为深入民心的伦理信条。

一、中国传统下的伦理义务及其分歧

大家都知道，儒家的创始者是孔子，后由孟子所发展，荀子集其大成。自春秋末期儒家学派开创以来，经过历代大儒的丰富和发展，最终形成了一整套宏大的社会政治和伦理价值体系，潜移默化地塑造或影响着汉语文化圈中的每一个人。

回到儒学创立之初，孔子谈得最多的是"仁"与"礼"。其中以"仁"为根本核心，进而论及义、礼、智、圣、和、忠、恕、敬、恭、宽、信、敏、惠、温、良、恭、俭、让、中庸等价值观念。到了孟子，他讲得最多的依然是仁、义、礼、智，但此外也强调了恻隐、恭敬、辞让、善恶、诚信、良知、民本等价值观念。西汉武帝时期，在皇权"罢黜百家，独尊儒术"政策的助力之下，儒家文化的影响逐步扩大，终以"正统"的姿态确立起"三纲五常"的伦理规范，成为此后维系两千多年的古代社会人伦关系的纽带。而"三纲五常"中"君为臣纲、父为子纲、夫为妇纲"的三纲及"仁、义、礼、智、信"的五常，历来被儒家认作是推动社会健康有序发展的保证。不过令人遗憾的是，历史上真正得到贯彻落实的似乎只有"三纲"，至于"五常"却一直未曾得到充分落实。

"三纲五常"构成了中国宗法社会的伦理结构，也是宗法等级制度的重要支柱。尽管碍于历史局限，对人的思想和行动多有束缚，但在维系基本社会秩序、保证社会平稳运行等方面毕竟发挥过正面作用。在"三纲五常"的大框架下又包含有具体的伦理规范，人们就在这些规范的引导、要求或约束下，形成了带有鲜明文化烙印的道德观念。

据《礼记·礼运》记载，早在中国文明发端的尧、舜时代，"大道之行"乃是"天下为公，选贤与能，讲信修睦"，法律仅仅是"圣人不得已而为之"的辅助手段，这就形成了中华民族最早、最基本的道德观之———责任第一，义务至上。

春秋战国时期群雄并起，世风随之一转，可以说天下为私，礼崩乐坏。这时候，孔子站出来主张恢复礼教，呼吁人们"克己复礼"。具体的做法即是用"五常"来调整和规范君臣、父子、兄弟、夫妇、朋友等人伦关系，要求每一个人在明白自己身份、地位的同时，严守自己应尽的道德责任。此时，儒家推崇的道德观仍首推责任与义务。

此后的千百年间，这种道德责任感一直占据着中国伦理价值观的主流，鼓励无数仁人志士以"为天地立心，为生民立命，为往圣继绝学，为万世开太平"（北宋张载语）为己任，自觉担负起为国为民的使命感与责任感。

与儒家基于"人之初，性本善"的出发点，主张君主以身作则、为政以德，再通过礼乐教化引导百姓向善的治理思路不同，先秦另一重要学派法家却将自私自利视作人的本性，主张只有树立君主绝对的权威，明确赏罚，"缘法而治"（《商君书·壹言》)，通过严刑峻法来保证万民履行自己的责任和义务。换而言之，以严刑威吓，使人民不敢违法；用厚赏鼓励，使人民乐于安分守法，以此达到对社会秩序的绝对控制。不过我们知道，秦朝依此治国却早早就"二世而亡"。

鉴于儒家与法家都无法使万民心甘情愿地履行责任和义务，道家认为天下难以长治久安的原因是统治者太多作为而造成的，人的本性乃是自然、无为，因而主张在治国方略上也应"无为而治"。事实上，道家的这一政治主张除了曾在西汉初年"轻徭薄赋，与民休息"（《汉书·昭帝纪》）短暂地施行了一个时期，其他时代均少有市场。

早有学者意识到了儒、法、道在治国方略上的分歧，以及在大一统表象下理想与现实之间的矛盾："事实上在帝制中国的两千多年中，虽然也有短时期儒家吏治观比较落实的情形，如东汉后期至南朝这一段，但从秦至清的整体看，中国吏治传统的主流是'儒表法里'，即说的是儒家政治，行的是法家政治；讲的是性善论，行的是性恶论；说的是四维八德，玩的是'法、术、势'；纸上的伦理中心主义，行为上的权力中心主义。"①正因为理想的价值观落实到现实世界时存在难以填补的间隙，这就为佛教思想的传播提供了机缘和空间。

二、《六祖坛经》以佛家"业力缘起说"对传统伦理义务的补充

公元一世纪前后，佛教东来，为中国的伦理道德体系注入了新鲜的血液。

以前，儒、道、法等流派只是提出人们今生今世要为君主、社会及一切人伦关系担负责任和义务的伦理要求，但始终没能提供为什么非要如此的有力理由，在执行时难免力不从心。

《坛经》作为中国本土佛教的重要经典，将佛教本有的"业力缘起"——俗称"因果业报"理论，巧妙地融汇到本土观念之中，对于中国传统伦理体系而言形成了一种有效补充。

"缘起说"在古印度的原始佛教中原本是一种比较复杂的理论，无明、行、识、名色、六处、触、受、爱、取、有、生、老死这十二个环节因果相随，环

---

① 秦晖:《传统十论——本土社会的制度、文化及其变革》，上海：复旦大学出版社，2004年，第183页。

环相扣，流转不断，构成了每个人过去、现在、未来的三世轮回。传至中国民间，这个理论逐渐被简化成了"前世作恶，今世受罪"的"三世因果论"。

《坛经》所处的年代，祖师们所说的"因果"尚保留着若干早期佛教的原味，但往往加入了极具禅意的发挥。比如经中所载五祖弘忍传法于六祖惠能的情景：

> 三更受法，人尽不知，便传顿教及衣钵，云："汝为第六代祖，善自护念，广度有情，流布将来，无令断绝。听吾偈曰：'有情来下种，因地果还生，无情既无种，无性亦无生。'"①

由于《坛经》表述的口语化特征和成书过程的复杂性，书中对一些佛教专门术语的使用往往比较随意，这里可见一斑。偈语中"有情来下种，因地果还生"一句，"有情"是译自梵文的佛教术语，指一切含有心识者，也作"众生""含识众生""有情众生"；"种"即"种子"，也是源自早期印度佛典的一种譬喻，将能生诸法的心识喻为种子，此处"下种"的"种"指的是人人皆有的自性，即佛性；"因地果还生"则是说若埋下种子的地方条件具足，种子就发育成了果实。这里，果实是"果"，种子是"因"（主因），土地是"缘"（助缘、辅因）。

《大正藏》所收录的《坛经》是元代以后流传较广的"宗宝本"，而学术界一般更为认可较早的"法海本"。法海本《坛经》中此偈的文字颇有不同，作"有情来下种，无情花即生，无情又无种，心地亦无生"。②这里的"无情花即生"，同样含有因果之义，此中的种子仍旧是"因"，花则是下种的"果"，"无情"却成了由因致果的"缘"。不过，用"无情"一语与前句的"有情"对应，等于将作为专属概念的"有情"巧妙转换成了"饱有深情"之义，字面意思因而变成了"因有情而下种，缘无情而得花"，即否定了众生所执迷的"情"才

---

① 元·宗宝编：《六祖大师法宝坛经》，《大正新修大藏经》第48册，台北：新文丰出版公司，1972年影印版（以下均简作《大正藏》，版权项不再标注；如无特殊说明，本书中引用《六祖坛经》均出自这一版本），第349页。

② 李申合校，方广锠简注：《敦煌坛经合校简注》，太原：山西古籍出版社，1999年，第62页。

换得花的"生",极富中国化的禅味。

可见,《坛经》中既包含了对原始佛教"业力缘起"理论的承继,又富有创造性地强化了这一理论的中国文化基因,使其变成了一种全新的中国化的缘起说。而以《坛经》为代表的诸多本土佛教典籍对"业力缘起"的反复重申,日渐构成了对"人们何以要为君主、社会及一切人伦关系担负责任"这一问题的有力回应。如此,"善有善报,恶有恶报,莫言不报,时节不到"的因果报应定律,便成为儒家所倡导的"伦理义务"的有效补充,深深铭刻在了世世代代中国人的心上,深信果报也成为中国人的民族性格的典型特征之一。

第二节 "行孝"与"报恩"

生而为人,理应尊敬长辈,奉养父母,这大约是人类一切文明形态的共识。如果否弃了这一点,一个文明可以说也就不成其为"文明",而归诸"野蛮"了。中国传统中以"事亲为大"(语出《孟子·离娄上》),"孝"远不止是世俗生活中一项简单的道德标准,久已成为一个重要的伦理范畴。佛教在融入中国传统的过程中,进一步用"报恩说"为"孝"补足了理论依据,即人为什么应当行孝的深因。

一、儒家的"孝道"

中国传统中的"孝"是"百行之冠,众善之始"(语出《后汉书·刘赵淳于江刘周赵列传》)。把"孝"这种为善之心推广到君臣之间为忠诚,推广到兄弟之间为友爱,推广到夫妇之间为和睦,推广到朋友之间为守信,推广到天下所有人便达到了儒家最高的道德标准——"仁"。"始于事亲,中于事君,终于立身"(语出《孝经·开宗明义章》)的"孝",以"父为子纲"的形式明列为"三纲"之一,无疑是中国传统伦理体系的核心;而"以孝治天下"的治国理念,经历代统治者的提倡，在中国社会得到不断强化。到了宋代，经过统治者的大力倡导，"父子君臣"成为"无所逃于天地之间"的"天下之定理"（宋代大儒程颢语），进一步将"君要臣死，臣不得不死；父要子亡，子不得不亡"尊奉为封建道德的金科玉律。

简单了解一下儒家伦理观念发展史便不难了知，儒家所倡导的"孝"有渐趋极端的倾向，其特色在于子女必须绝对、无条件地服从于双亲，臣子也必须绝对、无条件地服从于君王。换而言之，父母之命像天子御旨一样，有至上权威且必须遵守，只有做到这一点方才堪称为"孝"。在这种伦理的灌输培养下，父子之间固然尊卑有序，但本当亲密温馨的父子关系也往往随之演变为"命令者"与"服从者"的关系。

将"孝"上升到意识形态的高度，容易滋生弊端。比如在清代的蒙学教材《弟子规》中，对儿童明确教诫"父母教，须敬听，父母责，须顺承……事虽小，勿擅为，苟擅为，子道亏"。[①]即父母的教育和责罚，不论对错都应敬听；自己的事无论大小，都应禀告父母之后再去做，就等于说绝对不能做父母不喜欢的事。而且，在父母殁后，"丧三年，常悲咽，居处变，酒肉绝"。[②]如此一来，原本自然的追思之情几乎完全沦于形式。

正因为认识到被极端化了的"孝"构成了专制制度的基础，晚清至五四时期为民族振兴探寻出路的有识之士也多从"孝"入手，对传统文化展开批判。如新文化运动的代表人物吴虞就激愤地指出："盖孝之范围，无所不包。家族制度之与专制政治，遂胶固而不可分析。……而儒家以孝弟二字为二千年来专制政治、家族制度联结之根干，贯澈始终而不可动摇。使宗法社会牵制军国社会，不克完全发达，其流毒诚不减于洪水猛兽矣。"[③]虽然言辞未免激烈，但也

---

① 李逸安译注：《三字经·百家姓·千字文·弟子规》，北京：中华书局，2009年，第179–181页。
② 李逸安译注：《三字经·百家姓·千字文·弟子规》，版权前揭，第183页。
③ 吴虞：《家族制度为专制主义之根据论》，收于《吴虞集》，北京：中华书局，2013年，第9页。

在一定程度上切中了肯綮。

二、《六祖坛经》对佛家"报恩型尽孝"的发挥

新文化运动可以毫无顾忌地批判传统，批判愚孝，此前的知识分子却是无论如何也不敢的。佛教本就是舶来品，它所倡导的剃发出家、禁欲修行等观念与中国的传统观念不无冲突，直到唐代仍有士人公开批评佛教"不知君臣之义，父子之情"（韩愈《论佛骨表》），因此佛教僧众无论是从弘法利生的角度，还是从自身修行的角度，也不会公然批判孝道，而大多倾向于将佛法与中国的孝道文化相融合，做到既不违反佛教律法，也不抵触传统伦理，尽力在二者间求得微妙的平衡，如此也更有利于佛教文化的渗透和传播。

佛教当然也倡导孝敬父母。在早期经典《善生经》中，佛陀就明确提出，为人子者当以"五事"敬顺父母："一者供奉能使无乏，二者凡有所为先白父母，三者父母所为恭顺不逆，四者父母正令不敢违背，五者不断父母所为正业。"①对"孝"的要求也是十分具体而明确的。不过，在佛教的伦理体系中，"孝"的基础并非中国传统下的家族、血缘这种自然纽带，而是基于一种"报恩"的心理——父母，也同佛、法、僧"三宝"一样，是报恩的重要对象。

在原始佛典中，佛陀对比丘和居士施以父母恩重如山、当悉心侍奉的教诫已十分常见："比丘当知！父母恩重，抱之、育之，随时将护，不失时节，得见日月。以此方便，知此恩难报。"难报到何种程度？"有人以父着左肩上，以母着右肩上，至千万岁，衣被饭食、床蓐卧具、病瘦医药，即于肩上放于屎溺，犹不能得报恩。"因此，"当供养父母，常当孝顺，不失时节"。②到大乘佛法兴起以后，更出现了专讲报父母恩的经籍，汉传就有后汉高僧安世高、姚秦三藏法师鸠摩罗什分别译过的《佛说父母恩重难报经》和晋译经家竺法护译的

---

① 后秦·佛陀耶舍共竺佛念译：《长阿含经·善生经》，《大正藏》第 1 册，第 71 页。
② 东晋·瞿昙僧伽提婆译：《增一阿含经·卷十一》，《大正藏》第 2 册，第 601 页。

《盂兰盆经》等。罗什大师在翻译大乘佛教重要的戒律典籍《梵网经》时，甚至将孝顺父母放到师、僧之前："孝顺父母、师、僧三宝，孝顺至道之法，孝名为戒，亦名制止。"①经中还明确提出"孝名为戒"，可见大乘佛法将"孝"抬高到何等重要的位置，将行孝看成是守戒的总纲与前提。

在《坛经》中，对佛法的"报恩型尽孝"思想的发挥表现在两方面。一是惠能大师对自己孝养母亲行为的记述：

> 惠能严父，本贯范阳，左降流于岭南，作新州百姓。此身不幸，父又早亡，老母孤遗，移来南海，艰辛贫乏，于市卖柴……惠能闻说，宿昔有缘，乃蒙一客，取银十两与惠能，令充老母衣粮，教便往黄梅参礼五祖。惠能安置母毕，即便辞违。②

不论是一开始的"砍柴伺奉老母"，还是决定求法以后的获银"令充老母衣粮"，先将母亲好好安顿，然后再辞行外出，毫无疑问都是孝的体现。

另一方面则表现在惠能大师在《坛经·疑问品》中，教诫居士"心平何劳持戒？行直何用修禅？恩则孝养父母，义则上下相怜，让则尊卑和睦，忍则众恶无喧"③，直接将恭顺、奉养父母等善行的价值等同于佛教修行的"持戒"和"修禅"，显然是将"报恩型尽孝"进一步发挥，不仅认同孝的世俗伦理价值，更赋予了孝以佛教学修上有益身命的重大意义。

佛教"报恩型尽孝"思想的依据不在于血缘，而在于后天经验，由修学者体认到父母深恩而来。这种观念既包容、补充了传统的孝道思想，又对后期儒学传统下稍嫌偏激的行孝要求不无修正和纠偏。这也是本土化了的中国佛教善于"允厥执中"，"离二边"而合于"中道"的生动表现。

---

① 姚秦·鸠摩罗什译：《梵网经》，《大正藏》第 24 册，第 1004 页。
② 元·宗宝编：《六祖大师法宝坛经》，《大正藏》第 48 册，第 348 页。
③ 元·宗宝编：《六祖大师法宝坛经》，《大正藏》第 48 册，第 352 页。

第三节　"仁义"与"慈悲"

位列纲常中"五常"前两位的"仁"与"义",在儒家传统中被奉为最高道德准则。佛教进入中国时,有意无意地规避了"仁义"的概念,而代之以更具佛教特色的"慈悲"。

一、中国传统中的"仁"与"义"

"仁"被公认为孔子思想的核心。但由于《论语》是对话式的语录体,作为伦理范畴的"仁"在《论语》中虽然频繁出现,却没有严格的界定。一般以孔子回应弟子问"仁"时所答的"爱人"(《论语·颜渊》)及孔门弟子所说的"孝弟"(孝顺父母,敬爱兄长)为"仁之本"(《论语·学而》),作为"仁"的定义。《中庸》则进一步重申"孝弟"作为仁之根本的论点:"仁者,人也,亲亲为大"。在春秋战国时期的其他典籍中也可以见到"爱亲之谓仁"(《国语·晋语》)、"仁也者,仁乎其类者也"(《吕氏春秋·爱类》)的表达。可见,"仁"是从关爱由血缘纽带相连的亲人出发,再推己及人,达到"老吾老以及人之老"(《孟子·梁惠王上》)的"泛爱众"(《论语·学而》)的境界。

在孔子那里,"义"并不能与"仁"相提并论。《中庸》中说"义,宜也",即适宜,很多情况下与"礼"的合宜关联在一起。孔子之后,"义"逐渐被赋予了道德价值。比如墨子就说"义者,正也"(《墨子·天志下》),天下"有义则治,无义则乱",即社会有"义"的时候就是太平治世,无"义"的时候就是大乱之世(《墨子·天志上》)。到了孟子那里则进一步说"义,人路也"(《孟子·告子上》),即人所当行的大道。他还发表了著名的"四端说":"恻隐之心,仁之端也;羞恶之心,义之端也;辞让之心,礼之端也;是非之心,智之端也。"(《孟子·公孙丑上》)于是,"义"和"仁"一道成为人的内心固有的道德。

先秦时期,同样作为道德准则的"仁"与"义"之间存在一定的紧张——仁是向内,"亲亲为大",而义则是向外,"尊贤为大"(《礼记·中庸》);"门内之治,恩掩义;门外之治,义断恩"(《礼记·丧服四制》)。从家族内部来说,处理事务的原则是"亲亲相隐",从家族外部来说则应"大义灭亲"。先秦之后,"仁""义"逐渐统合为仁爱正义之义,"仁义道德"(唐·韩愈《原道》)也成为儒家的整套伦理规范的代称。

二、佛法中的"慈"与"悲"及《六祖坛经》对"慈悲"的发挥

儒家传统中,要确保社会稳定、天下太平,"尊卑有序,长幼有别"的等级秩序必须严格遵守。而佛教秉承古印度传统,相信因果轮回,众生的等级属性在轮回中并非一成不变,从修行上说更是皆有成佛的可能,因而佛家伦理的基础是"众生平等"。或许意识到伦理出发点上"有序"与"平等"的差异,有意无意之间,最初的译经师们很少选用"仁"或"义"来翻译佛学范畴,转而使用"慈悲"代表佛家思想体系下的至善。

正如"仁""义"原本是两个不同的伦理范畴,"慈"与"悲"在原始佛教典籍中同样语义有别。值得注意的是,"慈""悲"在原始佛学中并不是伦理概念,而是实修的方法。《阿含经》记载尊者舍利弗曾给一位名叫陀然的居士讲法:

> 世尊、知、见、如来、无所着、等正觉说"四梵室",谓族姓男、族姓女修习多修习,断欲、舍欲念,身坏命终,生梵天中。云何为四?陀然!多闻圣弟子心与"慈"俱,遍满一方成就游。如是二三四方,四维上下,普周一切,心与慈俱,无结无怨,无恚无诤,极广甚大,无量善修,遍满一切世间成就游。如是"悲""喜心"与"舍"俱,无结无怨,无恚无诤,极广甚大,无量善修,遍满一切世

间成就游。是谓……"四梵室"。①

这就是说，修习慈护之心（"慈"）、悲悯之心（"悲"）、喜悦之心（"喜"）和平等寂静之心（"舍"）四法，此心依慈心、悲心、喜心、舍心安住，成就后可转生至梵天所在的天界，故而此法被称为"梵天共住之道"，在大乘经典中"四梵室"也多译作"四梵住"。又因此法修习时是以广博、无量之心遍满十方，能牵引无量之福，感召无量之果，故又名"四无量心"。可见，在原始佛典中"慈"的全称为"慈无量心"，"悲"则为"悲无量心"，《大智度论》中释"慈"为"令众生得乐"，而"悲"为"令众生离苦"，②又说"大慈与一切众生乐，大悲拔一切众生苦"③。

在大乘法中，"与乐为慈，拔苦为悲"的语义虽然没变，但倾向于用"慈悲"来描述心的利他、悲悯的属性，更多地用"大慈悲"或"大慈大悲"来赞叹佛与菩萨。如《佛说观无量寿经》中说："佛心者，大慈悲是。以无缘慈（不以特定之人为对象、遍及一切众生的慈心），摄诸众生。"④

中国传统中的"仁义"从"亲亲"扩展到"爱人"，是君子的境界；而佛与菩萨则已超凡入圣，不仅对亲人、对世间人抱持仁爱正义之心，而且将利他之心无差别地加诸一切众生之上，平等地关注、对待一切众生，更能度化、救拔一切众生离苦得乐。如此一来，佛家的"慈悲"显然是将传统的"仁义"拓展、深化到了无量无限的境地，在一定意义上也更富有感染力和感召力。

发展到禅宗时，"慈悲"已成为菩萨的代称。比如《坛经·疑问品》中有："佛向性中作，莫向身外求。自性迷即是众生，自性觉即是佛。慈悲即是观音，喜舍名为势至，能净即释迦，平直即弥陀。人我是须弥，贪欲是海水，烦恼是波

① 东晋·瞿昙僧伽提婆译：《中阿含经·梵志陀然经》，《大正藏》第1册，第458页。
② 参见龙树菩萨造，姚秦·鸠摩罗什译：《大智度论·卷二十》，《大正藏》第25册，第211页。
③ 龙树菩萨造，姚秦·鸠摩罗什译：《大智度论·卷二十七》，《大正藏》第25册，第256页。
④ 宋·畺良耶舍译：《佛说观无量寿经》，《大正藏》第12册，第343页。

浪，毒害是恶龙，虚妄是鬼神，尘劳是鱼鳖，贪瞋是地狱，愚痴是畜生。"①

落实到具体行持中，《坛经》中的"慈悲"主要表现为"平等"，即悲悯一切众生之苦，始终强调"众生皆有佛性"，将救拔自身、离苦得乐之法普传广播，无差别地授予一切有缘众，这正是最大的慈悲。

另一方面，在祖师的处世中，"慈悲"表现为宽容。最具代表性的就是《坛经·顿渐品》所载惠能大师度化飞贼张行昌的故事：

> 僧志彻，江西人，本姓张名行昌，少任侠。自南北分化，二宗主虽亡彼我，而徒侣竞起爱憎。时北宗门人自立秀师为第六祖，而忌祖师传衣为天下闻，乃嘱行昌来刺师。师心通，预知其事，即置金十两于座间。时夜暮，行昌入祖室，将欲加害，师舒颈就之。行昌挥刃者三，悉无所损。师曰："正剑不邪，邪剑不正。只负汝金，不负汝命。"行昌惊仆，久而方苏，求哀悔过，即愿出家。师遂与金，言："汝且去。恐徒众翻害于汝，汝可他日易形而来，吾当摄受。"②

惠能大师在张行昌行刺未果之后，不仅完全没有嗔恨，反而赠予金银，助其逃命。刺客受大师感召，不久后即出家修行，大师又为其开示佛法，令其"大悟"。

另外，《坛经·付嘱品》中还记载了惠能大师预言自己入灭五六年之后，有人入塔盗取首级的事。③《附录》中特地记述了这一预言的后续——新罗僧人想求取大师首级供养，雇用盗贼入塔来取，大师弟子以"若以国法论，理须诛夷。但以佛教慈悲冤亲平等，况彼求欲供养，罪可恕矣"为由帮贼人说情，助其被无罪释放了。④

显然，在惠能大师和门人这里，"慈悲"不仅是说教，更是力行与垂范。

---

① 元·宗宝编：《六祖大师法宝坛经》，《大正藏》第48册，第352页。
② 元·宗宝编：《六祖大师法宝坛经》，《大正藏》第48册，第359页。
③ 元·宗宝编：《六祖大师法宝坛经》，《大正藏》第48册，第361页。
④ 元·宗宝编：《六祖大师法宝坛经》，《大正藏》第48册，第364页。

如经历了"盗首级"事件的太守便不禁发出"始知佛门广大"的慨叹，① 正是其度世功效的明证。

第四节　《六祖坛经》对道家思想的吸收与改造

禅宗虽号称"不立文字"，但不立，并非完全否弃文字，而是要摆脱文字的束缚，不对文字执着，也不对"不立"执着。正如惠能大师所说，"即此'不立'两字，亦是文字"②，可见是要去执、去迷以契合佛法的真义。从《坛经》的阐述方式来说，无论弘忍大师还是惠能大师均无门户之见，无论儒道，或是佛教任何一个门派的思想，都是取其精华，不拘一格，随意取用。在伦理思想上，《坛经》对传统儒家多有吸收与改造；而在日常修行中，《坛经》显然与道家思想存在更多共鸣。

一、"无念"与"坐忘"

"无念"是《坛经》中惠能大师开示的修持功夫的核心。从经中的阐述来看，"无念"有多重意涵。从延续佛法禅修一脉的意义上说，"无念"接近于禅定中片念不生的思维状态，相当于《阿含经》中所说的"初禅正受时，言语止息；二禅正受时，觉观止息；三禅正受时，喜心止息"。③《坛经》里的"无念"，并不是没有任何思维活动，"若只百物不思，念尽除却，一念绝即死，别处受生，是为大错"（《定慧品》），④ 思维断绝，与死无异，真正的"无念"是"常离诸境，不于境上生心"（《定慧品》），⑤ 即不执于外境，不为境界所迷，不令外物牵绕于心。这样的"无念"，虽然修持上承继于佛家禅法，但思想上更接近中国道家

① 元·宗宝编：《六祖大师法宝坛经》，《大正藏》第48册，第364页。
② 元·宗宝编：《六祖大师法宝坛经》，《大正藏》第48册，第360页。
③ 刘宋·求那跋陀罗译：《杂阿含经·卷十七》，《大正藏》第2册，第121页。
④ 元·宗宝编：《六祖大师法宝坛经》，《大正藏》第48册，第353页。
⑤ 元·宗宝编：《六祖大师法宝坛经》，《大正藏》第48册，第353页。

的"坐忘"。

道家的"坐忘"，最早见于《庄子·大宗师》："堕肢体，黜聪明，离形去知，同于大通，此谓坐忘。"即忘却身体和智能，进入更高远的境界。不难发现，"无念"与"坐忘"几乎是同样的意思，并非全无一念，而是不以身体或外物为念，忘却世俗境界，进入真如之境。

而与惠能大师同时代的道士司马承祯则在《坐忘论》中明确表示，修习坐忘要"断缘"，即"断有为俗事之缘"；① 要"收心"，即"心不受外""心不逐外""净除心垢"；② 在《枢翼》一篇中更进一步阐明修行之法重在"除念"：

> 夫欲修道成真，先去邪僻之行，外事都绝，无以干心。然后端坐，内观正觉。觉一念起，即须除灭。随起随制，务令安静。其次，虽非的有贪着，浮游乱想，亦尽灭除。昼夜勤行，须史不替。唯灭动心，不灭照心。但冥虚心，不冥有心。不依一物，而心常住。此法玄妙，利益甚深。③

虽然说是要"修道成真"，但几乎全都使用禅宗语言，完全可以充当"无念"的注解。这也足以证明惠能大师的"无念说"与道家思想相互影响、相互渗透之深。

二、《六祖坛经》与《道德经》比较研究

《坛经》中表露出的一些思想，明显带有道教和道家思想的痕迹。以《道德经》为例，下表简单枚举了《坛经》和《道德经》在文意上相互映照的几处：

---

① 参见宋·张君房纂辑，蒋力生等校注：《云笈七签》，北京：华夏出版社，1996 年，第 567 页。
② 参见宋·张君房纂辑，蒋力生等校注：《云笈七签》，版权前揭，第 568 页。
③ 《正统道藏》第 22 册，北京：文物出版社；上海：上海书店；天津：天津古籍出版社，1988 年影印版，第 897 页。

	《道德经》	《坛经》
（一）	道法自然。（《第二十五章》） 圣人去甚，去奢，去泰。（《第二十九章》）①	祖一日唤诸门人总来："吾向汝说，世人生死事大。汝等终日只求福田，不求出离生死苦海。自性若迷，福何可救？汝等各去，自看智慧，取自本心般若之性，各作一偈，来呈吾看。若悟大意，付汝衣法，为第六代祖。火急速去，不得迟滞。思量即不中用，见性之人，言下须见。若如此者，轮刀上阵，亦得见之。"（《行由品》）②
（二）	上善若水。水善利万物而不争，处众人之所恶，故几于道。居善地，心善渊，与善仁，言善信，正善治，事善能，动善时。夫唯不争，故无尤。（《第八章》） 夫唯不争，故天下莫能与之争。（《第二十二章》） 不敢为天下先，故能成器长。（《第六十七章》） 天之道，利而不害；圣人之道，为而不争。（《第八十一章》）③	经八月余，祖一日忽见惠能曰："吾思汝之见可用，恐有恶人害汝，遂不与汝言。汝知之否？"惠能曰："弟子亦知师意，不敢行至堂前，令人不觉。"（《行由品》）④
（三）	清静为天下正。（《第四十五章》）⑤	大师告众曰："善知识！菩提自性，本来清净，但用此心，直了成佛。善知识！且听惠能行由，得法事意。"（《行由品》）⑥

① 魏·王弼注，楼宇烈校释：《老子道德经注校释》，北京：中华书局，2008 年，第 64、76 页。
② 元·宗宝编：《六祖大师法宝坛经》，《大正藏》第 48 册，第 348 页。
③ 魏·王弼注，楼宇烈校释：《老子道德经注校释》，版权前揭，第 20、56、170、192 页。
④ 元·宗宝编：《六祖大师法宝坛经》，《大正藏》第 48 册，第 348 页。
⑤ 魏·王弼注，楼宇烈校释：《老子道德经注校释》，版权前揭，第 123 页。
⑥ 元·宗宝编：《六祖大师法宝坛经》，《大正藏》第 48 册，第 347–348 页。

《道德经》	《坛经》
（四） 圣人处无为之事，行不言之教。（《第二章》） 不言之教，无为之益，天下希及之。（《第四十三章》） 天之道，不争而善胜，不言而善应。（《第七十三章》）①	怀让禅师，金州杜氏子也。初谒嵩山安国师，安发之曹溪参扣。让至礼拜，师曰："甚处来？"曰："嵩山。"师曰："什么物？恁么来？"曰："说似一物即不中。"师曰："还可修证否？"曰："修证即不无，污染即不得。"（《机缘品》）②
（五） 正言若反。（《第七十八章》） 大白若辱……大音希声，大象无形。（《第四十一章》） 大成若缺，其用不弊。大盈若冲，其用不穷。大直若屈，大巧若拙，大辩若讷。（《第四十五章》）③	（师曰：）"吾今教汝说法，不失本宗：先须举三科法门，动用三十六对，出没即离两边。说一切法，莫离自性。忽有人问汝法，出语尽双，皆取对法，来去相因。究竟二法尽除，更无去处。"（《付嘱品》）④
（六） 知者不言，言者不知。塞其兑，闭其门，挫其锐，解其纷，和其光，同其尘，是谓玄同。（《第五十六章》）⑤	（大师升座告众曰：）"自心既无所攀缘善恶，不可沈空守寂，即须广学多闻，识自本心，达诸佛理，和光接物，无我无人，直至菩提，真性不易，名'解脱知见香'。"（《忏悔品》）⑥

表格（一）：《道德经》中此句大意是说大道应顺应自然，不要过于刻意，刻意则失去了道的真意。去甚、去奢、去泰，均指行止合宜，不走极端之义。《坛经》记载五祖弘忍在传衣付法时要求门下弟子各自作偈，但特地要求不可迟滞、反复思量，因为"见性"与否，出言即知，纯粹贵乎自然，一经思量便为后天附会，有悖"直指本心"的主旨。

表格（二）：弘忍和惠能二位祖师均深谙道家不争、退让之道。《道德经》说"为而不争"是圣人之道，即圣人并非无所作为，而是有所作为，但不争名

---

① 魏·王弼注，楼宇烈校释：《老子道德经注校释》，版权前揭，第 6、120、181–182 页。
② 元·宗宝编：《六祖大师法宝坛经》，《大正藏》第 48 册，第 357 页。
③ 魏·王弼注，楼宇烈校释：《老子道德经注校释》，版权前揭，第 187、112–113、122–123 页。
④ 元·宗宝编：《六祖大师法宝坛经》，《大正藏》第 48 册，第 360 页。
⑤ 魏·王弼注，楼宇烈校释：《老子道德经注校释》，版权前揭，第 147–148 页。
⑥ 元·宗宝编：《六祖大师法宝坛经》，《大正藏》第 48 册，第 353 页。

利。正因为能"不争",所以"天下莫能与之争";能不犯过错("无尤"),故而成为万物之首长("器之长")。惠能大师的行止堪为"不争"的最佳写照。也正因为大师的不争,成就了他的伟大,终于成为禅宗和文化领域的"器之长"。

表格(三):《道德经》中的"清静"核心在于自然、无为,既是修道的准则,也是治世的纲领,两方面互为表里。《淮南子·主术训》中也说:"人主静漠而不躁,百官得修焉……清静无为,则天与之时;廉俭守节,则地生之财;处愚称德,则圣人为之谋。"禅宗所说的"清净"是指菩提自性的本性,而佛法修行就是去除垢染,断除烦恼欲念,直指本心,令自性发现,即可顿悟。"清静"说的是道体,"清净"说的是菩提心,初时主旨相近但进路有别。到三国时的道教经典《清静经》里则已变成"人神好清,而心扰之;人心好静,而欲牵之。常能遣其欲,而心自静;澄其心,而神自清。自然六欲不生,三毒消灭"①。此时"清静"与"清净"几乎已完全融合为同一范畴。

表格(四):《道德经》中早已揭示,真正的圣人顺应天道,因而善以"不言"的方式施行教化。而禅宗诸祖师大德,同样也意识到了语言的局限性。语言在人们的日常交流中固然不可或缺,但微细、特殊、甚深的心灵体验是不可能用语言文字准确表达的。《坛经》中怀让禅师的"说似一物即不中",即以貌似玄妙而又鲜活生动的"说而不说"表明了此意。

表格(五):《道德经》和《坛经》均善于使用"对法",即成对的彼此相对的法门。《道德经》是用"对法"消除现象与本质之间的矛盾,比如表面看似污浊,事实上却是最纯净("大白若辱");真正的"大音"是没有声响的,真正的"大象"没有形态;"大成""大盈""大直""大巧""大辩"无不如此。惠能大师发展了《道德经》中的"对法",教诫门人以"对法"来破除执着于

---

① 《正统道藏》第17册,版权前揭,第141页。

非此即彼的极端"边见"。但凡执着己见，即落于一边，如此均是未彻见本性的表现。而"出语尽双，皆取对法"，两边皆是且两边皆非，如此就破除了外相而达到"离二边"的目的。祖师在这里再次强调不用语言、不立文字并非弃绝语言文字，而是要不为语言文字的相所障碍、所迷惑，能够透过语言文字，直抵事物的本质。"对法"正是破除语言文字之虚妄表象的绝佳工具。

表格（六）：《道德经》用"和其光，同其尘"形容圣人的处世之智，即关闭嗜欲，不露锋锐，隐蔽光芒，混同于世人。《坛经》则进一步将这一处世哲学推广到修行者的学修上，即"和光接物"是有所证悟之后须进一步学习的一种"解脱知见"。即便一个人的心已得解脱、无所攀附，但在对待世间的人与事上仍需以"无我无人"的平等之心接引、度化，内外通达，方为彻悟佛理。

作为禅宗思想代表的《坛经》，不仅开创了中国佛教的新格局，也为中国文化注入了一种清新的文化品格——"禅"的精神。自此以后，无论是文学艺术，还是伦理观念、民族性格，或多或少总是容易染上一些禅意、禅思、禅味。这一丝"禅"的气息如暗夜中的烛火，为沉沦于世间困境的人们带来一点光明的希望，提供了一种放下、超越和觉悟的可能。正如英国哲学家瓦兹氏（Alan Wilson Watts, 1915–1973）所言，《六祖坛经》的确是"东方精神文学的最大杰作"。[1]

① Alan Watts. *The Spirit of Zen: A Way of Life, Work, and Art in the Far East.* New York: Grove Press. 1994，p.39.

第二章 《六祖坛经》的文学创新

《坛经》对中国传统的影响，既体现在对核心伦理观念的补充和改造上，同时也体现在其所传达的"禅"思想对中国文化心理的重构上。

禅宗之于中国文化心理和文学艺术领域的意义，正如钱穆先生的论断："唐代禅宗之盛行，其开始在武则天时代，那时唐代，一切文学艺术正在含苞待放，而禅宗却如早春寒梅，一枝绝娇艳的花朵，先在冰天雪地中开出。禅宗的精神，完全要在现实人生之日常生活中认取，他们一片天机，自由自在，正是从宗教束缚中解放而重新回到现实人生来的第一声。运水担柴，莫非神通。嬉笑怒骂，全成妙道。中国此后文学艺术一切活泼自然空灵洒脱的境界，论其意趣理致，几乎完全与禅宗的精神发生内在而很深微的关系。所以唐代的禅宗，是中国史上的一段'宗教革命'与'文艺复兴'。"[1]

第一节 《六祖坛经》自身的文学特色

相较于之前的佛教经论，《坛经》的语言表达极具特色。抛开佛教义理不谈，它的文字带有一种与传统文学审美取向迥异的灵动趣味和深远余韵。这种前所未有的独特魅力使《坛经》文本本身在古代文学领域占有一种超然的地位，对后世文学，尤其是白话诗文的发展起到了引领和推动的作用。

《坛经》大体依时间顺序记载了惠能祖师一生得法、传法的事迹和对僧俗弟子开示的言教，因此整部《坛经》可以看作惠能祖师个人的一部僧传。其中

---

① 钱穆：《中国文化史导论》（修订本），北京：商务印书馆，1994 年，第 166–167 页。

"行由""宣诏"（《坛经》宗宝本）二品，侧重于事件记录，与普通传记作品尤为接近。

一、作为僧传的《六祖坛经》：寓神异于平凡的奇异反差

从僧传的角度来看，《坛经》有两点特征十分鲜明：一是对惠能生平的讲述，采取的是一种"寓神异于平凡"的语言策略。在中国的传记文学传统中，母亲做异梦、圣人感孕而生的传奇屡见不鲜。从印度佛教传统来说，佛教创始人释尊出身帝王家，出生时从母亲"右胁生"，出家前也是享尽世间荣华。惠能大师在中国佛教中的地位非同小可，但《坛经》对大师出身的介绍却是异乎寻常的平淡："惠能严父，本贯范阳，左降流于岭南，作新州百姓。此身不幸，父又早亡，老母孤遗，移来南海，艰辛贫乏，于市卖柴。"[1]《坛经》的各种版本均未在惠能大师的出生上添加任何神异色彩，而是选择将神异加诸大师与生俱来的超绝悟性和证悟以后神奇的预言能力上。比如经中说此前对佛法没有纤毫认知的樵夫惠能，偶然听到人诵《金刚经》，"一闻经语，心即开悟"。[2]随后到弘忍门下求法，也并未获得真正听法的机会，只是在寺中"破柴踏碓"（即劈柴、舂米）。[3]就是这样未受过一天正式教育，甚至从未真正读过经、听过法的惠能，却是当时弘忍祖师门下唯一的开悟者，获得了弘忍祖师的赏识。惠能大师的获授过程可以说是非常传奇而富于戏剧性。

而弘忍祖师与惠能大师作为开悟者，均具有十分准确的预言能力。弘忍祖师在传法给惠能并嘱其"须速去"之后，以隐语式的预言为惠能指明了道路：

> 惠能启曰："向甚处去？"
>
> 祖云："逢怀则止，遇会则藏。"[4]

---

[1] 元·宗宝编：《六祖大师法宝坛经》，《大正藏》第48册，第348页。
[2] 元·宗宝编：《六祖大师法宝坛经》，《大正藏》第48册，第348页。
[3] 元·宗宝编：《六祖大师法宝坛经》，《大正藏》第48册，第348页。
[4] 元·宗宝编：《六祖大师法宝坛经》，《大正藏》第48册，第349页。

不久，惠能大师又将相似的预言赠予了前来追讨衣钵的惠明：

> 明又问："惠明今后，向甚处去？"
>
> 能曰："逢袁则止，遇蒙则居。"①

《坛经》还在多处表现了惠能大师有预见能力，尤其是在向门人弟子嘱托身后事时，甚至预言了五六年后的贼人入灵塔盗取其首级事件。②

惠能大师的神通也表现在其他方面。比如大师将五祖所授的衣钵置于石上，其他人便"提掇不动"；③遇到强盗前来行刺，大师"舒颈就之"，但"悉无所损"。④如此等等，不一而足。

尽管佛教不赞同展示神通，汉传僧传对高僧大德的神异事迹还是相当热衷，毕竟对普通人而言神通是判断一个修行人是否开悟的重要标准。《坛经》也延续了僧传的这一传统。它的叙事特点在于——并不对预言和灵异之事特地施以浓墨重彩，反倒是文字简洁，叙述平淡，使神通更加真实可信；而大师出身的平民化、传说中的目不识丁，与其开悟和得法经历的传奇对照鲜明，益发彰显出大师的天赋异禀、神通无碍。惠能大师的传奇经历又恰与其所倡导的自性平等观念和顿悟成佛法门相得益彰，令南传禅宗一脉的传法格外具有感染力和说服力。

二、作为白话文学开山之作的《六祖坛经》：语言灵动，蕴意深远

自从佛经被译介到中国，中国文学史上便出现了一种全新的文体——"译经体"："译经文体是一种华梵结合、韵散兼行、雅俗共赏的新文体，这种文体的出现在中国文坛上造成了巨大的影响。总之，佛典的汉译，是把一种外来宗教文献介绍给一个文化高度发达的国家，中国人在对这种外来宗教文献加以

---

① 元·宗宝编：《六祖大师法宝坛经》，《大正藏》第 48 册，第 349 页。
② 元·宗宝编：《六祖大师法宝坛经》，《大正藏》第 48 册，第 361 页。
③ 元·宗宝编：《六祖大师法宝坛经》，《大正藏》第 48 册，第 349 页。
④ 元·宗宝编：《六祖大师法宝坛经》，《大正藏》第 48 册，第 359 页。

理解、消化的基础上，于思想和表述形式上都进行了创新。"① 虽说是"雅俗共赏"，其实民间流传较广的几部佛经，如《金刚经》《心经》《法华经》，文字都是非常优美、典雅的。

发展到本土原创的《坛经》这里，情况发生了戏剧性的变化。《坛经》的主角是一位目不识丁的大德，一生都是通过口授的形式说法。今天我们所看到的《坛经》，据信乃是惠能大师门下弟子对其说法的忠实笔录，这种笔录当然要最大限度地保留惠能大师口授传法时的原貌。故而相较于印度舶来的大小乘佛经，《坛经》的叙事和讲法都异常口语化。抛开精深的佛理不谈，《坛经》文字的通俗易懂、活泼灵动几乎是前无古人的，这一举措在中国文学史上具有十分特殊的意义。钱穆先生就将《坛经》定性为"中国第一部白话作品"，② 胡适先生则认定《坛经》是"白话语录的始祖"，而白话语录又进一步推动了唐代白话散文的产生与发展。③

作为对讲法实况的记录，《坛经》正文中用到的"之乎者也"不多，而是保存了大量口语化的内容。比如描写弘忍祖师命门人作偈时的神秀大师：

> 神秀思惟："诸人不呈偈者，为我与他为教授师。我须作偈，将呈和尚。若不呈偈，和尚如何知我心中见解深浅？我呈偈意，求法即善，觅祖即恶，却同凡心，夺其圣位奚别？若不呈偈，终不得法。大难！大难！"④

这段文字对神秀禅师内心活动的刻画十分生动，神秀禅师左右为难的窘境跃然纸上。虽然关于其禅学修为未著一字，但读者对神秀禅师尚未见性这一点均已心知肚明。

---

① 孙昌武：《佛教与中国文学》，上海：上海人民出版社，1988 年，第 30—31 页。
② 参见钱穆：《中国文化丛谈：复兴中华文化人人必读的几部书》，载于台北《青年战士报》，1968 年 2 月。
③ 参见胡适：《禅宗的白话散文》，收于《20 世纪佛学经典文库·胡适卷》，武汉：武汉大学出版社，2008 年，第 221 页。
④ 元·宗宝编：《六祖大师法宝坛经》，《大正藏》第 48 册，第 348 页。

又如惠能大师为众人说法或答疑时，各种譬喻信手拈来，语言风趣，不拘一格：

> （师升座告大众曰：）善知识！世人终日口念般若，不识自性般若，犹如说食不饱。口但说空，万劫不得见性，终无有益。……本性自有般若之智，自用智慧，常观照故，不假文字。譬如雨水，不从天有，元是龙能兴致，令一切众生、一切草木、有情无情，悉皆蒙润，百川众流，却入大海，合为一体。众生本性般若之智，亦复如是。①

> （师升座告众曰：）善知识！大家岂不道，众生无边誓愿度。恁么道？且不是惠能度。……诸法在自性中，如天常清，日月常明。为浮云盖覆，上明下暗。忽遇风吹云散，上下俱明，万象皆现。世人性常浮游，如彼天云。②

可以想见，当座下众人听到"犹如说食不饱。口但说空，万劫不得见性""恁么道？且不是惠能度"这种活泼的话语，定然会心而笑。

虽然《坛经》多用通俗的口语，表达的却是深湛的佛理，这种反差往往会带来奇异的效果，甚至令人产生当头棒喝的震撼之感。最典型的当属在广州听讲《涅槃经》时，对众僧"风动"还是"幡动"的议论，惠能大师忽出"不是风动，不是幡动，仁者心动"这种神来之语，不仅当时即令"一众骇然"。③ 即便是千载之后初读此语的我们，同样也会耸然动容吧。

第二节　《六祖坛经》对白话偈诗发展的推动

偈诗也称偈、偈子，是一种特殊的白话诗。虽名为"诗"，但对格律、韵脚的要求却十分松散，只要上下句在文字或语意上形成对仗即可。像"色即是

---

① 元·宗宝编：《六祖大师法宝坛经》，《大正藏》第48册，第350页。
② 元·宗宝编：《六祖大师法宝坛经》，《大正藏》第48册，第354页。
③ 元·宗宝编：《六祖大师法宝坛经》，《大正藏》第48册，第349页。

空，空即是色"（《心经》），"放下屠刀，立地成佛"（《五灯会元》），"一花一世界，一叶一如来"（《华严经》），均是家喻户晓的名偈。以《坛经》为代表的南宗禅兴起之后，对白话诗文的发展起到了推波助澜的作用。

一、《六祖坛经》之前涌现的偈诗风潮

中国的白话诗源自汉魏乐府，有唐一代十分流行。相较于阳春白雪的格律诗，白话诗以俚语白话入诗，句式没有严格字数要求，用韵自由随意、不拘平仄，词意浅显通俗，或者富含哲理，或者幽默诙谐，尤为民间所喜闻乐见。

而偈颂，在梵语中称祇夜（geya）或伽他（gāthā），原本是释尊言教的一种形式，就是在讲经之后，将讲过的经文再以韵文重述一遍，以方便听者记忆持诵。将偈颂迻译为汉语，就成为四言、五言或七言等字数不等的白话诗。比如《阿含经》中描述佛的出生：

犹如净明珠，投缯不染污。

菩萨出胎时，清净无染污。①

从这简单的一偈不难看出，汉译佛经中的偈颂主旨在于传译准确、便于记诵，因而在字词选择上要作出较大让步，同一个词会在前后句中重复出现，韵脚也不严格。

佛经译介到中土后不久，大德们也纷纷仿照经中偈颂，以白话诗的形式表达自己对佛理的领悟。援偈入诗，并以诗会友、相互印证，即成为后世常见的偈、偈诗、偈子。早期比较著名的如东晋时期鸠摩罗什与慧远两位大师的偈诗往复：

鸠摩罗什遗慧远偈

既已舍染乐，心得善摄不。

若得不驰散，深入实相不。

毕竟空相中，其心无所乐。

---

① 后秦·佛陀耶舍共竺佛念译：《长阿含经·大本经》，《大正藏》第1册，第4页。

若悦禅智慧，是法性无照。

虚诳等无实，亦非停心处。

仁者所得法，幸愿示其要。

慧远报鸠摩罗什偈

本端竟何从，起灭有无际。

一微涉动境，成此颓山势。

惑想更相乘，触理自生滞。

因缘虽无主，开途非一世。

时无悟宗匠，谁将握玄契。

来问尚悠悠，相与期暮岁。①

两位大师的偈诗中均涉及精深的佛理，但仅从用词上不难看出，来自西域的罗什大师使用的字词显然比本土出生的慧远大师更为浅白。

偈诗风潮的真正流行肇始于唐初，这一时期出现了王梵志、寒山、拾得等著名诗僧。既然是偈，总要表达禅悟的主题，但"悟"的对象已不拘于严肃的佛理，同样涉及生老病死、岁月变迁等人生哲学，诗风也日益活泼洒脱。中国自身的文化传统是讳言死亡的，佛教却是一种向死而生的宗教，以死为大苦之一，主张世人正是要解脱生死苦海才需要修行，因此中国的诗僧也乐于用偈诗来传达有生皆有死的宿命，不复以死亡为沉重的话题。如王梵志的诗作《城外土馒头》，即用充满谐趣的笔触，咏颂了死亡的无可逃避：

城外土馒头，馅草在城里。

一人吃一个，莫嫌没滋味。②

寒山大师更进一步向世人昭示，不仅肉身终将化为尘土，圣哲君子念兹在

---

① 梁·慧皎撰：《高僧传·卷六》，《大正藏》第 50 册，第 359–360 页。
② 宋·惠洪撰：《冷斋夜话》，北京：中华书局，1988 年，第 80 页。

兹长留青史的也无非"空名"：

> 自古诸哲人，不见有长存。
>
> 生而还复死，尽变作灰尘。
>
> 积骨如毗富，别泪成海津。
>
> 唯有空名在，岂免生死轮。①

后世常与寒山大师相提并论的拾得大师，则对当时备受世人推崇的"偈"本身加以嘲讽：

> 我诗也是诗，有人唤作偈。
>
> 诗偈总一般，读时须仔细。
>
> 缓缓细披寻，不得生容易。
>
> 依此学修行，大有可笑事。②

这里，拾得大师以偈本身来解构偈的意义，并把"依偈修行"说成是"可笑事"，充满禅机。

通过这几首颇具代表性的作品不难发现，同样是参禅悟道、超脱出离的主题，唐初兴起的偈诗风潮从一开始就表现出与严肃经论完全不同的轻松基调，充满中国式的既热切又洒脱的逍遥气息。

二、《六祖坛经》之后偈诗日益兴盛

在《坛经》中，弘忍祖师要选择传法对象，便命弟子各作一偈，可见当时学法之士用偈诗的形式来表达自己的修证已成为常态。《坛经》中的偈诗，最出名的莫过于神秀大师和惠能大师二人的呈法偈，不论是神秀大师的"身是菩提树，心如明镜台，时时勤拂拭，勿使惹尘埃"③，还是惠能大师的"菩提本无

---

① 唐·寒山：《寒山子诗集》，《明版嘉兴大藏经》（以下简称《嘉兴藏》）第20册，台北：新文丰出版公司，1987年，第662页。
② 唐·拾得：《拾得诗附》，《嘉兴藏》第20册，第668页。
③ 元·宗宝编：《六祖大师法宝坛经》，《大正藏》第48册，第348页。

树，明镜亦非台，本来无一物，何处惹尘埃"①，都是通俗易懂、后世流传广泛的著名偈颂。这种通俗晓畅的语言风格，也进一步推动了当时佛学界方兴未艾的偈诗风潮，促成了后世诗偈作品的大量涌现。

到中唐时，文人与禅士多有交游。文人受禅风影响，往往在诗中现出"禅机"，呈现出一片"诗为禅客添花锦，禅是诗家切玉刀"（金·元好问《赠嵩山隽侍者学诗》）的繁荣局面。白居易和王维是其中的佼佼者，白居易的一些诗文甚至被收录进佛藏之中。比如下面的这两首偈诗，通篇使用的都是佛教术语，不难看出白居易对佛教思想的熟悉，而且不乏参禅打坐的体验：

六赞偈·赞众生

毛道凡夫，火宅众生。

胎卵湿化，一切有情。

善根苟种，佛果终成。

我不轻汝，汝无自轻。②

八渐偈·观偈

以心中眼，观心外相。

从何而有，从何而丧。

观之又观，则辨真妄。③

而有"诗佛"之誉的王维，善于在诗中表达幽深静寂的情趣，借禅意达到了极为宁静清远的境界。王维流传最广、最受推崇的作品几乎都是禅诗。比如这首著名的《鸟鸣涧》：

---

① 元·宗宝编：《六祖大师法宝坛经》，《大正藏》第48册，第349页。
② 唐·白居易：《六赞偈·赞众生》，收于明·如卺续集：《缁门警训·卷六》，《大正藏》第48册，第1074页。
③ 唐·白居易：《八渐偈·观偈》，收于宋·志磐撰：《佛祖统纪·卷四十一》，《大正藏》第49册，第381页。

人闲桂花落，夜静春山空。

月出惊山鸟，时鸣春涧中。①

诗中的桂花、明月、山鸟、春涧在自然中各居其位，而人是这幅景致中以物观物的观照者，从花落鸟鸣的瞬间观见天地万物的生灭变迁。可见，王维的禅诗早已不限于托物言志，而是用极其简约的笔触迅速勾勒出如画一般的空灵境界，不着一丝痕迹，而禅意自然深寓其中，从诗的写作技法来说已臻化境。

唐代之后的禅诗或偈诗在艺术水准上已很难超越盛唐，不过从禅学修为上说，则是各有千秋。比如五代时期的《插秧偈》：

牛捏青苗种福田，低头便见水中天。

六根清净方成稻，退步原来是向前。②

这首偈诗相传是五代僧人契此，即大名鼎鼎的布袋和尚所作，在民间传说中还自动为此偈补足了故事背景。诗中以"插秧""种福田"喻修道，"低头"喻禅定观照，"见水中天"喻见性；而"退步"即"向前"一句，是《坛经》中"烦恼即菩提"禅理的发挥，意为即便是日常行住坐卧，若不起分别心，六根清净，插秧之类的辛苦劳作也不成其为苦，苦乐境界便发生了逆转。

宋明以后为经论作注的佛学研究者，经常引用前人诗偈为注疏的佐证。比如明人曾凤仪在注《楞严经》香严童子闻香悟道一节时，便援引了宋代悟道的无名尼同样以嗅观梅花香气证悟的偈诗：

终日寻春不见春，芒鞋踏遍陇头云。

归来笑拈梅华嗅，春在枝头已十分。③

有时候，一首偈诗在民间喜闻乐见的原因主要在于诗作者身份的传奇。比

① 王志清撰：《王维诗选》，北京：商务印书馆，2015年，第212页。
② 五代·契此：《插秧偈》，收于元·昙噩撰：《明州定应大师布袋和尚传》，《卍续藏经》第146册，台北：新文丰出版公司，1977年，第958页。首句的"牛捏"其他版本作"手捏"。
③ 宋·无名尼：《悟道诗》，收于明·曾凤仪：《楞严经宗通·卷五》，《卍续藏经》第25册，第173页。首句"终日"其他版本作"尽日"。

如下面这首相传为清顺治皇帝所作的《题壁诗》（节录）：

> 天下丛林饭似山，钵盂到处任君餐。
>
> 黄金白玉非为贵，惟有袈裟披肩难！
>
> 朕为大地山河主，忧国忧民事转烦。
>
> 百年三万六千日，不及僧家半日闲。
>
> 来时糊涂去时迷，空在人间走一回。
>
> 未曾生我谁是我？生我之时我是谁？
>
> 长大成人方是我，合眼蒙眬又是谁？
>
> 不如不来亦不去，也无欢喜也无悲。
>
> 悲欢离合多劳意，何日清闲谁得知？
>
> 若能了达僧家事，从此回头不算迟。
>
> ……
>
> 黄袍换却紫袈裟，只为当初一念差。
>
> 我本西方一衲子，缘何落在帝皇家！
>
> 十八年来不自由，南征北战几时休？
>
> 朕今撒手归西去，管你万代与千秋。[①]

这首诗据传原题于北京西山一座旧寺的寺壁上，晚清时已不存，现仅见于清人笔记。因民间纷纷传说顺治帝因爱妃病死而心灰意冷，终于避世出家，所以这首诗又被称为《赞僧偈》或《顺治皇帝出家偈》。皇帝贵为九五之尊，但字里行间却充满对出家生活的向往，在佛学哲思和审美情趣之外，为这首诗偈平添了浪漫和悲情的色彩。也正因为如此，偈中所流露出来的超然出世、退隐山林之心，格外受到世人称颂。

---

① 邓之诚著，邓珂增订点校：《骨董琐记》，北京：中国书店，1991 年，第 223–224 页。《骨董琐记》作者邓之诚（1887–1960），生于清光绪年间，中华人民共和国成立后曾任北京大学教授，是著名历史学家。《骨董琐记》在本诗末尾注有："诗在西山天台山慈善寺，俗称魔王庙，见翁文恭丙戌十月《日记》，予曾往游，已无题壁，有道光时刘某所录者尚存。"

第三节　《六祖坛经》影响下的中国诗词：以苏东坡为例

唐宋时期，禅宗由代代单传走向开枝散叶，自然而然地对中国社会文化形成了多方面的刺激和渗透。在这当中，禅宗文化对中国诗词的影响算得上是中国文化史上的一件盛事。那些寄寓禅境和禅意的诗词，表现出独特的艺术美感，令人回味无穷。

作为禅宗的根本经典，《坛经》对中国诗词的影响范围和影响力度不言而喻，不论是经中的人物、典故、公案，抑或是其中的禅机、法理，诗人们总是信手拈来，援引入诗，起到"诗为禅客添花锦，禅是诗家切玉刀"（金·元好问《赠嵩山隽侍者学诗》）的彼此增上的效果。而说到历史上受《坛经》影响最深的诗人，苏轼定是其中之一。

一、宿世为僧的苏东坡对惠能祖师的倾慕

苏轼一生与多位禅僧交往密切，也经常向禅僧学习打坐参禅。他师法唐代佛教诗人香山居士白居易，自号"东坡居士"，以"定是香山老居士，世缘终浅道根深"①之句自报学佛根由，就是自觉宿有道缘，而乐于以在家修学的佛门白衣自居。

东坡宿世与佛教有缘并不完全是自己一厢情愿，而是有梦为证。据北宋僧人惠洪所作的诗论《冷斋夜话》卷七《梦迎五祖戒禅师》所载：

> 坡曰："轼年八九岁时，尝梦其身是僧，往来陕右。又先妣方孕时，梦一僧来托宿，记其顽然而眇一目。"

---

① 原题作《轼以去岁春夏侍立迩英而秋冬之交子由相继入侍次韵绝句四首各述所怀·其四》，收于宋·苏轼著，清·冯应榴辑注，黄任轲、朱怀春校点：《苏轼诗集合注》，上海：上海古籍出版社，2001年，第1425页。

云庵惊曰："戒，陕右人，而失一目，暮年弃五祖来游高安，终于大愚。"

逆数盖五十年，而东坡时年四十九岁矣。后东坡以书抵云庵，其略曰："戒和尚不识人嫌，强颜复出，真可笑矣。既法契，可痛加磨砺，使还旧规，不胜幸甚。"自是常衣衲衣。①

东坡母亲所梦到的"眇一目"的僧人，即蕲州五祖寺的戒禅师。东坡和母亲都曾梦到，又有友人作证，自此也深信自己是戒和尚转生。不仅如此，东坡在其他时候还半真半假地认同前世做过其他高僧：

题灵峰寺壁

灵峰山上宝陀寺，白发东坡又到来。

前世德云今我是，依稀犹记妙高台。②

金山妙高台（节录）

台中老比丘，碧眼照窗几。

巉巉玉为骨，凛凛霜入齿。

机锋不可触，千偈如翻水。

何须寻德云，即此比丘是。

长生未暇学，请学长不死。③

在这两首诗里，东坡均自比为宝陀寺的住持、来自天竺的"碧眼比丘"德云和尚的转世。

次韵孙莘老斗野亭寄子由在邵伯埭

新诗出故人，旧事疑前生。

---

① 宋·惠洪撰：《冷斋夜话》，版权前揭，第56页。
② 宋·苏轼著，清·冯应榴辑注，黄任轲、朱怀春校点：《苏轼诗集合注》，版权前揭，第2247页。
③ 宋·苏轼著，清·冯应榴辑注，黄任轲、朱怀春校点：《苏轼诗集合注》，版权前揭，第1295页。

　　　　　　　　吾生七往来，送老海上城。①

　　到这里，东坡又自陈是"七往来"，即还要再转世七次方能证果的须陀洹。是否真的笃信佛教且不谈，苏东坡喜欢诵读佛经，不排斥前世为僧的佛教宿缘，并热衷于参访寺院、问道参禅，均有明证。比如在《与章子厚致书二首·其一》中有"闲居未免看书，惟佛经以遣日"，《东坡志林》中也有读诵《坛经》《金刚经》《观音咒》的记载。

　　苏东坡被贬惠州、南下赴任的途中，特意绕道南宗禅法的发源地南华寺，朝拜了惠能祖师的肉身圣像，留下了一首流传久远的《南华寺》：

　　　　　　　　云何见祖师，要识本来面。

　　　　　　　　亭亭塔中人，问我何所见？

　　　　　　　　可怜明上座，万法了一电。

　　　　　　　　饮水既自知，指月无复眩。

　　　　　　　　我本修行人，三世积精炼。

　　　　　　　　中间一念失，受此百年谴。

　　　　　　　　抠衣礼真相，感动泪雨霰。

　　　　　　　　借师锡端泉，洗我绮语砚。②

　　诗中的"明上座"，即《坛经》中的惠明禅师。这里用到了惠明在向惠能大师追讨衣钵时受到点化的典故：

　　（惠明）唤云："行者！行者！我为法来，不为衣来。……望行者为我说法。"

　　惠能云："汝既为法而来，可屏息诸缘，勿生一念，吾为汝说。"明良久。

　　惠能云："不思善，不思恶，正与么时，那个是明上座本来面

① 宋·苏轼著，清·冯应榴辑注，黄任轲、朱怀春校点：《苏轼诗集合注》，版权前揭，第1300页。
② 清·王文诰辑注，孔凡礼点校：《苏轼诗集·卷三十八》，北京：中华书局，1982年，第2060-2061页。

目？"

　　惠明言下大悟。复问云："上来密语密意外，还更有密意否？"

　　惠能云："与汝说者，即非密也。汝若返照，密在汝边。"

　　明曰："惠明虽在黄梅，实未省自己面目。今蒙指示，如人饮水，冷暖自知。今行者即惠明师也。"

　　惠能曰："汝若如是，吾与汝同师黄梅，善自护持。"①

　　不难发现，东坡诗中前半段的"云何见""本来面""饮水自知"均出自《坛经》。后半段"我本修行人"一节，又提到自己前世曾为戒禅师的旧事，期待能受到惠能祖师的点化，"借师锡端泉，洗我绮语砚"，要借惠能大师锡杖戳地而得的泉水清洗自己的恶业。

　　在之后的诗作里，苏东坡不时追忆南华寺礼佛的这一段经历，流露出对惠能大师的倾慕之情：

　　昔在九江，与苏伯固唱和。其略曰："我梦扁舟浮震泽，雪浪横空千顷白。觉来满眼是庐山，倚天无数开青壁。"盖实梦也。昨日又梦伯固手持乳香婴儿示予，觉而思之，盖南华赐物也。岂复与伯固相见于此耶？今得来书，知已在南华相待数日矣。感叹不已，故先寄此诗：

　　……

　　水香知是曹溪口，眼净同看古佛衣。

　　不向南华结香火，此生何处是真依。②

　　东坡或许确实与惠能祖师有所感通，前一日刚刚梦到祖师借友人之手赐物给自己，第二日便接到友人的来信，说已在南华寺停留数日。这不禁令东坡思念南华寺的曹溪水与古佛衣钵，感叹自己如果不是曾礼拜南华的话，真不知道

① 元·宗宝编：《六祖大师法宝坛经》，《大正藏》第48册，第349页。
② 清·王文诰辑注，孔凡礼点校：《苏轼诗集·卷四十四》，版权前揭，第2408-2409页。

此生要皈依何处。此时的东坡已毫无戏谑之意，而是充满了对南华、对祖师的离愁别绪。

　　其他还有"不知庚岭三年别，收得曹溪一滴无"（《程德孺惠海中柏石兼辱佳篇辄复和谢》）、"南行万里亦何事，一酹曹溪知水味"（《六月七日泊金陵阻风得钟山泉公书寄诗为谢》）等等。东坡的知交、僧参寥子还在《读东坡居士南迁诗》中回应道："往来惯酹曹溪水，一滴还应契祖师。"（《参寥子诗集·卷九》）

　　在另外一些场合，苏东坡甚至以惠能大师自比：

答周循州

蔬饭藜床破衲衣，扫除习气不吟诗。

前生自是卢行者，后学过呼韩退之。

未敢叩门求夜话，时叨送米续晨炊。

知君清俸难多辍，且觅黄精与疗饥。①

赠虔州术士谢晋臣

属国新从海外归，君平且莫下帘帷。

前生恐是卢行者，后学过呼韩退之。

死后人传戒定慧，生时宿直斗牛箕。

凭君为算行年看，便数生时到死时。②

　　惠能大师俗姓卢，这里的"卢行者"就是大师的代称。在前一首《答周循州》中，东坡自嘲过着惠能大师般清苦的僧侣生活；而在后一首《赠虔州术士谢晋臣》里，则感叹自己也如惠能大师一样命运多舛、生不逢时，"死后人传戒定慧"，恐怕要到死后才能名扬于世。可以看出，苏东坡对惠能大师颇有惺

---

① 宋·苏轼著，清·冯应榴辑注，黄任轲、朱怀春校点：《苏轼诗集合注》，版权前揭，第 2027 页。
② 宋·苏轼著，清·冯应榴辑注，黄任轲、朱怀春校点：《苏轼诗集合注》，版权前揭，第 2271 页。

惺相惜之感。

二、苏东坡参禅诗词选析

纵观苏东坡的全部诗词作品，参访佛寺、与寺僧往来唱和的作品不知凡几。其中，借《坛经》思想和各种禅宗元素创作的不下几十首，而这些诗词中又尤以"自性清净"和"无住为本"两种精神意蕴出现最频繁。可以说，对"自性清净""无住为本"等佛学思想的深刻体悟，很大程度上构成了苏东坡不畏逆境、无往而不乐的乐观性格的精神支柱。下述几首作品在苏东坡的参禅诗词中较有代表性，其中不少词句已化为后世常用的成语。

（一）《八风吹不动》

苏东坡性格开朗豁达，又乐于结交僧道，宋代以后民间流传着许多苏东坡参禅论道的趣事，其中苏东坡与佛印禅师的故事尤为人们所津津乐道。在这些故事中，大学士苏东坡往往扮演那个自以为是、饱受嘲弄的角色，而佛印禅师则化身为已彻悟正法、一切了然于心的大智者。[①] 这些故事的真实性已不可考，但因其禅意盎然、妙趣横生，在文人雅士间广泛传颂。宣化法师在《水镜回天录》中记载了苏东坡的一首五言偈：

> 稽首天中天，毫光照大千。
>
> 八风吹不动，端坐紫金莲。

相传这首诗偈是苏东坡被贬到江北瓜州时所作，写好之后十分得意，自认为是开悟之作，立马遣书僮呈送给好友、一江之隔的金山寺高僧佛印禅师印证。谁料禅师读后，略一沉吟，只批了"放屁放屁"四字，便交给书僮原封带回。

---

① 实际上，佛印禅师可能是更喜欢戏谑、语言滑稽的那个。比如据《东坡诗话》载，苏东坡、黄庭坚与佛印禅师三人"行忙令"，以"忙"为题作诗，三人分别作：坡曰："我有百亩田，全无一叶秧。夏已相将半，问君忙不忙。"黄鲁直曰："我有百筐蚕，全无一叶桑。春已相将半，问君忙不忙。"佛印曰："和尚养婆娘，相率正上床。夫主门外立，问君忙不忙。"佛印的诗作令人喷饭。宋·佚名：《问答录》，收于《丛书集成初编》影印本，1987年，台北：新文丰出版社，第41页。

东坡看到回复勃然大怒，大叫着"岂有此理！"即时备船过江，到金山寺找佛印兴师问罪。禅师一见怒发冲冠的东坡，不禁哈哈大笑道："既然八风吹不动，为何一屁蹦过江？"①

这首诗和"八风吹不动"的典故并不见于《东坡居士佛印禅师语录问答》，亦未收入佛教各种传灯录，是否信史尚不能确定。不过这个传说也可能是唐代寒山大师的诗句"八风吹不动，万古人传妙"与东坡佛印的《风动教化谜》合流演化而来。据《东坡集》载：

> 东坡拾一片细画，一和尚左手把一柄扇，右手把长柄笨篱。与佛
>
> 印曰："可商此谜。"
>
> 佛印沉吟良久曰："莫非关雎序中之语与？"
>
> 东坡曰："何谓也？"
>
> 佛印曰："风以动之，教以化之，非此意乎？"
>
> 东坡曰："吾师本事也。"
>
> 相与大笑。②

这里东坡说"风以动之，教以化之"乃"吾师本事"，指的应当就是《坛经》里"风动幡动"的典故：

> （惠能）一日思惟："时当弘法，不可终遁。"遂出至广州法性
>
> 寺，值印宗法师讲《涅槃经》。时有风吹幡动，一僧曰："风动。"
>
> 一僧曰："幡动。"议论不已。惠能进曰："不是风动，不是幡动，
>
> 仁者心动。"一众骇然。③

在前面的故事中，佛印禅师对苏东坡的"八风吹不动"颇不以为然，关键就在于惠能所说的"仁者心动"。如果内心如如不动，自然可以"端坐紫金莲"，

---

① 参见宣化法师：《水镜回天录》，台北：法界佛教总会中文出版部，2010年。
② 宋·佚名：《问答录》，收于《丛书集成初编》影印本，1987年，台北：新文丰出版社，第42页。
③ 元·宗宝编：《六祖大师法宝坛经》，《大正藏》第48册，第349页。

但这层境界是知易行难。耿直率性的苏东坡虽然对《坛经》的这层道理了然于心，事到临头却不免"心动"，经佛印禅师略一激将便立马现出本相。

苏东坡还有一首诗中提到：

> 石中无声水亦静，云何解转空山雷。
>
> 欲就诸公评此语，要识忧喜何从来。
>
> 愿求南宗一勺水，往与屈贾湔余哀。①

"石中无声水亦静，云何解转空山雷"一句，化用唐代韦应物的诗"水性本云静，石中固无声。如何两相激，雷转空山惊"，与《坛经》里的"风动"与"幡动"之争可以相互印证："水静"与"石静"均是表象，并未抓住问题核心。什么是问题的实质？如何才能找到问题的关键？东坡在诗中指明须求助于惠能大师的禅法"愿求南宗一勺水"，借此获得"雷动"（"云何解转空山雷"）和"心动"（"要识忧喜何从来"）的答案。

（二）《赠东林总长老》

> 溪声便是广长舌，山色岂非清净身。
>
> 夜来八万四千偈，他日如何举似人。②

这首《赠东林总长老》相传是苏东坡住在庐山东林寺时所作。诗中的"广长舌"指佛"三十二大人相"中的"广长舌相"，即指佛的舌广而长，柔软细薄，伸出来可以覆盖整个面部、头发，乃至遍覆三千大千世界，所以叫"广长舌"；"广长舌"又指佛陀善于说法，所说均为实在语，无有妄语，有辩才无碍的褒颂在里面。此中的"清净身"也是指佛的清净法身。两句诗连起来看即是说：潺潺溪水，就像佛陀说法的声音；葱郁青山，仿佛佛的清净法身。溪水奔流不竭，一夜间宣讲了多少禅法？这许多的偈语，又要如何述予他人？透过

---

① 原题为《西山诗和者三十余人，再用前韵为谢》，见清·王文诰辑注，孔凡礼点校：《苏轼诗集·卷二十七》，版权前揭，第1460–1461页。
② 清·王文诰辑注，孔凡礼点校：《苏轼诗集·卷二十三》，版权前揭，第1218–1219页。

诗句，东坡用一种颇为自得的语气道出对佛法的领悟。

"溪声便是广长舌，山色岂非清净身"一句，再次借禅语入诗，而且对仗十分工整，读来令人耳目一新。不过，诗固然是好诗，境界高下却是褒贬不一。宋人编纂的《五灯会元》里借两位禅师之口对此诗作了评价：

> （临安府上竺圆智证悟法师）谒护国此庵元禅师。夜语次，师举东坡《宿东林偈》，且曰："也不易到此田地。"
>
> 庵曰："尚未见路径，何言到耶？"
>
> 曰："只如他道'溪声便是广长舌，山色岂非清净身'，若不到此田地，如何有这个消息？"
>
> 庵曰："是门外汉耳。"
>
> 曰："和尚不吝，可为说破。"
>
> 庵曰："却只从这里猛着精彩觑捕看。若觑捕得他破，则亦知本命元辰落着处。"
>
> 师通夕不寐，及晓钟鸣，去其秘畜，以前偈别曰："东坡居士太饶舌，声色关中欲透身。溪若是声山是色，无山无水好愁人。"特以告此庵。
>
> 庵曰："向汝道是门外汉。"
>
> 师礼谢。①

明代朱时恩辑《居士分灯录》时，再次引用庵元禅师之语抨击东坡于佛法只是"门外汉"，又借紫柏大师之言将东坡大骂了一通：

> 坡公出世一番，与佛印、法泉诸老宿互相提唱，阐扬佛法。紫柏云："东坡老贼，以文字为绿林，出没于峰前路口，荆棘丛中，窝弓药箭，无处不藏，专候杀人不眨眼。索性汉一触其机，刀箭齐发，尸

---

① 宋·普济集：《五灯会元·卷六》，《卍续藏经》第138册，第222页。

横血溅，碧流成赤。你且道他是贼不是贼？试辨验看。若辨得，管取从来拦路石，沸汤泼雪。"①

溪水如何可以化为佛陀演讲佛法的声音？青山又如何能够化作佛陀显露的清净法身？如果东坡勘破《坛经》中"何期自性，本自清净"的道理，或许就不会存在困惑了，因为自性本来清净，无生无灭，我们只需当下领悟，那么一切外缘在自性上的显现自然无不清净。

（三）《题过所画枯木竹石》等四首

苏东坡的手记《东坡志林》中载有"读《坛经》"一则：

> 近读六祖《坛经》，指说法、报、化三身，使人心开目明。然尚少一喻。试以眼喻：见是法身，能见是报身，所见是化身。何谓见是法身？眼之见性，非有非无，无眼之人，不免见黑，眼枯睛亡，见性不灭，故云见是法身。何谓能见是报身？见性虽存，眼根不具，则不能见，若能安养其根，不为物障，常使光明洞彻，见性乃全，故云能见是报身。何谓所见是化身？根性既全，一弹指顷，所见千万，纵横变化，俱是妙用，故云所见是化身。此喻既立，三身愈明。如此是否？②

苏东坡对《坛经》的熟悉程度可见一斑，他会在前面的《赠东林总长老》中以"广长舌""清净身"入诗也就并不意外了。在其他诗作中，诗人也会不时直接或间接地化用《坛经》中的典故。如这首《书王定国所藏王晋卿画〈着色山〉二首·其一》：

> 白发四老人，何曾在商颜？
>
> 烦君纸上影，照我胸中山。

---

① 明·朱时恩辑：《居士分灯录·卷下》，《卍续藏经》第147册，第903页。
② 宋·苏轼著，刘文忠评注：《东坡志林》，北京：中华书局，2007年，第70页。

山中亦何有，木老土石顽。

正赖天日光，涧谷纷斓斑。

我心空无物，斯文何足关。

君看古井水，万象自往还。[①]

李白曾作《商山四皓》，起首一句即"白发四老人，昂藏南山侧"。东坡在这里显然是将李白的诗拿来当作神秀大师的呈法偈，而自己则化用惠能大师的"菩提本无树"和"本来无一物"为"何曾在""空无物"。再以"纸上影"和"古井水"为观照对象，则"万象"自然显现，展示了自己的禅定境界。

再看下面这首《题过所画枯木竹石三首·其一》：

老可能为竹写真，小坡今与石传神。

山僧自觉菩提长，心境都将付卧轮。[②]

苏东坡的幼子名过，同样擅长书画诗赋，时人誉之为"小坡"。这首东坡题幼子枯木竹石画作的诗，后两句化用的是《坛经·机缘品》中"卧轮禅师"的典故：

有僧举卧轮禅师偈曰："卧轮有伎俩，能断百思想，对境心不起，菩提日日长。"师闻之，曰："此偈未明心地，若依而行之，是加系缚。"因示一偈曰："惠能没伎俩，不断百思想，对境心数起，菩提作么长。"[③]

文中卧轮禅师自以为"对境心不起""能断百思想"，这中间已经加入了妄念，所以祖师说依此行持是作茧自缚。东坡在诗中自比为遭到惠能祖师呵斥的卧轮禅师，自嘲自以为有进境了，实则"未明心地"。

还有这首《次韵答刘景文左藏》（节录）：

① 清·王文诰辑注，孔凡礼点校：《苏轼诗集·卷三十一》，版权前揭，第1638-1639页。
② 清·王文诰辑注，孔凡礼点校：《苏轼诗集·卷四十三》，版权前揭，第2348页。
③ 元·宗宝编：《六祖大师法宝坛经》，《大正藏》第48册，第358页。

> 夜烛催诗金烬落，秋芳压帽露华滋。
>
> 故应好语如爬痒，有味难名只自知。①

诗中以"痒"借喻诗人作诗偶得妙语的感受，又说个中滋味实在难以描摹，只能像惠能大师所说的——"如人饮水，冷暖自知"罢了。

再看这首《赠月长老》（节录）：

> 延我地炉坐，语软意甚真。
>
> 白灰如积雪，中有红麒麟。
>
> 勿触红麒麟，作灰维那嗔。
>
> 拱手但默坐，墙壁方谆谆。
>
> 今宵恨客多，污子白氎巾。
>
> 后夜当独来，不烦主与宾。
>
> 蒲团坐纸帐，自要观我身。②

诗中的"白灰"指的是地炉中的灰，灰下有炭如"红麒麟"，自然灼热不可触碰。"维那"是僧职的一种，这里代指出家人。诗人以"红麒麟"借喻"清净自性"，如惠能大师所说："何期自性，本自清净；何期自性，本不生灭；何期自性，本自具足；何期自性，本无动摇；何期自性，能生万法。"③对于"自性"这一"红麒麟"，只需要如实领悟、如实了知，不可妄加造作，所以东坡说："勿触红麒麟，作灰维那嗔。"诗文最后又说："后夜当独来，不烦主与宾。蒲团坐纸帐，自要观我身。"④《维摩诘经》中世尊问维摩诘居士"为以何等观如来"，维摩诘答："如自观身实相。"东坡借此表达自性本来清净，无我无人，无主无宾，反观自身、返照自性才是正确的做法。以佛教义理与本诗所赠予的月长老相印证，有意无意间提升了诗的格调。苏东坡的诗词达到如此高妙的水准，其来有自。

---

① 清·王文诰辑注，孔凡礼点校：《苏轼诗集·卷三十一》，版权前揭，第 1648-1649 页。
② 清·王文诰辑注，孔凡礼点校：《苏轼诗集·卷三十四》，版权前揭，第 1802-1803 页。
③ 元·宗宝编：《六祖大师法宝坛经》，《大正藏》第 48 册，第 349 页。
④ 姚秦·鸠摩罗什译：《维摩诘所说经·卷下》，《大正藏》第 14 册，第 554 页。

第四节 深受《六祖坛经》影响的传奇文学：
以《西游记》为例

《坛经》倡导的禅法以定慧为本，强调自心是佛，宣扬"自性自修，顿悟顿修"，于晚唐五代时期衍生出"五家七宗"，到宋明时期发展成熟，并日渐与儒道思想合流。

《西游记》的成书也大致经历了唐、宋、元、明的逐步完善，与六祖倡导"不立文字，见性成佛"的禅法大行于世的时间段多有重合。一般认为，宋代"说话"艺术中的"灵怪"与"说经"的结合是"西游"故事的源头之一。其中"说经"包括"说参请"和"说诨经"，原意是演说佛书，慢慢转化为专讲参禅悟道和宗教传说之类的故事。而在禅宗盛行的时代，《坛经》及惠能大师的传奇自然也不免成为"说经"的对象。于是，我们今天看到的《西游记》定本在故事情节和佛学思想等方面，均明确显示出深受《坛经》影响的迹象。

一、孙悟空求道与惠能大师求法的情节对照

《西游记》中的一些故事情节有吸收、改造《坛经》内容的痕迹。有的是直接照搬，有的则是经过一系列分解组合以后巧妙吸收。其中对孙悟空求道经历的描写，有多处直接套用了惠能大师求法的情节。下面以表格的形式对二者加以对照说明：

相似情节	《西游记》与《坛经》对照①
言有省：孙悟空和六祖惠能大师都因偶然听闻他人的无心之语有所省悟，进而发心求访名师。	《西游记》： 　　孙悟空四处寻师学艺，偶然听到樵夫唱"相逢处，非仙即道，静坐讲《黄庭》"，让他认准了求仙之路，在樵夫的指引下得遇须菩提祖师。
	《坛经》： 　　惠能一次卖柴后在客店偶然听到有人诵读《金刚经》，"心即开悟"，遂听其言去往黄梅参礼五祖。
机锋考验：孙悟空和六祖惠能大师在求法过程中均曾与自己的老师有过一段精彩的机锋问答。	《西游记》： 　　孙悟空求须菩提祖师传道时，祖师说："你比他人不同，故传不得。"悟空问有何不同，祖师说他"虽然像人，却比人少腮"。悟空笑说："师父没成算，我虽少腮，却比人多这个素袋，亦可准折过也。"祖师听了此语才答应传给悟空躲避三灾之法。
	《坛经》： 　　六祖惠能拜谒五祖弘忍时，五祖问："汝是岭南人，又是獦獠，若为堪作佛？"惠能曰："人虽有南北，佛性无南北。獦獠身与和尚不同，佛性有何差别？"受到五祖赞赏。
唯求大法：孙悟空学道只为"长生"，而惠能拜师"惟求作佛"，虽语词有别，实质上都是追求了脱生死的无上究竟大法。	《西游记》： 　　当须菩提祖师将要传道给孙悟空时，每说一样，孙悟空都要问"这般可得长生么？"祖师答不能，他便说"不学，不学"。在悟空内心，学道不为名为利，只为了脱生死，最终"超出三界外，不在五行中"，其实是成佛的境界。
	《坛经》： 　　惠能初到黄梅，五祖问他"所求何物"，惠能答："惟求作佛，不求余物。"之后五祖也对门人说："世人生死事大。汝等终日只求福田，不求出离生死苦海。自性若迷，福何可救？"可见弘忍完全认同惠能大师学佛的目的在于解脱生死，成就佛果。

---

① 　猴王拜师学艺的情节多见于《西游记》第一、二回，见明·吴承恩：《西游记》，北京：人民文学出版社，1955年，第9页以下；惠能祖师拜师求法一节见于《六祖坛经·行由品》，《大正藏》第48册，第348-349页。

相似情节	《西游记》与《坛经》对照
秘密传法：师欲传法给弟子却并不明言，须菩提祖师是"将悟空头上打了三下"，弘忍大师则是"以杖击碓三下"。悟空与惠能均心领神会，终于获得传授。	**《西游记》：** 孙悟空在同门面前拒绝了须菩提祖师所欲传授的各种不究竟法，祖师生气，手持戒尺"走上前，将悟空头上打了三下，倒背着手，走入里面，将中门关了，撇下大众而去"。众人都埋怨悟空，悟空却心下领悟："祖师打他三下者，教他三更时分存心；倒背着手，走入里面，将中门关上者，教他从后门进步，秘处传他道也。"当晚悟空前往师父处，果然得祖师传与"长生之妙道"。
	《坛经》： 发现惠能"根性大利"之后，五祖欲传法给惠能，又担心惠能因此而遭人加害，所以"潜至碓房"并"以杖击碓三下而去"。惠能会意，"三鼓入室。祖以袈裟遮围，不令人见，为说《金刚经》"。六祖一听之下，当即证悟上乘佛法。
得法遭难：孙悟空和惠能均在得法之后即有性命之忧，被迫离开师门。	**《西游记》：** 孙悟空学成以后在人前卖弄，被师父知道，当即训斥："这个工夫，可好在人前卖弄？"并嘱咐悟空："你快回去，全你性命；若在此间，断然不可！"悟空无奈只得辞别祖师，回到故地。
	《坛经》： 五祖在将衣钵传予惠能后，担心惠能性命安危，当即命惠能离开黄梅。五祖对惠能说："自古佛佛惟传本体，师师密付本心。衣为争端，止汝勿传。若传此衣，命如悬丝。汝须速去，恐人害汝。"惠能于是回到故乡附近的地方隐居起来。
最终成就：孙悟空和惠能虽历经波折险阻，但最后均在佛法上有大成就。	**《西游记》：** 孙悟空回到花果山后做了一番"惊天动地"的伟业，自立为"齐天大圣"；数百年后追随唐僧西天取经，终于得见如来，证果成佛。
	《坛经》： 惠能回到岭南后开创了南宗一脉，被尊为"禅宗六祖"，所传禅宗佛法深入人心，至今传承不绝。

不难看出，小说里孙悟空拜师学道的情节完全化用了现实世界惠能大师的求法经历。尤其最关键的以"杖击三下/戒尺打三下"为暗语密约三更传法一节，暗示能领悟这一暗语的便是根器大利的有缘之人，理当获得明师度化，化用得

十分巧妙别致。

　　另外，猴王最初拜见须菩提祖师时，祖师问这猴儿姓什么，猴王答"无性""无父母"，祖师闻言暗喜，知其为天地所生，可堪造就。[1]恰巧，禅宗史上也有这么一位"无姓儿"：

　　　　（四祖道信大师）一日往黄梅县，路逢一小儿，骨相奇秀，异乎常童。

　　　　祖问曰："子何姓？"

　　　　答曰："姓即有，不是常姓。"

　　　　祖曰："是何姓？"

　　　　答曰："是佛性。"

　　　　祖曰："汝无姓邪？"

　　　　答曰："性空，故无。"

　　　　祖默识其法器，即俾侍者至其母所，乞令出家。母以宿缘故，殊无难色，遂舍为弟子，以至付法传衣。[2]

　　这个"无姓儿"并非旁人，正是《坛经》中传法于惠能的五祖弘忍大师。《西游记》里须菩提祖师与猴王之间的问答，显然也是由现实中四祖道信与五祖弘忍的对话改写而成。可见《西游记》虽是小说家的笔墨，作者的确熟读《坛经》，对禅宗法脉及人物传说均能信手拈来，如数家珍。

二、作为付法象征的"衣钵"

　　衣以蔽体，钵以乞食，衣和钵在古印度时期是实行苦行生活的佛教沙门不可或缺的两种标志性法物。释尊制戒时明确规定"无衣钵者不得受具足戒"。[3]

　　在传至中国的禅宗中，世尊将"不立文字，教外别传"的"正法眼藏"传

---

[1]　明·吴承恩：《西游记》，版权前揭，第 13 页。
[2]　宋·普济集：《五灯会元·卷一》，《卍续藏经》第 138 册，第 35 页。
[3]　姚秦·佛陀耶舍共竺佛念等译：《四分律·卷三十四》，《大正藏》第 22 册，第 811 页。

法（"付嘱"）于摩诃迦叶，① 与"世尊拈花，迦叶微笑"②、世尊传"金缕僧伽梨"
于迦叶尊者的传说大体同时出现。③ 此后，也就形成了师父与弟子之间以衣钵
为信物的传法形式。因此，传法也称为"传衣""传衣钵"或"传衣付法"，衣
与法也合称"衣法"。

《坛经》中五祖弘忍将衣钵传予惠能大师时特地嘱咐说："昔达磨大师初来
此土，人未之信，故传此衣以为信体，代代相承；法则以心传心，皆令自悟自
解。自古佛佛惟传本体，师师密付本心；衣为争端，止汝勿传。"④ 已经开悟的
弘忍祖师明确认识到，衣不过是表信，但势必会引发争端，甚至给受法者带来
性命之忧。

作为付法表征的衣钵，在《西游记》里同样扮演了重要角色。

（一）菩萨授衣，唐僧受命

在《西游记》里，作为表信的"衣"化现为艳艳生光的锦襕袈裟，由如
来佛祖托付给观音菩萨，再由菩萨亲自送到大唐，传予唐僧玄奘，引导其发
心去西天求取大乘佛法。西行出发前，唐王又赐予了玄奘一个价值不菲的紫
金钵盂，供其沿途化斋使用。至此，衣、钵配备齐全，标志着唐僧被正式赋
予取经的使命。

如来在托付观音菩萨时，申明传衣的原因是"恐善信难行"。一道授予的
还有"九环锡杖"，据如来说"穿我的袈裟，免堕轮回；持我的锡杖，不遭毒
害"。⑤ 不过虽同样是宝贝，众人眼中只看到袈裟，锡杖一直被忽视。观音菩萨

---

① "佛以法眼付大迦叶"的说法，最早见于元魏时期西域三藏吉迦夜和昙曜共同编译的《付法藏因缘传》
（《大正藏》第 50 册，第 297 页），但此经中仅记载世尊灭度前嘱托迦叶尊者"集佛法藏，化诸众
生"，并未明确传付的是何种法门；至一卷本《大梵天王问佛决疑经》中则明确说明所付嘱的是"不
立文字，教外别传"的法门（《卍续藏经》第 87 册，第 652 页）。
② 原文作"世尊在灵山会上，拈华示众，是时众皆默然，唯迦叶尊者破颜微笑。"见宋·普济集：《五
灯会元·卷一》，《卍续藏经》第 138 册，第 7 页。
③ 宋·道原纂：《景德传灯录·卷一》，《大正藏》第 51 册，第 205 页。
④ 元·宗宝编：《六祖大师法宝坛经》，《大正藏》第 48 册，第 349 页。
⑤ 明·吴承恩：《西游记》，版权前揭，第 86 页。

在唐王面前，对袈裟的好处赞叹不绝，对锡杖只是一笔带过。① 到后续故事中，袈裟成为人与众妖觊觎的对象，锡杖却是无人问津。可见，袈裟被看重的原因不在于外在价值，而是它所代表的法脉传承。

（二）"闯祸"的锦襕袈裟

《西游记》里的袈裟也如六祖惠能的衣一样，容易引发事端。

第十六回，唐僧与悟空行至观音院，因悟空爱卖弄，把袈裟展示给贪财的院主，导致院主纵火行凶以便将袈裟占为己有，之后又遭黑熊怪趁火打劫，把袈裟悄悄盗走。

《坛经》里向惠能祖师追讨袈裟的是性情粗糙、出家前曾担任四品将军的惠明禅师，《西游记》里偷盗袈裟的则是铁盔金甲、威风凛凛的熊罴；惠明禅师受惠能大师点化，"言下大悟"，后在袁州蒙山"大唱玄化"，② 黑熊怪则是为观音菩萨收伏，成为落伽山的守山大神。③

第六十五回唐僧师徒被困小雷音寺，孙悟空在二十八宿和五方揭谛的帮助下救了师父，正要连夜逃生，悟空却到处寻找行李。二十八宿怪悟空"重物轻人"、不知缓急，悟空却道："人固要紧，衣钵尤要紧。包袱中有通关文牒、锦襕袈裟、紫金钵盂，俱是佛门至宝，如何不要！"④ 衣与钵之为法脉象征的珍贵价值，二十八宿不懂，悟空却不会不知道。

（三）充当"人事"的紫金钵

佛教的钵，一般为瓦制或铁制，僧众随身携带，通常并非贵重之物。古印度沙门的托钵，等于放弃一切世俗的功名利禄，以乞食为生；既然受大众供养而活，也要时刻不忘感恩，以证道解脱、度化众生为目标精勤修行。《西游记》

---

① 明·吴承恩：《西游记》，版权前揭，第 144—145 页。
② 宋·道原纂：《景德传灯录·卷四》，《大正藏》第 51 册，第 232 页。
③ 明·吴承恩：《西游记》，版权前揭，第 215 页。
④ 明·吴承恩：《西游记》，版权前揭，第 791 页。

里唐僧用来化斋乞食的钵却是唐王的御赐，为紫金所制，相当珍贵。于是唐僧的钵天然带有双重世俗气息———重是贵重，代表了对物质的欲望；另一重是帝王所赐，遂又成为名誉、地位的象征。

待到第九十八回唐僧一行到达西方，却因佛经不能空手索取，所以将贵重的钵盂充作"人事"，供奉给传经典尊者。①这一情节表面上看虽不乏讥讽之意，但唐僧也正因此得以"放下"了这一代表皇权重压的贵重器物，不仅换得了真经，个人的学修也就此功行圆满。

三、《西游记》对《六祖坛经》禅学思想的发挥

《坛经》对《西游记》的影响是全面而深刻的，这不仅表现在《西游记》全书使用大量的"禅"字、引用禅宗公案、化用禅宗故事和人物等方面，更表现为书中对《坛经》义理有准确的理解，并通过艺术化、形象化的方式作出了完美的演义和表达。

（一）无言之解是佛经真解

禅宗素来以"世尊拈花，迦叶微笑，不立文字，教外别传"②为禅宗一脉禅法的起源，"教外别传"一语也说明了禅宗法门和佛教的其他法门的确有所不同。"不立文字，直指人心"几个字，道尽禅宗精义，因此惠能大师说："前念迷即众生，后念悟即佛。"③

《西游记》作者深解此理，在小说中屡有表现。《西游记》第十三回玄奘前往西天取经临行前，众僧在灯下对"佛门定旨上西天取经"的原由议论纷纷。有的说水远山高，有的说路多虎豹，有的说峻岭陡崖难度，有的说毒魔恶怪难降。而唐僧自己的理解是：

---

① 明·吴承恩：《西游记》，版权前揭，第1176页。
② 宋·慧开禅师撰，弥衍宗绍编：《禅宗无门关》，《大正藏》第48册，第293页。
③ 元·宗宝编：《六祖大师法宝坛经》，《大正藏》第48册，第350页。

　　三藏钳口不言，但以手指自心，点头几度。众僧们莫解其意，合掌请问道："法师指心点头者，何也？"三藏答曰："心生，种种魔生；心灭，种种魔灭。"①

　　唐僧的"心生，种种魔生；心灭，种种魔灭"一语在《坛经》中有相对应的"心生，种种法生；心灭，种种法灭"②，《坛经》此句又转引自《大乘起信论》的"心生则种种法生，心灭则种种法灭"③。唐僧之前指心点头，则暗示但以心证，不用语言，因众僧不解，不得已而宣说。唐僧临行前的这一举动和话语堪称统领《西游记》全书佛理的主脑，之后唐僧师徒一路降妖伏魔的过程，也可理解为降伏心魔的过程。待心魔除尽，自然得见如来。

　　《西游记》第九十三回中，唐僧见山岭陡峭又心生悚惧，孙悟空与师父讲起《心经》：

　　　　行者道："师父，你好是又把乌巢禅师《心经》忘记了也？"

　　　　三藏道："《般若心经》是我随身衣钵。自那乌巢禅师教后，那一日不念，那一时得忘？颠倒也念得来，怎会忘得！"

　　　　行者道："师父只是念得，不曾求那师父解得。"

　　　　三藏说："猴头！怎又说我不曾解得！你解得么？"

　　　　行者道："我解得，我解得。"自此，三藏、行者再不作声。④

　　悟空说罢"我解得，我解得"之后却不再作声，八戒、沙僧俱以为悟空是"弄虚头，找架子"，不可能通晓经义，唯唐僧正色道："悟空解得是无言语文字，乃是真解。"⑤可见悟空也对惠能祖师"诸佛妙理，非关文字"⑥，真正佛法只能"以心传心""自悟自解"⑦深有领悟，唐僧则印证了悟空的体悟乃是"真解"。

① 明·吴承恩：《西游记》，版权前揭，第152页。
② 元·宗宝编：《六祖大师法宝坛经》，《大正藏》第48册，第362页。
③ 马鸣菩萨造，梁·真谛译：《大乘起信论》，《大正藏》第32册，第577页。
④ 明·吴承恩：《西游记》，版权前揭，第1112页。
⑤ 明·吴承恩：《西游记》，版权前揭，第1113页。
⑥ 元·宗宝编：《六祖大师法宝坛经》，《大正藏》第48册，第355页。
⑦ 元·宗宝编：《六祖大师法宝坛经》，《大正藏》第48册，第349页。

（二）佛性无差别

佛教在古印度初传时，释尊就针对当时印度社会等级森严的种姓制度，主张解脱道上人人平等，任何种姓皆可修习佛法；一旦出家成为佛教沙门，同样享有证果的机会。到大乘法中更直言"一切众生皆有佛性"（《大般涅槃经》）。在惠能拜见五祖弘忍大师时，面对五祖"獦獠"的诘难，惠能以"人有南北，佛性无南北"作答。以后惠能在讲法开示时，一再强调众生佛性平等：

> 自性若悟，众生是佛。自性若迷，佛是众生。自性平等，众生是佛。自性邪险，佛是众生。①

对此，惠能又详细解说道："东方人，但心净即无罪。虽西方人，心不净亦有愆。东方人造罪，念佛求生西方。西方人造罪，念佛求生何国？"②惠能屡次揭示修行人能否成就仅在于是否"自性清净"，而不在于出身。

《西游记》第十七回，孙悟空和观音菩萨一道去降伏黑熊怪，观音菩萨变作苍狼怪凌虚子的模样：

> 去去还无住，如如自有殊。
>
> 总来归一法，只是隔邪躯。
>
> 孙悟空看道："妙啊！妙啊！还是妖精菩萨，还是菩萨妖精？"
>
> 菩萨笑道："悟空，菩萨、妖精，总是一念；若论本来，皆属无有。"③

前面的诗偈说菩萨变妖精"总来归一法"，这"一法"就是菩萨回答悟空的"菩萨、妖精，总是一念"，这一念之别也就是《坛经》中惠能大师所讲的"自性若悟，众生是佛。自性若迷，佛是众生"。悟空本有宿根，听闻菩萨点拨，"心下顿悟"。

① 元·宗宝编：《六祖大师法宝坛经》，《大正藏》第48册，第361–362页。
② 元·宗宝编：《六祖大师法宝坛经》，《大正藏》第48册，第352页。
③ 明·吴承恩：《西游记》，版权前揭，第213–214页。

在《西游记》的取经队伍中，齐天大圣是猴王，小白龙是马，八戒在人间托生猪形，沙僧则托生为面目狰狞的水怪，就只有唐僧法相庄严，但形象、出身、国籍、背景与他们最后能否成就、成就高低如何毫无关联。唐僧和悟空两人证悟了真解，所以也只有他们两位得了佛果。可见，《西游记》的取经小队本身就是"众生佛性平等"的象征。

（三）自性自度

《坛经》中载五祖弘忍传法给惠能后：

> 祖相送直至九江驿。祖令上船，五祖把橹自摇。惠能言："请和尚坐，弟子合摇橹。"
>
> 祖云："合是吾渡汝。"
>
> 惠能云："迷时师度，悟了自度。度名虽一，用处不同。惠能生在边方，语音不正，蒙师传法，今已得悟，只合自性自度。"
>
> 祖云："如是，如是。"[①]

这里首次提到"自性自度"。之后惠能大师在给众人开示般若时说：

> 般若之智亦无大小，为一切众生自心迷悟不同。迷心外见，修行觅佛，未悟自性，即是小根。若开悟顿教，不能外修，但于自心常起正见，烦恼尘劳常不能染，即是见性。[②]

要开般若智，"不能外修"，只在于"自心常起正见"。在传法坐禅时又云当"于念念中，自见本性清净，自修自行，自成佛道"。[③]授无相忏悔时则劝众人当归依"自性三宝""自心三宝"，而不应外求：

> 自心归依觉，邪迷不生，少欲知足，能离财色，名"两足尊"。
>
> 自心归依正，念念无邪见，以无邪见故，即无人我贡高，贪爱执着，

---

① 元·宗宝编：《六祖大师法宝坛经》，《大正藏》第 48 册，第 349 页。
② 元·宗宝编：《六祖大师法宝坛经》，《大正藏》第 48 册，第 350–351 页。
③ 元·宗宝编：《六祖大师法宝坛经》，《大正藏》第 48 册，第 353 页。

名"离欲尊"。自心归依净，一切尘劳爱欲境界，自性皆不染着，名"众中尊"。若修此行，是自归依。……今既自悟，各须归依自心三宝，内调心性，外敬他人，是自归依也。①

可以说，《坛经》通篇都在开示"自性自度""自觉自修"的道理。

在《西游记》当中，唐僧经乌巢禅师传授《心经》之后，日日念诵，对"自度自修"亦已觉悟。在《西游记》第二十回开篇，唐僧自说一偈：

> 法本从心生，还是从心灭。
>
> 生灭尽由谁，请君自辨别。
>
> 既然皆己心，何用别人说？
>
> 只须下苦功，扭出铁中血。②

唐僧通过这个偈子，再次证明自己已然了悟"万法皆在一心"（"从心生"还"从心灭"）、"悟道在己不在人"（"灭尽""皆己心"）的至理。

另外，《西游记》中提到过孙悟空为何不直接驾云带唐僧翻山过河，甚至直接送唐僧飞到灵山。第二十二回过流沙河时，八戒要悟空用筋斗云送师父。悟空说"遣泰山轻如芥子，携凡夫难脱红尘"③，意即驾云搬动泰山轻而易举，携带个凡夫却是千难万难。第九十八回师徒一行到灵山脚下将过凌云渡时，八戒嫌独木桥难走，要自己驾云过河，悟空喝止说："这是甚么去处，许你驾风雾？必须从此桥上走过，方可成佛。"④

为什么？这个问题在前面第八回如来自己有解释：

> （如来对众言曰：）"我有法一藏，论一藏，经一藏……我待要送上东土，叵耐那方众生愚蠢，毁谤真言，不识我法门之旨要，怠慢了瑜迦之正宗。怎么得一个有法力的，去东土寻一个善信，教他苦历

---

① 元·宗宝编：《六祖大师法宝坛经》，《大正藏》第48册，第354页。
② 明·吴承恩：《西游记》，版权前揭，第238页。
③ 明·吴承恩：《西游记》，版权前揭，第266页。
④ 明·吴承恩：《西游记》，版权前揭，第1168页。

千山，远经万水，到我处求取真经，永传东土，劝化众生。"①

《西游记》里如来的解释是教取经人"苦历千山，远经万水"，否则就"不识我法门之旨要，怠慢了瑜迦之正宗"；悟空的说法则是"师父要穷历异邦，（否则）不能彀超脱苦海""（旁人）替不得这些苦恼，也取不得经来"。②事实上，故事里"求取真经"喻示证悟正法，"历尽辛苦"意味着亲身修证，如果不是自己自修自证、自悟自度，无论如何不可能获取真正道果。《西游记》中的八十一难，虽然每一次磨难总有弟子救护或神明指引，但终归都要唐僧自己一步步走过、熬过。如果不是唐僧自己有恒心和毅力坚持初心，从不言弃，佛菩萨再有神通也度化不了他。从这种意义上说，《西游记》通篇都是在论证"自性自度"的命题。

（四）凡所有相，皆是虚妄

《金刚经》有云："凡所有相，皆是虚妄。"③惠能大师最初正是偶然听到有人诵《金刚经》生发道心，又蒙弘忍祖师传授《金刚经》而证悟上乘佛法，因而《坛经》中五祖与六祖所传禅法直接与《金刚经》一脉相承。《坛经》中弘忍大师评神秀大师的"身是菩提树，心如明镜台"一偈"未见本性。只到门外，未入门内"④就在于此偈执着于相，未见本心。之后惠能祖师在讲法时开示不可"迷心外见，修行觅佛，未悟自性"⑤，也是教诫门人弟子要破除对虚妄外相的执迷，因为事实上"般若无形相，智慧心即是"⑥。

《西游记》中对"凡所有相，皆是虚妄"这一点仍多以形象化、艺术化的方式加以阐释，像取经路上遇到的许多妖魔，都会幻化出一副善良美好的形

---

① 明·吴承恩：《西游记》，版权前揭，第 85 页。
② 明·吴承恩：《西游记》，版权前揭，第 267 页。
③ 姚秦·鸠摩罗什译：《金刚般若波罗蜜经》，《大正藏》第 8 册，第 749 页。
④ 元·宗宝编：《六祖大师法宝坛经》，《大正藏》第 48 册，第 348 页。
⑤ 元·宗宝编：《六祖大师法宝坛经》，《大正藏》第 48 册，第 350–351 页。
⑥ 元·宗宝编：《六祖大师法宝坛经》，《大正藏》第 48 册，第 350 页。

态，唐僧和八戒往往因此堕入圈套，就是为妄相所迷。到第六十五回，妖魔直接幻化出一座"小雷音寺"，初见之下也是一片瑞光祥霭，唐僧先被"雷音寺"的名字唬住，又为寺庙表面的庄严所迷惑，坚持入内礼拜："既有雷音之景，莫不就是灵山？"①孙悟空指出"雷音寺"三字之前还有一个"小"字，唐僧依然执迷不悟，坚持"遇佛拜佛"，不辨真伪。等到进去，只能是落入了妖怪的圈套。"小雷音寺"这一情节的象征意义十分鲜明：在修行路上遇到艰难险阻还容易辨识和应付，可如果急于求成，将修行中出现的幻象当作实相，不辨大小，不识真伪，一旦走火入魔，就难成正果了。修佛而拘执外物外相者，当引以为戒，不负作者婉转劝化、循循善诱的美意。

（五）即心即佛，直心是净土

《坛经》中载，有弟子向惠能祖师请教"即心即佛"：

> （僧法海）问曰："即心即佛，愿垂指谕。"
>
> 师曰："前念不生即心，后念不灭即佛。成一切相即心，离一切相即佛。……"
>
> 法海言下大悟。以偈赞曰："即心元是佛，不悟而自屈。我知定慧因，双修离诸物。"②

惠能大师在给居士讲法时又说道：

> 今劝善知识，先除十恶即行十万，后除八邪乃过八千。念念见性，常行平直，到如弹指，便睹弥陀。……不悟，即佛是众生，一念悟时，众生是佛。③

可见，据惠能大师一贯的观点，能否成佛成圣都在一念之间。若能系守每一心念，念念见性，则当下即是净土。这里的"即心即佛""直心即净土"事

---

① 明·吴承恩：《西游记》，版权前揭，第 785–786 页。
② 元·宗宝编：《六祖大师法宝坛经》，《大正藏》第 48 册，第 355 页。
③ 元·宗宝编：《六祖大师法宝坛经》，《大正藏》第 48 册，第 350–351 页。

实上也就是惠能大师所倡导的"一行三昧"的修行方法。所谓"一行三昧"，即"于一切处行住坐卧，常行一直心""常坐不动，妄不起心"①，如果于一切时、一切处"行住坐卧，纯一直心，不动道场，真成净土"②。

《西游记》中也大力弘扬这种"即心即佛""直心即净土"的"一行三昧"。第二十四回，东土到西天十万八千里，十停中还不曾走了一停，唐僧、八戒、沙僧均等不及问路程远近。行者道：

> 你自小时走到老，老了再小，老小千番也还难。只要你见性志
>
> 诚，念念回首处，即是灵山。③

第八十五回，唐僧见高山阻路又神思不安，悟空引用了《心经》中的偈颂劝导他：

> 佛在灵山莫远求，灵山只在汝心头。
>
> 人人有个灵山塔，好向灵山塔下修。④

对此，唐僧的回应是："千经万典，也只是修心。"行者又劝说："但要一片志诚，雷音只在眼下。"⑤"念回首处即灵山""灵山在汝心头""雷音只在眼下"均指同一法门，也就是"念念见性，直心即净土"的"一行三昧"之法。

《西游记》前后百回，唐僧师徒行十万八千里路，历经九九八十一难，方才到达西天，取得真经。从修行的角度来说，"行十万八千里路"，即《坛经》所说的除身中"十恶八邪"："先除十恶即行十万，后除八邪乃过八千"⑥；"到达西天，取得真经"则是圆满的象征。修行的"圆满"在于"见性"，即唐僧的诗偈中所说的"功完行满朝金阙，见性明心返故乡"⑦。《西游记》中的宗教思想亦佛亦道，但综合来看，《坛经》所代表的禅宗一脉的影响最为明显。甚至

---

① 元·宗宝编：《六祖大师法宝坛经》，《大正藏》第 48 册，第 352-353 页。
② 元·宗宝编：《六祖大师法宝坛经》，《大正藏》第 48 册，第 361 页。
③ 明·吴承恩：《西游记》，版权前揭，第 287-288 页。
④ 明·吴承恩：《西游记》，版权前揭，第 1024 页。
⑤ 明·吴承恩：《西游记》，版权前揭，第 1024 页。
⑥ 元·宗宝编：《六祖大师法宝坛经》，《大正藏》第 48 册，第 350-351 页。
⑦ 明·吴承恩：《西游记》，版权前揭，第 278 页。

不妨把整部《西游记》看作是《坛经》的禅理敷衍扩展而来的一个生动鲜活的取经故事——我们每一位修行者都是《西游记》中的取经人，必须历经险阻，去除身中十恶八邪，方能明心见性，证悟大道，抵达自心净土。

第三章　《六祖坛经》的哲学思辨创新

　　《六祖坛经》在吸收、融汇了佛教的般若思想和中国传统文化精髓的基础上，于修行功夫、解脱方式等方面均作出了创造性的发展。《坛经》在佛学方面的贡献成就了其作为"经"的地位，而经中"菩提无树""风动幡动"等典故之所以在民间广泛流传并且深入人心，从根本上说在于思维方式和哲学思辨方式上的创新。这些创新在西方辩证法哲学的比照下显得尤为鲜明。

第一节　西方辩证法的哲学思辨模式

　　辩证法是德国古典哲学的硕果之一，它将历史和自然的进程视为绝对精神的展开和演化过程，对事物发展、运动、变化的规律作出了富于建设意义的总结。辩证法所提供的方法论对于我们审视和反思《坛经》的哲学思辨模式同样极富启发性。

一、辩证法的"否定之否定"哲学思辨模式

　　19世纪德国著名哲学家黑格尔在哲学史上创立了关于事物运动变化规律的辩证法学说，其中包括"对立统一规律"和"否定之否定规律"，即认为任何事物内部都包含肯定的方面与否定的方面：肯定方面的因素是指维持和肯定现成事物存在的因素，它是使一个事物成为其自身而不是其他事物的根本；否定方面的因素是促使现成事物发生变化直至灭亡的因素，它会否定和破坏现成事物，最终使其转化为其他事物。每一事物肯定方面与否定方面的矛盾是其发

展的内在动力。起初，一个事物作为其自身，肯定因素必然处于支配地位，但随着事物的发展变化，矛盾双方不断斗争，否定因素终究会由弱变强。一旦否定因素上升为支配地位，事物就不再是其自身，而是转化到了自身的对立面，从而实现了对事物的否定。事物最终之所以被否定，根源就在于事物内部既对立又统一的两方面因素的矛盾斗争。万事万物不可能一成不变，从量变发展到质变，事物内部的否定因素终将战胜肯定因素。

因此辩证法认为，事物的否定是自我的否定，任何一个事物的发展过程从而可以概括为肯定、否定、否定之否定三个环节，其中"否定之否定"是事物自身矛盾运动的结果，也是矛盾的最终解决形式。

二、"正—反—合"辩证逻辑定律

从肯定到否定，再到否定之否定，用逻辑命题的形式表达就是正题、反题与合题，于是事物的否定之否定发展规律又表达为"正、反、合"的辩证逻辑定律。这一"正反合"的逻辑定律，即是黑格尔建构的哲学思辨模式。

在黑格尔的哲学体系中，所谓的"正题""反题"与"合题"都是"绝对精神"在不同阶段的表现形式。从逻辑上说，正题必然地派生出它的对立面——反题，与反题构成对立，然后二者又终将被扬弃而达到统一的合题。黑格尔认为，任何事物都处于"正→反→合"的辩证发展过程之中，这是事物的存在形式，也是绝对精神不断流动、展开的动态历史过程。在黑格尔那里，"绝对精神"是"正反合"辩证思维的根源。

恩格斯曾提出著名的"麦粒论"来说明黑格尔的理论：一颗麦粒开始的时候只是麦粒，此为"正题"。但实际上麦粒中天然包含有突破自己、否定自己的因素，即发芽、成长为麦苗。当它真的长成麦苗时，自然就已不再是麦粒，而是达到了麦粒的对立面，这就构成了"反题"。不过，麦苗最后还会成熟、结穗，最终产生新的麦粒，此时新的麦粒既不是麦苗，也不同于原来的麦粒，而是两者综合的产物，如此即构成了"合题"。①这样一来，"麦粒—麦苗—麦穗"的三段式结构便深入浅出地诠释了"正反合"的辩证思维逻辑。

不同地域不同民族因其特有的民族文化而形成各具特色的思维方式，西方欧陆文化催生出辩证法的思辨模式，东方佛教文化则催生出缘起性空、真空妙有的般若思辨模式。在地处东西两极的异质文化背景下，两种思辨模式竟然呈现出惊人的结构相似性，可资相互参证。

第二节　辩证法与佛教般若思维的对话

1949 年以后，唯物辩证法在中国的影响越来越大，它与佛学等中国传统哲学之间也进行了各种直接或间接的交流与互动。曾担任中国佛教协会会长的赵朴初居士在《佛教常识答问》的序里，记述了一段亲身经历的轶事，颇有唯物辩证法对话佛教般若思维的戏剧性效果：

> 一九五七年我陪一位柬埔寨僧人见毛泽东主席，客人未到之前，我先到了。毛主席便和我漫谈。他问："佛教有这么一个公式——赵朴初，即非赵朴初，是名赵朴初，有没有这个公式呀？"我说："有。"毛主席再问："为什么？先肯定，后否定？"我说："不是先肯定，后否定，而是同时肯定，同时否定。"谈到这里，客人到了，没有能谈下去。后来，我在写这本书的第二章时，想起那一次未谈完的问答，我想，书中谈到缘起性空的思想，可能补充了当时我在毛主席前所想讲的话。②

这段话中提到的"赵朴初，即非赵朴初，是名赵朴初"的佛教公式，实际上表达的就是作为佛教思想基石的"缘起性空"命题，"缘起性空"的理论到

---

① 参见 [德] 恩格斯著，中共中央马克思、恩格斯、列宁、斯大林著作编译局译：《反杜林论》，北京：人民出版社，1999 年，第 141 页。
② 赵朴初：《佛教常识答问·序》，北京：北京出版社，2003 年，第 1–2 页。

大乘法中发展为佛教特有的般若逻辑。

一、佛教的"缘起性空论"

什么是"缘起性空"？"缘起"按照原始佛教中的定义即"此有故彼有，此生故彼生"；[①]而世间万物没有恒固不变的自性，此谓"性空"。详细说来，"缘起"就是指世间的一切存在，包括世界本身，都是由诸因与众缘和合的结果。因缘的"聚"或"散"导致了万物的"存在"或"消失"，除此之外再没有任何其他的客观或主观存在，正所谓"有因有缘集世间，有因有缘世间集。有因有缘灭世间，有因有缘世间灭"[②]，能够真切地认识这一点即是"如实知"；而人生在世的烦恼亦不过如此，如实地观察问题、如实地解决问题，则所有烦恼也就没有了立足之地，自然消失殆尽。缘起法揭示了世间万法的真实本性乃是"空性"，因而缘起法的另一面亦即"空法"。以此观人，可以推知人们惯常执持为"我"的那种东西，也无非是若干因缘聚合的结果，因缘之外其实一无所有。

与辩证法的"麦粒喻"相映成趣的是，在大乘佛法的重要论书、龙树菩萨所著的《中论》的注释中，也以"劫初谷"为例来说明"缘起性空"：

万物无生。何以故？世间现见故。世间眼见劫初谷不生。何以故？离劫初谷，今谷不可得。若离劫初谷有今谷者，则应有生。而实不尔，是故"不生"。

问曰：若不生，则应灭？

答曰：不灭。何以故？世间现见故。世间眼见劫初谷不灭。若灭，今不应有谷。而实有谷，是故"不灭"。

……

① 刘宋·求那跋陀罗译：《杂阿含经·卷十》，《大正藏》第 2 册，第 67 页。
② 刘宋·求那跋陀罗译：《杂阿含经·卷二》，《大正藏》第 2 册，第 12 页。

问曰：若尔者万物是一。

答曰：不一。何以故？世间现见故。世间眼见万物不一。如谷不作芽、芽不作谷。若谷作芽、芽作谷者，应是一。而实不尔，是故"不一"。

问曰：若不一，则应异？

答曰：不异。何以故？世间现见故。世间眼见万物不异。若异者，何故分别谷芽、谷茎、谷叶，不说树芽、树茎、树叶？是故"不异"。①

龙树菩萨认为万事万物都是"不生、不灭、不常、不断、不一、不异、不来、不出"的，以此"八不"可"破一切法"，②《中论》就以此来说明"缘起性空论"。比如上文以谷为例，说明万物"不生""不灭"——如果没有劫初谷，就没有今日的谷，今日的谷并非凭空而生，所以说"不生"；既然有今日的谷，则劫初谷必然"不灭"。还以谷为例，再说万物既"不一"也"不异"——谷生芽，谷是谷，芽是芽，谷与芽不同，是为"不一"；而谷芽、谷茎、谷叶均属谷，人们称之为"谷"而不称为"树"（"树芽、树茎、树叶"），是以"不异"。"不常""不断""不来""不出"同理。既然任何事物没有确定的"生相"，也没有确定的"灭相"（"不生又不灭"）；既非不变，又非多变（"不常又不断"）；既非同一，又非相异（"不一又不异"）；既非有所从来，又非还至本处（"不来又不出"），由此可知万法"性空"。

到《金刚经》里，《中论》的"不一亦不异"则呈现为"赵朴初，即非赵朴初，是名赵朴初"的形式：

如来说三十二相，即是非相，是名三十二相。

所言一切法者，即非一切法，是故名一切法。

---

① 龙树菩萨造，青目释，姚秦·鸠摩罗什译：《中论·观因缘品》，《大正藏》第30册，第2页。
② 参见龙树菩萨造，青目释，姚秦·鸠摩罗什译：《中论·观因缘品》，《大正藏》第30册，第1页。

如来说诸相具足，即非具足，是名诸相具足。

众生众生者，如来说非众生，是名众生。

所言善法者，如来说非善法，是名善法。

佛说微尘众，则非微尘众，是名微尘众。

如来所说三千大千世界，则非世界，是名世界。何以故？若世界实有者，则是一合相。如来说一合相，则非一合相，是名一合相。[①]

至此，"缘起性空"已发展为另一种成熟形态——"真空妙有"，其表达方式就是"赵朴初，即非赵朴初，是名赵朴初"，实即"现象有/假有—非实有—是真有/实相"的思辨模式，它与"不生亦不灭，不常亦不断，不一亦不异，不来亦不出"是对同一观念的不同表达，这也就是赵朴初居士说"同时肯定，同时否定"的依据所在。

二、般若智慧思辨模式与辩证法思辨模式的对话

"不一亦不异"这种"同时肯定，同时否定"的表达方式又被称为"双边否定"，是大乘佛教的典型思辨逻辑，可以称之为"般若智慧型思辨模式"。此种般若思维不仅停留于现象范域的否定层面，更重要的是还包含对"中道实相"的揭示。般若佛法中借助相对的两极概念都无定常性、无决定性，来说明其性本空、无自性，表达了所要显示的理境，超越于所否定的概念所联同指涉的现象范域，这范域即是构造论的现象世界，进而超越现象界，证悟本质实相。

"现象有/假有—非实有—是真有/实相"的思辨模式乃是大乘般若系思维方式的根本所在，一直延续到中土教外别传的禅宗。不难发现，这种般若思辨模式与辩证法"正反合"思辨模式呈现出极大的同构性：

---

① 姚秦·鸠摩罗什译：《金刚般若波罗蜜经》，《大正藏》第 8 册，第 750–752 页。

辩证法思辨模式			
辩证法	正题	反题	合题
"否定之否定"律	肯定	否定	否定之否定
恩格斯的"麦粒喻"	是麦粒	麦苗，非麦粒	麦穗，新麦粒
佛教般若思辨模式			
般若智慧	现象有/假有	非实有	是真有/实相
《金刚经》	如来说世界	即非世界	是名世界
禅宗《五灯会元》	见山是山	见山不是山	依前，见山只是山①
赵朴初《佛教常识答问》	赵朴初	即非赵朴初	是名赵朴初

　　在黑格尔辩证法的背后，流动的是先验的客观独立的"绝对精神"；在佛法背后，则是"自性"，这一自性即是"空性"，也即是"佛性"。据《坛经》所载，六祖惠能大师是听《金刚经》证悟的上乘佛法；而事实上，惠能大师的悟道和教化背后总是能看到般若智慧思辨模式的影子。比如将惠能大师的诗偈与神秀大师、卧轮禅师的诗偈合参，便不难发现其内在逻辑脉络：

辩证法	正题	反题	合题
般若智慧模式	现象有/假有	非实有	是真有/实相
惠能与神秀合参	《神秀偈》身是菩提树心如明镜台	《惠能偈》菩提本无树明镜亦非台	本来无一物（自性清净无染着）
惠能与卧轮合参	《卧轮偈》能断百思想对境心不起	《惠能偈》不断百思想对境心数起	菩提作么长（菩提佛性无增减）

　　通过上表的比照不难看出，何以说惠能大师已悟道而神秀、卧轮禅师尚未见性——神秀大师与卧轮禅师只看到现象界的假有，而惠能大师则能轻易勘破现象界的假相，进而洞彻般若实相。可见，《坛经》与《金刚经》的般若逻辑脉络是一以贯之的。

---

① 宋·普济集：《五灯会元·卷十七》，《卍续藏经》第138册，第670页。

第三节 辩证法与《六祖坛经》的"对法"思辨模式

"现象有／假有—非实有—是真有／实相"是大乘般若体系的哲学思辨模式，源自古印度的原生思维。而在《六祖坛经》中，对这种舶来的般若思辨模式进行了彻底的消化、吸收与整理，通过一套相对更为具体、形象的中国传统化了的哲学概念，成功实现了般若智慧思辨模式的本土化。这一思辨模式在《坛经》里集中表现为惠能大师晚年为门人所说的"三十六对法"。

一、《六祖坛经》的"三十六对法"

"三十六对法"是惠能大师开示弟子如何能"不失本宗"地为大众说法时传授的一种相对比较容易掌握的方法：

> 先须举三科法门，动用三十六对，出没即离两边。说一切法，莫离自性。忽有人问汝法，出语尽双，皆取对法，来去相因。究竟二法尽除，更无去处。[①]

所谓"三十六对法"，即"出语尽双，来去相因"的"天与地""日与月"等三十六种相对性的概念。具体而言，这里"三十六对"包括：

"外境无情"五对：天与地对，日与月对，暗与明对，阴与阳对，水与火对。

"法相语言"十二对：语与法对，有与无对，有色无色对，有相无相对，有漏无漏对，色与空对，动与静对，清与浊对，凡与圣对，僧与俗对，老与少对，大与小对。

"自性起用"十九对：长与短对，邪与正对，痴与慧对，愚与智对，乱与

---

① 元·宗宝编：《六祖大师法宝坛经》，《大正藏》第 48 册，第 360 页。

定对，慈与毒对，戒与非对，直与曲对，实与虚对，险与平对，烦恼与菩提对，常与无常对，悲与害对，喜与瞋对，舍与悭对，进与退对，生与灭对，法身与色身对，化身与报身对。

上述"三十六对"先说世间无情之法，再说有情的语言名相与事物的对照认知，再说自性修行层面的"善—恶""染—净"对照，直至色、法、报、化等集聚诸法所成之身，囊括了从无情到有情、从有情之有善恶杂染到灭尽无染之三身，以此"三十六对"总括一切法而又须臾不离自性，形成一套独特的概念体系。

二、"三十六对法"与辩证法

惠能大师举此"三十六对"的目的何在？《坛经》中惠能大师解释说：

> 此三十六对法，若解用即道，贯一切经法，出入即离两边。自性动用，共人言语，外于相离相，内于空离空。若全着相，即长邪见。若全执空，即长无明。……若有人问汝义，问有，将无对；问无，将有对；问凡，以圣对；问圣，以凡对。二道相因，生中道义。如一问一对，余问一依此作，即不失理也。①

就是说，"天地""有无""邪正"等"三十六对"如果运用得当，足以贯通一切经法。如果有人问佛法的要旨是什么，"问有将无对，问无将有对，问凡以圣对，问圣以凡对"，问正答反，问反答正，便能揭示"二道相因"之理，于说法中"生中道义"而"不失理"。显然，惠能大师这里倡导"对法"的目的并不在于讲凡、圣或有、无这些概念本身，其真正目的在于通过"对法"的思辨模式，消除人们固有的执念。对外，即于一切相而不执着相；对内，即于空而不执着空。如此便能对一切经法融会贯通，引导人们领悟"自性"的"中道实相"。

---

① 元·宗宝编：《六祖大师法宝坛经》，《大正藏》第48册，第360页。

"天地""有无""邪正"等相对的概念，很容易让人联想到辩证法中的"对立统一律"。虽然对立统一律讲的是事物自身的内在矛盾，但在《坛经》的哲学体系中，事实上是将"天地""有无""邪正"等相对的概念视作一个整体，再对这个整体加以否定，最终得到中道的结论：

辩证法	正题	反题	合题
三十六对	无情："天地"	非天非地	中道实相，自性
	法相："有无"	非有非无	
	自性："邪正"	非邪非正	

"三十六对"初看之下貌似一种二元论的本体论，即精神世界与物质世界并存，二者都受到肯定，物质与意识之间没有哪种是决定性的。但细加参详便不难发现，《坛经》秉承大乘佛法，承认物质与意识二元的同时又双双加以否定。既肯定又否定的背后是为了发现物质世界与精神世界的真实本性，即"空性"，这是事物的"自性"，也是"佛性"。

"自性"是什么？其实就是万事万物的本质。它是不能够在"空""有"或"善""恶"等二元思维下简单理解的。一旦落到"空"和"有"的观念上，就执取了"空相"或"有相"，若有所执则落入边见，必须加以矫正，否则就容易执迷不悟，作茧自缚。其余各种观念都是这样，"如是一问一对，余问一依此作，即不失理也"，如此便成就了《坛经》的"对法"思辨模式。

辩证法的矛盾对立双方背后，是"绝对精神"的流动；《坛经》的对法之下，是对"自性"的探求。"绝对精神"是一种逻辑思维，而"自性"是一个事物成为其自身的本质；辩证法通过"绝对精神"来探求世间万物存在、运行的规律，而佛法则通过"自性"追求个体生命的彻底解脱。辩证法与禅宗佛法，立意与宗旨均不相同，但思辨模式上呈现出奇异的同构性，颇为耐人寻味。

总而言之，《坛经》继承了早期大乘般若系的思辨模式，创造性地借助"对法"这种终究为"性空"的武器来破除人们对身内、身外的各种执着。身外是针对一切形相，身内则是针对空性、清净、果位等各种悟境。而破除本身并不是目的，其真正目的仍在于引导人们觉悟自性，真正走向解脱。《坛经》的"对法"思辨模式既有深厚的义理基础，又有实际的可操作性，无疑是大乘般若思辨模式于中国本土化过程中的一种升华与创新。

第四章 《六祖坛经》的宗教创新

发源于古印度的佛教最初主要以经典译介的方式传入中国。在古印度的本土佛教经历了从原始佛教到部派佛教再到大乘佛教的发展，而传至中国则是各个时期的佛教典籍一起涌入，与中国原有的思想不断碰撞、融合，形成了自己的新学说。由菩提达摩传入而兴起、发展的禅宗，完全是印度佛教与中国国情相结合孕育而出的产物，在佛教教理、教义上多有创见。这些创新之处在禅宗大成之作《六祖坛经》里得到了完备体现。

第一节 大小兼备

《坛经》宗教创新的第一点体现在大乘佛法与小乘佛法兼备，即"大小兼备"。"小乘佛教"实际上对应着现在的南传佛教，更多的是一种早期佛教的形态。我们认为，在《坛经》当中，一方面可以发现大乘佛教八大宗派之精神，另一方面也能够找到许多早期佛教的核心元素。换言之，《坛经》实际上具有融南传佛教与中国八大宗派于一炉的伟大创新。

一、《六祖坛经》融摄早期佛教之元素

南传佛教所传佛法实际上更接近于佛陀在世时的原始佛教，因其修行重点在于断除烦恼、自我解脱，到大乘佛教兴起后称其为"小乘"。因此，相对于大乘佛法的慈悲普度，南传佛法偏重于解脱道，其核心要素用现代语言来说包括"自觉自悟""人本精神""注重现世""活在当下"等等，而这些元素在《六

祖坛经》中大多都有非常直接的展现。

（一）自觉自悟

在南传佛教的国度里，不论是一般的信徒、寺院的僧侣抑或从事佛教研究的学者，如果问他们如何定位释迦牟尼佛，他们都认为佛陀是一位老师，仅仅是老师而已，这就是南传佛教的佛陀观。南传佛教的佛学入门读物《法句经》里面有一条偈颂，可以作为这种佛陀观的典型代表：

　　　　汝等自努力！如来唯说示。住于禅定行，可脱魔王缚。[①]

显然，在南传佛法的观念里，释迦牟尼佛作为说法的导师，仅仅是一位"说者"。这位导师告诉了我们一些解脱烦恼的方法，但如果要想真正地解决问题、解脱烦恼，必须通过自身的努力，或是修习头陀行，或是修习安般念，又或是实践其他的修行方式。总之，佛陀只是为人们指了路，修学者要亲身践行才能获得解脱。

其实，这种以佛为师的观点在北传大乘佛法中也有保留，但不被看重。比如在南北均有传承的《涅槃经》中，都记载了佛陀入灭前的情形。大意是说：佛陀临近涅槃，弟子们都非常悲痛，泪流不止。后来，大家商量光是这样啼哭没什么用，当务之急是请示佛陀如何使正法久住的问题。经过商量，公推阿难请教佛陀四个问题。前两个问题是："第一，佛陀住世的时候，我们依止佛陀为师，佛陀涅槃以后我们当依止谁？第二，佛陀住世的时候，我们依止佛陀安住，佛陀涅槃以后我们依止什么而安住呢？"佛陀对此的回答是："我涅槃后，第一，众弟子应依波罗提木叉（戒）为师。第二，众弟子应依四念处（观身不净、观受是苦、观心无常、观法无我）安住。"显然，依照释迦牟尼佛的理念，佛教并不是依赖他人、靠他人救赎、崇拜偶像的宗教，而是以自我修行、自我

[①]　悟醒译：《法句经》，收于《汉译南传大藏经·小部经典一》，高雄：元亨寺妙林出版社，1995年，第41页。

觉悟的"自度"型宗教,所以佛陀临终前才教诫弟子依戒为师、依四念住安住。[①]

佛教是"自觉自悟"的宗教,学佛者应"自修自度",这也正是《坛经》的主要观点。比如《行由品》中对弘忍大师给惠能传法时的记述:

> 祖复曰:"昔达磨大师,初来此土,人未之信,故传此衣以为信体,代代相承;法则以心传心,皆令自悟自解。自古佛佛惟传本体,师师密付本心;衣为争端,止汝勿传。"[②]

五祖弘忍大师于三更给六祖惠能秘密传法。弘忍大师强调说,自从初祖菩提达摩来到中土,他们所谓的传衣钵只是一种象征性的仪式,衣钵也只是信物,说明不了什么。那么,什么才是传法的真谛呢?弘忍大师直言"法则以心传心",意即禅法归根结底是一种心法,需要在自心上领悟。老师虽然能够起到一定的点拨作用,但学生到底能不能领悟,到底能够领悟多深,只是他自己的事情。所以,弘忍大师说,以心传心的禅法最终必须"自悟自解"。

这一观点之后在弘忍大师送六祖惠能离开黄梅时再次得到强调:

> 至九江驿,祖令上船,五祖把橹自摇。惠能言:"请和尚坐,弟子合摇橹。"祖云:"合是吾渡汝。"惠能云:"迷时师度,悟了自度。度名虽一,用处不同。惠能生在边方,语音不正,蒙师传法,今已得悟,只合自性自度。"[③]

这一节五祖与六祖的对话间充满机锋。惠能大师以"迷时师度,悟了自度"一语对恩师所说的"自悟自解"加以印证,再次重申了禅宗所传心法重在"自力解脱"的思想。这一点显然与南传佛教的核心精神更为契合。

① 南本参见通妙译:《大般涅槃经》,收于《汉译南传大藏经·长部经典二》,高雄:元亨寺妙林出版社,1995年。北本参见北凉·昙无谶译:《大般涅槃经》,《大正藏》第12册。
② 元·宗宝编:《六祖大师法宝坛经》,《大正藏》第48册,第349页。
③ 元·宗宝编:《六祖大师法宝坛经》,《大正藏》第48册,第349页。

（二）以人为本

南传佛教中有一种"人身珍贵"的理念。他们倾向于认为，虽然佛陀是人天之导师，但是只有生而为人才更适于修行，才能更好地理解佛陀的教法。究其原因，一方面是因为天人虽然比人类寿命要长，但由于他们容易沉溺于享乐，所以通常不能充分理解佛陀的教法；另一方面，畜生道、饿鬼道和地狱道的众生要么太糊涂，要么太痛苦，根本没有足够的精力或能力去理解佛陀的教法。只有人类，身处苦乐交参的世间，能够同时经历苦与乐的滋味。换言之，南传佛教认定人类具有这样的潜能——既可以上升到很高的位置，享受天人般的快乐；同时也有可能堕落，陷入地狱般的痛苦。

依据南传佛教的观点，既然只有处于人的位置才能够领悟佛陀的教法，也就意味着只有人才有成佛的可能。如果天人想要修成正果，也需要先转生为人。由此也就有了南传佛教的"人身难得""人生珍贵"的理念，从而主张要珍惜人生，精勤修行，这样即使今生不得解脱，也可以保证获得一个幸福的值得期待的来世。

《坛经》中惠能大师也持有类似的观点：

> 善知识！不悟，即佛是众生，一念悟时，众生是佛，故知万法尽在自心。何不从自心中，顿见真如本性？《菩萨戒经》云："我本元自性清净，若识自心见性，皆成佛道。"《净名经》云："即时豁然，还得本心。"①

大乘佛教里常说"心、佛、众生，三无差别"。《坛经》秉承了这一理念，说"不悟，即佛是众生，一念悟时，众生是佛"。"众生"虽有六道，但这里显然还是指当下正在学佛修行的人类。"心、佛、众生，三无差别"与"一念悟时，众生是佛"意思相近，大意是告诉我们：凡夫与佛陀原本并没有很大的区别，

---

① 元·宗宝编：《六祖大师法宝坛经》，《大正藏》第 48 册，第 351 页。

甚至可以说凡夫就是尚未觉悟的佛。而众生与佛的差别并不在于什么不可逾越的鸿沟，这中间存在一个转换的机制——我们的心。如果心一念之间迷了，人就会变成迷妄的众生；如果一念之间悟了，就能够沿着这一念之善不断向上，走上成佛的大道，最终获得佛果和涅槃。从这种意义上说，人身难得而珍贵，因为只有处于人的位置，才有可能一念之间悟入大道，领悟佛的要旨。

（三）注重现世

"注重现世"是南传佛教另一个基本特征，在南传佛教中有大量佛陀开示的实例表明了这一观点。比较典型的如《增支部》有言："譬如大海者，是一味咸味。如是，波呵罗！此法与律，是一味之解脱味。"[①] 即是说，佛陀的一切教法只是为了化解人们现世的苦难，引导人们达到现世的解脱，除此之外再无其他。无论是原始佛教时期佛所说的苦、集、灭、道四圣谛也好，还是无常、无我、八正道也好，其实都是要化解人们现世的苦难，使人们能够获得"解脱之味"。

"解脱之味"并不是什么虚幻玄妙的东西，甚至也不是抽象的、只能作为哲学思辨对象的事物。在南传佛教中，解脱往往是通过改造自己的内心世界来实现的。正如著名的佛教学者和那（I. B. Hornor）女士在英译版《律藏》（*The Book of the Discipline* [*Vinaya-Piṭaka*]）的序言中所说："佛陀的教法是有关人的内心世界的，是对人的心智、良心、世界观的培养与修养。"[②] 从形式上看，佛教后期也确实发展出了消灾、礼拜等仪轨，但这些并非佛教的核心内容，南传佛教的真正落脚点在于和那女士所说的——"通过转换人们的心智来改善其现世命运"。[③]

---

① 郭哲彰译：《波呵罗经》，收于《汉译南传大藏经·增支部经典五》，高雄：元亨寺妙林出版社，1994 年，第 59 页。

② I. B. Horner Tr., *The Book of the Discipline* (Vinaya-Piṭaka), London: Pali Text Society, 1949, p.vii.

③ I. B. Horner Tr., *The Book of the Discipline* (Vinaya-Piṭaka), London: Pali Text Society, 1949, p.vii.

　　南传佛教视野中的"佛教"是佛陀以人为本展开的言教，以人为本、注重人的现世生活是佛陀创教的基本立场。佛陀的一切言教皆是建立在其自身的证悟与体验之上，因此原始佛教和南传佛教尤其注重实践。佛教虽有自己独特的哲学内涵，但其教义本身并非纯粹意义上的哲学，正如牛津大学的冈布里奇教授（E. H. Gombrich）所言，佛教的哲学并非佛陀的有意创设。①同样，佛教虽然被称为"宗教"，但如果从"宗教"的传统定义来说，佛教否认创造宇宙的万能大神、上帝或者大梵的存在，所以又并非传统意义上的宗教。佛教归根结底是以现世关怀为根本的，或者说，信奉佛教、修习佛教意味着一种生活方式，一种修习者必须守戒持律、亲身践行的生活方式。

　　原始佛教中"注重现世"的观念在《坛经》里面得到了发扬。比如《般若品》中的著名偈颂："佛法在世间，不离世间觉。离世觅菩提，恰如求兔角。"②这一诗偈生动地表现了佛教注重现世的品格——正如惠能大师指出的，佛法的功用就在现世人间，离开了现世的人生而抽象地谈论佛法绝非佛陀本怀，而且这样空谈佛法从本质上说也是无效、无意义的。因为佛法本来只是对治种种人世苦难的解脱之法而已，离开现世人间，佛法根本无从谈起。简言之，《坛经》主张，离开纷扰的现世人间去寻找智慧纯属无稽之谈，因为真正的智慧与困苦是一体两面、相辅相成的。只有在人生中以佛法化解种种困苦，才能换得智慧的增长。困苦化解一分，智慧就增长一分。《坛经》始终主张这种"不离世间觉"的佛法修行。

　　《坛经》有时也从反面来表达"注重现世"的道理。如在《疑问品》中，惠能大师对居士谈及西方极乐世界时说：

　　　　使君东方人，但心净即无罪。虽西方人，心不净亦有愆。东方人

---

① E. H. Gombrich, *How Buddhism Began: The Conditioned Genesis of the Early Teachings*, London: Routledge, 2006, p.31.
② 元·宗宝编：《六祖大师法宝坛经》，《大正藏》第48册，第351页。

造罪，念佛求生西方。西方人造罪，念佛求生何国？凡愚不了自性，不识身中净土，愿东愿西。悟人在处一般，所以佛言："随所住处恒安乐。"①

在惠能生活的唐代，人们普遍认为净土信仰充满对五浊恶世的厌弃。因为现世如同火宅一般，充斥着不安与苦痛，所以主张一定要离开这个娑婆世界往生到另外一个美好的去处——西方极乐世界。而惠能大师显然不赞同这种说法，他认为一个人若"不了自性，不识身中净土"，去到哪里都是徒劳的。只有在现世人间精勤修行、当下证悟才是正理，厌弃逃离的方法并不足取。

（四）现法乐住

南传佛教中常说的"现法乐住"置换成现代语言即"活在当下"，也就是说就在此时、此地，我们应该自在、快乐地生活与修行。如今，"活在当下"的口号虽然时髦，但绝大多数人其实未必真正了解活在当下的真实意义。在南传佛教的语境里，"活在当下"并不是一种能够刻意保持的心态，实质上这个貌似简单的语句中蕴含了佛教对生命的真实洞见。依据佛教的观点，生命原本的真实就只在当下的这一刹那而已，正如《佛说处处经》所言的"命在呼吸间"：

> 佛语比丘："当念身无常。"有一比丘即报佛言："我念非常，人在世间极可五十岁。"佛言："莫说是语。"复有一比丘言："可三十岁。"佛复言："莫说是语。"复有一比丘言："可十岁。"佛言："莫说是语。"复有一比丘言："可一岁。"佛复言："莫说是语。"复有一比丘言："可一月。"佛复言："莫说是语。"复有一比丘言："可一日。"佛复言："莫说是语。"复有一比丘言："可一时。"佛复言："莫说是语。"复有一比丘言："可呼吸间。"佛言："是也。"佛言："出息不还则属后世，人命在呼吸之

---

① 元·宗宝编：《六祖大师法宝坛经》，《大正藏》第48册，第352页。

间耳。"①

佛教始终以"缘起"的思维看待世间的一切。显然，我们人类的生命也与世间万物一样，都是缘生缘灭之无常现象，都将随着因缘的聚散不断变化生灭。在这种情况下，我们若想寻找生命的真实所在，也就只有此时此刻，即当下这一刹那而已。换言之，一个人如果要真实地活着，感受真实的生命，就必须关注和把握当下这一刹那，于一刹那间生起正念并住于正念。

这里提到的"正念"，即南传佛教极为强调的"八正道"之一。所谓"正念"就是专注于此时此刻正在做的事情，而不去纠结于各种各样的理论、名相、争斗乃至爱恨情仇等等。这一切的一切只会扰乱心智，让人无法真正地活着。而在心智昏乱的情况下，我们只能为种种虚幻的心念所拘系，要么沉湎于过去，要么寄望于未来，始终无法真正活在当下此刻。

反观《坛经》不难发现，"活在当下"也正是禅宗至关重要的修行理念。《行由品》中惠能大师对惠明禅师所作的一段脍炙人口的开示，讲的正是此理：

> 惠明至，提掇（衣钵）不动，乃唤云："行者！行者！我为法来，不为衣来。"惠能遂出，坐盘石上。惠明作礼云："望行者为我说法。"惠能云："汝既为法而来，可屏息诸缘，勿生一念，吾为汝说。"明良久。惠能云："不思善，不思恶，正与么时，那个是明上座本来面目？"惠明言下大悟。②

这里最具启发意义的是惠能大师点拨惠明的方式。大师先告诉惠明"屏息诸缘，勿生一念"，就是要惠明先把心中所有的念头全部放下，不要纠缠过去，也不要担忧未来，好好地回到当下这一刻。事实上这也就是禅宗的实修禅法——专注当下，生起观照的智慧。置换为世间法也是同样的道理。人们如果想要追寻真理的话，首先必须静下心来，然后才能真正进入探究真理的轨道。

---

① 后汉·安世高译：《佛说处处经》，《大正藏》第 17 册，第 527 页。
② 元·宗宝编：《六祖大师法宝坛经》，《大正藏》第 48 册，第 349 页。

待惠明凝神良久，"不生一念"之后，惠能大师又为惠明指示究竟的禅法："不思善，不思恶，正与么时，那个是明上座本来面目？"此处惠能大师说的"不思善，不思恶"，不是善恶不分，而恰是能够明明白白地分辨一切，包括善与恶；虽然能分辨清楚，却又要能够随时放在一边，只是专注在当下此刻，其余的爱恨情仇到了因缘具足该化解的时候自会化解。只有如此方能"见性"，即令惠明了知"明上座本来面目"。

虽然时光荏苒、因缘流变，修学者只应专注于在当下的时间里应当专注的事情，这正是《坛经》与南传佛教共同推崇的修行理念。

二、《六祖坛经》融大乘八宗于一体

惠能大师天赋异禀。据《坛经》所说，很多大乘经典惠能大师之前并未听人说过，更不可能读过，但只要前来问法的人给他读诵一下，大师当下就可以准确地讲解。因为惠能大师是已经"见性"的开悟者，各种经法在大师那里自能触类旁通，一通百通。也正因如此，在《坛经》中几乎融合了唐代大乘佛法八大宗派的思想精华。

（一）《六祖坛经》融摄禅宗思想

《六祖坛经》是集禅宗思想之大成的禅宗根本经典，其中融合了禅宗最为核心的元素——"佛性"。大乘佛教的《大般涅槃经》主要就是讨论"佛性"的问题，事实上《坛经》中对佛性的探讨很大程度上受益于《大般涅槃经》。

《坛经》中有三处直接提到《大般涅槃经》：第一，当惠能大师得法以后回到韶州曹侯村时，曾专门为无尽藏比丘尼讲解《大般涅槃经》的妙义；第二，惠能大师隐居十五年之后出山，首次来到广州法性寺，当时印宗大师正为大众讲经，讲的也正是《大般涅槃经》，之后二人还就《大般涅槃经》中的具体问题进行了讨论；第三，在《顿渐品》中，僧人行昌专门向惠能大师参问《大般涅槃经》的"常"与"无常"，惠能大师答以"无常者，即佛性也。有常者，即一切善恶诸法分别心也"①，令行昌大悟。《坛经》中"一切众生皆有佛性"的观点就出自《大般涅槃经》，其他间接援引《大般涅槃经》思想观点之处不一而足。

大乘佛教所讲的"佛性"还有许多其他称谓，如"自性""法性""本性""法藏""真如""清净心""如来藏"等等。名相虽然不同，但都是从不同角度、不同方面讲述同一个问题。譬如《坛经》中论及"汝等佛性，譬诸种子"②的时候，就提出"佛性种子"这一名相，此中是以"种子"比喻佛性也能生根、发芽、慢慢成长，而佛性这种"覆藏"的成长潜力，在大乘典籍中又常被称为"如来藏"。

可见，《坛经》虽然没有明确使用"如来藏"的称谓，实际上却蕴涵并暗合于"如来藏"的思想。而"如来藏"关系到另一部重要大乘经典——《楞伽经》。在《坛经》里，惠能大师对《楞伽经》同样看重，如《机缘品》记载：

> 僧智通，寿州安丰人。初看《楞伽经》，约千余遍，而不会三身四智，礼师求解其义。师曰："三身者，清净法身，汝之性也。圆满报身，汝之智也。千百亿化身，汝之行也。若离本性，别说三身，即名有身无智。若悟三身无有自性，即明四智菩提。听吾偈曰：自性具三身，发明成四智，不离见闻缘，超然登佛地。吾今为汝说，谛信永无迷，莫学驰求者，终日说菩提。"③

昔日菩提达摩初到中土，即以四卷《楞伽经》为依据传授禅法，所以早期禅宗将《楞伽经》视为根本经典之一，师徒之间对《楞伽经》的参究问答从未间断。在《坛经》里这种风气仍然有所体现。

---

① 元·宗宝编：《六祖大师法宝坛经》，《大正藏》第48册，第359页。
② 元·宗宝编：《六祖大师法宝坛经》，《大正藏》第48册，第361页。
③ 元·宗宝编：《六祖大师法宝坛经》，《大正藏》第48册，第356页。

（二）《六祖坛经》融摄唯识宗思想

不论是"佛性种子""如来藏"还是《楞伽经》，都与佛教唯识宗有着极其密切的关联。以《六祖坛经》中所载僧人智通参问六祖惠能《楞伽经》之"三身四智"为例，"三身"部分，惠能大师答以"自性具三身，发明成四智，不离见闻缘，超然登佛地"①，主要是强调佛性、自性的根本作用，比较符合禅宗的作风。紧接着，下一段讲到"四智"的问题，就更多属于唯识宗的范围了：

> 通再启曰："四智之义，可得闻乎？"师曰："既会三身，便明四智，何更问耶？若离三身，别谈四智，此名有智无身。即此有智，还成无智。"复说偈曰："大圆镜智性清净，平等性智心无病，妙观察智见非功，成所作智同圆镜。五八六七果因转，但用名言无实性，若于转处不留情，繁兴永处那伽定。"②

这段问答中涉及"转识成智""转八识成四智"的问题，正是唯识宗最为核心的命题。所谓"四智"，即惠能大师在诗偈中提到的"大圆镜智""平等性智""妙观察智"和"成所作智"；而"八识"，则是眼识、耳识、鼻识、舌识、身识、意识、末那识和阿赖耶识。

依据唯识宗的理论，我们认识一切事物的过程，都是在八识的运作中完成的。简单来说，八识按功能不同可以分为四组，相应地转识成智也有四个层面的成就：

1. 第八识阿赖耶识如同仓库，储存各种善恶种子，也能生起相应的善恶行为。通过禅修，一旦将恶种子转为善种子，第八识随之就可以转变为"性清净"，成为可如实映现一切法的佛智，清净圆明，洞彻内外，如大圆镜，此时就称之为"大圆镜智"。

2. 第七识末那识如同以自我为中心的司令部，产生人我分别，成为一切烦

---

① 元·宗宝编：《六祖大师法宝坛经》，《大正藏》第48册，第356页。
② 元·宗宝编：《六祖大师法宝坛经》，《大正藏》第48册，第356页。

恼的根源。通过禅修，去除人我分别之心病，便能体悟自他平等的佛智，了知一切事相，生起大慈悲心，这就是"平等性智"。

3. 第六识意识依据末那识，时时刻刻产生是非、人我的颠倒分别，处处执着。通过禅修，善巧观察诸法，明辨邪正，随缘为大众演说而妙法无碍，是谓"妙观察智"。

4. 眼、耳、鼻、舌、身这前五识本无分别，只是在第六意识的虚幻分别之下，误以世间万物为实有而取舍不断，进而产生贪、嗔、痴三毒。通过修习禅定，前五识能分别、没有执着地如实反映所接触的身外之物，这就是"成所作智"，也是成就自利且利他妙业的智慧。

简言之，唯识宗的"转识成智"，即转第八识阿赖耶识为大圆镜智，转第七识末那识为平等性智，转第六识意识为妙观察智，转其他五识眼、耳、鼻、舌、身识为成所作。惠能大师在《坛经》中简洁扼要地指明了转识成智的关键——"大圆镜智性清净，平等性智心无病，妙观察智见非功，成所作智同圆镜"，而且对转识成智的机制也加以精辟概括——"五八六七果因转，但用名言无实性，若于转处不留情，繁兴永处那伽定"。短短一偈，将唯识宗的核心理念囊括殆尽。可见惠能大师熟习唯识之学，也可证《坛经》已将唯识法门融汇其中。

（三）《六祖坛经》融摄三论宗思想

三论宗以《中论》《百论》《十二门论》为主要经典，但此宗主要弘传大乘佛教的般若性空理论，所以般若类经典最能代表三论宗核心教义，其中首推《金刚经》。

在禅宗内部，自四祖以后在《楞伽经》的基础上，逐渐加重了对《金刚经》的重视。四祖道信曾劝人念《摩诃般若》。[①] 五祖弘忍创东山法门，则进一步普

---

① 宋·普济集：《五灯会元·卷一》，《卍续藏经》第 138 册，第 35 页。

劝僧俗读诵《金刚般若波罗蜜经》。而六祖惠能大师与《金刚经》的因缘更为密切，可以说六祖惠能正是在融摄金刚般若思想的基础上，才建立起了一整套完整的禅法体系。

《坛经》中多处提及惠能大师与《金刚经》的渊源：

> 惠能得钱，却出门外，见一客诵经。惠能一闻经语，心即开悟，遂问："客诵何经？"客曰："《金刚经》。"复问："从何所来，持此经典？"客云："我从蕲州黄梅县东禅寺来。其寺是五祖忍大师在彼主化，门人一千有余。我到彼中礼拜，听受此经。大师常劝僧俗，但持《金刚经》，即自见性，直了成佛。"惠能闻说，宿昔有缘，乃蒙一客，取银十两与惠能，令充老母衣粮，教便往黄梅参礼五祖。①

> 天明，（五）祖唤卢供奉来，向南廊壁间，绘画图相，忽见其偈，报言："供奉却不用画，劳尔远来。经云：'凡所有相，皆是虚妄。'但留此偈，与人诵持。依此偈修，免堕恶道；依此偈修，有大利益。"②

> （五）祖以袈裟遮围，不令人见，为（惠能）说《金刚经》。至"应无所住而生其心"，惠能言下大悟，一切万法，不离自性。③

> （惠能祖师曰：）"善知识！若欲入甚深法界及般若三昧者，须修般若行，持诵《金刚般若经》，即得见性。当知此经功德无量无边……此法门是最上乘，为大智人说，为上根人说。……若大乘人，若最上乘人，闻说《金刚经》，心开悟解。故知本性自有般若之智，自用智慧，常观照故，不假文字。"④

---

① 元·宗宝编：《六祖大师法宝坛经》，《大正藏》第48册，第348页。
② 元·宗宝编：《六祖大师法宝坛经》，《大正藏》第48册，第348页。
③ 元·宗宝编：《六祖大师法宝坛经》，《大正藏》第48册，第349页。
④ 元·宗宝编：《六祖大师法宝坛经》，《大正藏》第48册，第350页。

（惠能祖师告大众曰：）"善知识！摩诃般若波罗蜜是梵语，此言大智慧到彼岸。此须心行，不在口念。口念心不行，如幻、如化、如露、如电；口念心行，则心口相应，本性是佛，离性无别佛。何名摩诃？摩诃是大。心量广大，犹如虚空，无有边畔，亦无方圆大小，亦非青黄赤白，亦无上下长短。"①

通过上述几例引语可以看到，《坛经》中有时直接提及《金刚经》名，有时直接引用《金刚经》文句，均表明五祖弘忍和六祖惠能对《金刚经》高度熟悉，词句、经义信手拈来；还有些讲法表面看来与《金刚经》并不直接相关，实质上却是《金刚经》思想的衍生，在表明惠能大师对《金刚经》的思想观点融会贯通。

除了《金刚经》，《坛经》还吸收了其他一些般若经典的元素。如惠能大师所说的"一行三昧者，于一切处行住坐卧，常行一直心是也"②，便是依据《文殊说般若经》而来。《坛经》中也有多处援引《维摩诘经》的经文，比如说"即时豁然，还得本性"③"直心是道场，直心是净土"④，还有最为重要的"随其心净，即佛土净"⑤。在《忏悔品》中，惠能大师提到"众生无边誓愿度""烦恼无边誓愿断""法门无量誓愿学""无上佛道誓愿成"的"四弘誓愿"⑥，也是承继《道行般若经》《法华经》《璎珞经》，特别是《大乘本生心地观经》的忏悔偈巧妙转化而来。

以上种种均体现了《坛经》对三论宗般若思想的融摄。而且，六祖惠能对任何经文经义都不是机械照搬，而是通过自己的领悟和体证，用更通俗的文字、更适合中国人的思维方式展示出来，从讲法的效果上说也十分成功。

① 元·宗宝编：《六祖大师法宝坛经》，《大正藏》第48册，第350页。
② 元·宗宝编：《六祖大师法宝坛经》，《大正藏》第48册，第352页。
③ 元·宗宝编：《六祖大师法宝坛经》，《大正藏》第48册，第350页。
④ 元·宗宝编：《六祖大师法宝坛经》，《大正藏》第48册，第352页。
⑤ 元·宗宝编：《六祖大师法宝坛经》，《大正藏》第48册，第352页。
⑥ 元·宗宝编：《六祖大师法宝坛经》，《大正藏》第48册，第354页。

（四）《坛经》融摄律宗思想

《六祖坛经》中几次明确提及律宗思想：

> （惠能大师告大众曰：）菩萨戒经云："我本元自性清净。"若识自心见性，皆成佛道。①

> 《菩萨戒经》云："我本元自性清净。"善知识！于念念中，自见本性清净，自修自行，自成佛道。②

这里提到的《菩萨戒经》其实是《梵网经》的菩萨戒部分，后来也有人直接称其为《梵网菩萨戒经》。《坛经》中的戒律思想多与这部《梵网菩萨戒经》相关，事实上《菩萨戒经》中的思想与禅宗颇为相通。比如戒经中说：

> 金刚宝戒是一切佛本源、一切菩萨本源、佛性种子。一切众生皆有佛性，一切意识色心是情是心，皆入佛性戒中，当当常有因故，有当当常住法身……是一切众生戒本源自性清净。③

这里所说的"金刚宝戒"即指《梵网菩萨戒经》自身。戒经中所说的"一切众生皆有佛性"正是《坛经》施教的前提和根本宗旨，惠能大师据此为弟子开示持戒，联系到《梵网菩萨戒经》又说"一切众生戒本源自性清净"，说明持戒与修佛二者本质上是相通的。

（五）《六祖坛经》融摄净土宗思想

《坛经》中有多处谈及净土。比如《疑问品》中惠能大师解答韦刺史关于西方极乐世界的疑问时说：

> 使君善听，惠能与说。世尊在舍卫城中，说西方引化，经文分明，去此不远。若论相说，里数有十万八千，即身中十恶八邪，便是

---

① 元·宗宝编：《六祖大师法宝坛经》，《大正藏》第 48 册，第 351 页。
② 元·宗宝编：《六祖大师法宝坛经》，《大正藏》第 48 册，第 353 页。
③ 姚秦·鸠摩罗什译：《梵网经·卢舍那佛说菩萨心地戒品·第十卷下》，《大正藏》第 24 册，第 1003 页。

说远。说远为其下根，说近为其上智。人有两种，法无两般。迷悟有殊，见有迟疾。迷人念佛求生于彼，悟人自净其心。所以佛言："随其心净，即佛土净。"使君东方人，但心净即无罪。虽西方人，心不净亦有愆。东方人造罪，念佛求生西方。西方人造罪，念佛求生何国？凡愚不了自性，不识身中净土，愿东愿西。悟人在处一般，所以佛言："随所住处恒安乐。"使君心地但无不善，西方去此不遥。若怀不善之心，念佛往生难到。今劝善知识，先除十恶即行十万，后除八邪乃过八千。念念见性，常行平直，到如弹指，便睹弥陀。使君但行十善，何须更愿往生？不断十恶之心，何佛即来迎请？若悟无生顿法，见西方只在刹那。不悟念佛求生，路遥如何得达。①

我们可以看到，惠能大师对《佛说阿弥陀经》"从是西方过十万亿佛土，有世界名曰极乐"以及《观无量寿经》"阿弥陀佛去此不远"等文句，均能融会贯通并抓住要义，进而揭示了净土宗西方极乐世界的心性内涵。此外《坛经》中也屡次提到"直心是净土"②"行住坐卧，纯一直心，不动道场，真成净土"③等等，均是在讲经中融合净土思想，最终将其落实到"修心见性"的禅宗立场。

（六）《六祖坛经》融摄天台宗思想

天台宗的教义主要依《妙法莲华经》(《法华经》) 而立，《坛经》对《法华经》思想的融汇吸收即揭示出《坛经》与天台宗思想的贯通。

比如《坛经·般若品》中说到般若三昧与见性之法时，惠能大师指出，此类教法只能为上根人信受。为什么呢？原因在于，虽然"本性自有般若之智，自用智慧，常观照故，不假文字。譬如雨水，不从天有，元是龙能兴致，令一

切众生、一切草木、有情无情，悉皆蒙润"，但是"小根之人，闻此顿教，犹如草木根性小者，若被大雨，悉皆自倒，不能增长"，①因此实际上只有上根人才能通达这些教法。

这一"雨水润泽草木"的譬喻，化用自《妙法莲华经·药草喻品》：

是诸众生闻是法已，现世安隐，后生善处，以道受乐，亦得闻法。既闻法已，离诸障碍，于诸法中，任力所能，渐得入道。如彼大云，雨于一切卉木丛林及诸药草，如其种性，具足蒙润，各得生长。②

显然，《坛经》中的"大雨之下""一切草木悉皆蒙润"以及"小根之人为大雨所浇而悉皆自倒"等说法，皆是对《法华经》相关内容的融汇和发挥。同一情境中惠能大师之前所言的"一切处所，一切时中，念念不愚，常行智慧，即是般若行"③，也可与《法华经·方便品》中诸法实相的"十如是"之说相互发明，存在千丝万缕的关联。④

在《坛经·机缘品》中还记录了一段僧人法达与六祖惠能关于《法华经》的问答：

达闻偈，悔谢曰："而今而后，当谦恭一切。弟子诵《法华经》，未解经义，心常有疑。和尚智慧广大，愿略说经中义理。"师曰："法达！法即甚达，汝心不达。经本无疑，汝心自疑。汝念此经，以何为宗？"达曰："学人根性暗钝，从来但依文诵念，岂知宗趣？"师曰："吾不识文字，汝试取经诵一遍，吾当为汝解说。"法达即高声念经，至譬喻品，师曰："止！此经元来以因缘出世为宗，

---

① 元·宗宝编：《六祖大师法宝坛经》，《大正藏》第48册，第350页。
② 姚秦·鸠摩罗什译：《妙法莲华经·卷三》，《大正藏》第9册，第19页。
③ 元·宗宝编：《六祖大师法宝坛经》，《大正藏》第48册，第350页。
④ "唯佛与佛乃能究尽诸法实相，所谓诸法如是相，如是性，如是体，如是力，如是作，如是因，如是缘，如是果，如是报，如是本末究竟等。"（姚秦·鸠摩罗什译：《妙法莲华经·卷一》，《大正藏》第9册，第5页）

纵说多种譬喻，亦无越于此。何者因缘？经云：'诸佛世尊，唯以一大事因缘出现于世。'一大事者，佛之知见也。世人外迷着相，内迷着空。若能于相离相，于空离空，即是内外不迷。若悟此法，一念心开，是为开佛知见。佛，犹觉也。分为四门：开觉知见，示觉知见，悟觉知见，入觉知见。若闻开示，便能悟入，即觉知见，本来真性而得出现。汝慎勿错解经意，见他道开示悟入，自是佛之知见，我辈无分。若作此解，乃是谤经毁佛也。彼既是佛，已具知见，何用更开？汝今当信，佛知见者，只汝自心，更无别佛。"①

这里，惠能大师对《法华经》之"开示悟入佛知见"这一大事因缘作了全面的解读，再次彰显出《坛经》与法华思想的密切关联。之后，惠能大师又进一步开示熟诵《法华经》的法达"心迷法华转，心悟转法华……无念念即正，有念念成邪"，终于令法达"言下大悟"，②进一步证明了惠能大师对天台法华思想的贯通与升华。

（七）《六祖坛经》融摄华严宗思想

《坛经·忏悔品》中惠能大师的一段开示，显示出《坛经》与华严思想的渊源：

（惠能祖师告众曰：）从今日去，称觉为师，更不归依邪魔外道。以自性三宝常自证明，劝善知识归依自性三宝。佛者，觉也。法者，正也。僧者，净也。自心归依觉，邪迷不生，少欲知足，能离财色，名两足尊。自心归依正，念念无邪见，以无邪见故，即无人我、贡高、贪爱、执着，名离欲尊。自心归依净，一切尘劳爱欲境界，自性皆不染着，名众中尊。若修此行，是自归依。凡夫不会，从日至夜

---

① 元·宗宝编：《六祖大师法宝坛经》，《大正藏》第 48 册，第 355 页。
② 元·宗宝编：《六祖大师法宝坛经》，《大正藏》第 48 册，第 355–356 页。

受三归戒。若言归依佛，佛在何处？若不见佛，凭何所归，言却成妄。善知识！各自观察，莫错用心。经文分明言自归依佛，不言归依他佛。自佛不归，无所依处。今既自悟，各须归依自心三宝，内调心性，外敬他人，是自归依也。①

《坛经》中有关"归依"的思想，据惠能大师所说直接源自"经文分明言自归依佛"，这里所说的"经"即《华严经》。②显然，惠能大师再次化用华严宗的思想，将《华严经》中的"归依三宝"解读为"向自心归依""向自我归依"的"归依自心三宝"，由此实现了对华严思想的吸收和融汇。

（八）《六祖坛经》融摄密宗思想

《坛经》中并没有明确标示对密宗典籍的吸纳，但在传法、说法中会不时地自然显露出"密法"的思想。

首先，五祖弘忍给六祖惠能的付法方式是"密传"。宋代契嵩禅师为《坛经》所作的赞中评价这种传法方式是"从来默传分付者，密说之谓也。密也者，非不言而暗证也，真而密之也"③，正文中在弘忍大师将衣法托付给惠能大师时也说"佛佛惟传本体，师师密付本心"④，均说明禅宗一脉的"密传"是一种"真而密之"的"心密"。

其次，禅宗祖师为弟子说法，经常是一对一的"密说"。像弘忍大师为惠能大师三更传法，不仅选在深夜无人之时，还特地用"袈裟遮围"，不令其他人看到。之后惠能大师在为求法者说法时，虽然不必特地守密，但很多情况也是一对一地单独讲法。

惠能大师给弟子传法时的"密说"，大约缘于禅宗法门"直指人心"的针

---

① 元·宗宝编：《六祖大师法宝坛经》，《大正藏》第 48 册，第 354 页。
② 参见东晋·佛驮跋陀罗译：《大方广佛华严经·卷六》，《大正藏》第 9 册，第 430 页；唐·实叉难陀译：《大方广佛华严经·卷十四》，《大正藏》第 10 册，第 70 页。
③ 元·宗宝编：《六祖大师法宝坛经》，《大正藏》第 48 册，第 346 页。
④ 元·宗宝编：《六祖大师法宝坛经》，《大正藏》第 48 册，第 349 页。

对性。就是说，大师为一个人所说的法是药，专门对治此人的心结，其他人听到未必受益，如不相应还可能有害。

最后，禅宗传法时也往往包含"密意"。比如在惠能大师给惠明禅师传法后：

惠明言下大悟。复问云："上来密语密意外，还更有密意否？"

惠能云："与汝说者，即非密也。汝若返照，密在汝边。"明曰："惠明虽在黄梅，实未省自己面目。今蒙指示，如人饮水，冷暖自知。今行者即惠明师也。"①

当惠明有所领悟后进一步向惠能大师寻求不传六耳的"密语密意"时，惠能大师直言密法不可言说（"与汝说者，即非密也"），而真正的密法只在回光一念之间（"汝若返照，密在汝边"）。

综上可见，《坛经》所传之"密"并不直接等同于密宗的身口意"三密"，但其所传之法"显说之有伦有义，密说之无首无尾，天机利者得其深，天机钝者得其浅"（契嵩禅师《坛经·赞》）②，暗暗契合佛教密法甚深、微细、隐秘的密意。

以上通过对《坛经》中融通南传佛教与北传大乘八宗核心要素的分析，我们不难领会到《坛经》"大小兼备"的宗教创新，这也是《坛经》成功实现佛法中国本土化的重要体现。

三、打通南传、北传的"牧牛"主题

不论大乘还是小乘、南传抑或北传，本质上都源于佛陀的教化，只是针对不同历史环境、不同社会人群演化而成种种形态各异的对治教法。各种教法在佛法修行的根本之处并无差别，对于这一点，在南传和北传佛教共有的"牧牛"主题上得到了集中的反映。

---

① 元·宗宝编：《六祖大师法宝坛经》，《大正藏》第 48 册，第 349 页。
② 元·宗宝编：《六祖大师法宝坛经》，《大正藏》第 48 册，第 346 页。

（一）原始佛教的"牧牛"譬喻

在原始佛教中，佛陀就已将调心的修行比喻作牧牛。据《遗教经》上讲，比丘要怎样修行怎样制服此心呢？"譬如牧牛之人执杖视之，不令纵逸犯人苗稼"[1]——管理此心，如同牧牛人放牛。牧牛人在放牛的时候，手拿棍子，眼睛盯着牛，绳子握得紧紧的，不能让牛放逸，只能吃路边的野草，不能吃田地的庄稼。让牛吃路边的草，是给予本分草料；吃了田地的庄稼，则是犯人苗稼。食本分草料者，谓守本真心；犯人苗稼者，则是痴心妄想，令心放逸散乱。

《阿含经》中有"放牛品"，同样以牧牛喻修行：

> 世尊告诸比丘："若放牛儿成就十一法，牛群终不长益，亦复不能将护其牛。云何为十一？于是，放牛人亦不别其色，不解其相，应摩刷而不摩刷，不覆护疮痍，不随时放烟，不知良田茂草处，不知安隐之处，亦复不知渡牛处所，不知时宜，若犁牛（榨乳）时不留遗余尽取犁之，是时诸大牛可任用者不随时将护。是谓，比丘！若牧牛人成就此十一法，终不能长养其牛，将护其身。"[2]

这里以牧牛人当于放牛时知色、知相、知摩刷、知覆护等十一法，比喻比丘修行时当知相应的十一事。比如牧牛人对牛"知色"，即对应于比丘修行时当知"四大及四大所造色"的"色法"。

（二）禅门的"牧牛"譬喻

到禅宗兴起时，马祖一系的禅师也经常把调心比作牧牛。马祖有一位大弟子，叫石巩禅师。石巩禅师在马祖那里会下厨房里作务，不是做典座就是做饭头，不是烧火就是挑水。有一天马祖问石巩："你在做什么呢？"石巩却答："牧牛。"石巩此时显然是说在放牧自己的心这一头"牛"。马祖接着问："你是怎

---

[1] 姚秦·鸠摩罗什译：《佛垂般涅槃略说教诫经》，《大正藏》第 12 册，第 1111 页。
[2] 东晋·瞿昙僧伽提婆译：《增一阿含经·卷四十六》，《大正藏》第 2 册，第 794 页。

样牧这头牛呢？"石巩回答说："如果牛要犯苗稼，不听话，就及时把缰绳拽一下，不要让它犯苗稼。"马祖赞许他："你可说是真的善于牧牛。"① 这里石巩的牧牛与《遗教经》里佛陀教诲的牧牛调心完全一致。

后来，"牧牛调心"的修行理念在禅宗得到重视和发扬，到了宋朝甚至出现了用绘画艺术来表现佛教牧牛调心过程的《牧牛图》。《牧牛图》在宋明时期的盛行，恰与禅门历代祖师"牧牛调心"理念的积累、演化大体同步，通过下表可见端倪：

时代·作者	《牧牛图》的牧牛次第									
	1	2	3	4	5	6	7	8	9	10
北宋·清居禅师	寻牛	见迹	见牛	得牛	牧牛	骑牛归家	忘牛存人	人牛相忘		
南宋·廓庵禅师	寻牛	见迹	见牛	得牛	牧牛	骑牛归家	忘牛存人	人牛相忘	返本还原	入廛垂手
元·普明禅师	未牧	初调	受制	回首	驯服	无碍	任运	相忘	独照	双泯
"牧心如牧牛"譬喻	迷失的心	求道的心	散乱的心	反复无常的心	患得患失的心	人空之心	无住之心	不二之心	平常之心	利他之心

通过此表不难看出，历代祖师是通过牧牛过程的形象化描摹来比拟微细的调伏心性的过程。"牧牛调心"从最初的粗略譬喻发展成为步骤明确的修行方式，日渐成型并固定下来，这一点显然是对《坛经》禅法的补充和发扬。

《坛经》融通南传、北传或说大乘、小乘，并不是强制僵化的杂糅，而是因为南、北传佛法中原本就具备如"牧牛譬喻"一类共通的理念，《坛经》的"大小兼备"即建立在这一思想基础之上。如"牧牛喻"起初只是泛言专注调心，后来却又增广至"返本还原"和"入尘垂手"的环节，等于告诉人们修行本身不是目的，佛教一切的教化修行必须在世间才是有意义的。离开了现世人间，所谓的教化、普度、行菩萨行根本无从谈起。这也正是《坛经》中"佛法在世间，不离世间觉。离世觅菩提，恰如求兔角"观念的延伸。

---

① 参见清·行元说，超宣等编：《百痴禅师语录·卷二十五》，《嘉兴藏》第28册，第199页。

第二节 空有相融

"空"与"有"是佛教哲学的两大阵营。一般认为，大乘宗派中三论宗是般若性空思想的代表，而唯识宗则是法相唯识思想的代表，而般若性空与法相唯识就分别归属于"空"与"有"的两大阵营。

详细追究的话，佛教"空"与"有"的问题远非看上去这么简单。印顺法师把印度佛教分为五个阶段：一是佛陀时期；二是部派佛教时期；三是大乘兴起时期，同时小乘佛法仍在流传；四是根据对"如来"的不同理解，大乘佛法分为性空、唯识、真常三大系；五是佛教的梵化时期，即密法时期。其中第四期佛教又分为早、中、后三期：早期的大乘佛教为"性空唯名系"，以龙树菩萨所代表的般若思想为主；中期是"虚妄唯识系"，指无著、天亲论师应世的时代；后期则是"真常唯心系"，"如来藏"思想盛行，以《楞严经》《圆觉经》《大乘起信论》《楞伽经》之观点为主。[①] 在此，印顺法师所提出的"性空唯名""虚妄唯识""真常唯心"的大乘三种系统就是对空、有两大阵营的再细分，"性空唯名"体现为"空"的哲学，而后两者，尤其是"真常唯心"则体现为"有"的哲学。在《坛经》里，空与有两种观念都有明确的体现。

一、《六祖坛经》"应无所住"的空宗思维

"应无所住而生其心"，原出自《金刚经》。《坛经》中尤其倾向于凸显出"应无所住而生其心"的观点，因为它所传达的思想与《坛经》本身的宗旨完全一致。依据《坛经》的义理思路，"应无所住而生其心"中的"应无所住"指的是修行过程中要做到无念、无相、无住，其中最关键的则是无住。《坛经》中

---

① 参见释印顺：《印顺法师佛学著作全集》第十三卷《印度之佛教》，北京：中华书局，2009年，第3—5页。

最为核心的这种"三无"思想显然属于空宗的思维。

值得注意的是，这里的"空"并非是空无所有，而是指不执着。所谓"不执着"主要有对外和对内两方面的要求。

对外而言，《坛经》反复强调一切外在之相、身外之物，乃至是非、人我、名利、财富，所有这些都不是永恒不变的，要学会"于相而离相"。怎样才能做到"于相而离相"？这就要求必须通达佛教的缘起思维，只有真切明了缘起性空的道理，才能看破世间万象只是缘生缘灭的短暂和合。立足于具体事物的缘起性空，上升到哲学思辨的层面，就会进入般若性空的领域。般若性空作为空宗的核心，是让人们用更为通彻的性空思维去看视世间万事万物的本质——"凡所有相皆是虚妄"，因此世界上并没有一种永恒不变的东西值得我们去执着。如果可以如是思维，并如是运用到现实生活中，我们的本元自性清净自然呈现。

对内而言，内心之中有两种东西不可执着：第一，我们如果在修行过程当中认为自己觉悟了空性，而且，认定的确有那么一个被悟到的"空性"存在，那么这时候的空性本身不过是又一种被执着的相，因此一定要破除这种"空执"。第二，我们都认为修行的目的是拨开云雾见到太阳，也就是见到清净自性。这种"清净心"也不能够执取，如果所有的修行都是追寻着这种清净而去，依然是"着相"，不能真正见性。

可见，"空"的真正含义只是不执着，一法不执，连"不执着"本身也无执。空相要去掉，清净的概念要去掉，一切"有所得"之心都要去掉，真正做到《心经》所说的"无智亦无得"，什么都不纠结、不纠缠。这时候才是真正的心无挂碍，"无挂碍故无有恐怖，远离颠倒梦想"[①]。《坛经·坐禅品》中对这一"无执"的观点有透彻的说明：

---

① 唐·玄奘译：《般若波罗蜜多心经》，《大正藏》第 8 册，第 848 页。

师示众云："此门坐禅，元不着心，亦不着净，亦不是不动。若言着心，心元是妄，知心如幻，故无所着也。若言着净，人性本净，由妄念故，盖覆真如。但无妄想，性自清净。起心着净，却生净妄。妄无处所，着者是妄。净无形相，却立净相，言是工夫。作此见者，障自本性，却被净缚。善知识！若修不动者，但见一切人时，不见人之是非善恶过患，即是自性不动。善知识！迷人身虽不动，开口便说他人是非长短好恶，与道违背。若着心着净，即障道也。"①

惠能大师的时代，人们普遍坚持所谓的三种坐禅之最高追求，最后反倒成为束缚心性的三种错误执着。大师对此进行了全面的批评和矫正："若言着心，心元是妄""起心着净，却生净妄""迷人身虽不动，开口便说他人是非长短好恶，与道违背"，总之"若着心着净，即障道也"。如此即教诫学人一定要去掉一切"有所得"的错误观念，要一法不挂，要一切不执着。显然，惠能大师这里说的就是"应无所住"的道理。

"应无所住"的"无住"简单来说也就是不执着。当然无住也好，不执着也好，空也好，般若性空的义理本身不是最终目的，它们都只是让人达到不要有所执着的方法。如果将不执着的思维训练视为一种手段，那么它最终的"果"还是清净心。这是同一过程的呈现，即清净心永远在不执着的过程中缓缓形成，并非两种相互隔绝的观念。

"应无所住"从义理上容易理解，但怎样才能真正做到"无所住"？《坛经》提供了多种具体的修习方法，如：

（师升座告大众曰：）善知识！我此法门，从一般若生八万四千智慧。何以故？为世人有八万四千尘劳。若无尘劳，智慧常现，不离自性。悟此法者，即是无念、无忆、无着，不起诳妄。用自真如性，

---

① 元·宗宝编：《六祖大师法宝坛经》，《大正藏》第48册，第353页。

以智慧观照，于一切法不取不舍，即是见性成佛道。[①]

这里，惠能大师的教法一言以蔽之就是觉悟般若智慧，掌握般若思维，自然就可以衍生出对治八万四千种烦恼的各种方法。落实到实践中，"无念、无忆、无着，不起诳妄。用自真如性，以智慧观照，于一切法不取不舍"就是具体的观照之法。如果我们想要真正掌握般若思维，真正做到"无所住"，这种"于一切法不取不舍"的修习十分有益。"于一切法不取不舍"，就是既不否定、舍弃，也不肯定、执取，该取用的时候即取用，用完了就放在一边，用而不执，身心俱是无取无舍。如此一来，对外不取不舍一切身外之物，对内不取不舍我执、法执以至种种空相、净相，终究能够"见性成佛道"。

二、《六祖坛经》"清净之心"的有宗思维

依据《坛经》所说，如果我们真正懂得了"于相而离相"的道理，真正掌握了"于一切法不取不舍"的方法，也确实做到了"无所住"，自然得本来清净之心。"清净心"的思想，显然属真常唯心论的框架体系，它的出现代表着由"空"进入"有"的转化。"有"的理论体系应该怎么理解呢？也就是有种子、业力存在，八识田中充满了各种善种子与恶种子等等，倾向于存在、实有的观念。《坛经》中虽然涉及"有"的诸多方面，但主要还是强调清净本性，即可以生根发芽的善种子。

在有宗哲学体系内，常把"善种子发芽"这种现象与趋势称为"如来藏"。所谓"如来藏"原本就是清净本性的另外一种说法，意即我们的本心本性原本就是清净无染，并没有贪、嗔、痴等种种烦恼，所以用"空"的方法去除执着以后，自性当下就能得到清净呈现，如此便有了"空有相融"的立论基础。

这种如来藏或清净本性的思想，一直都是禅宗的根本宗旨。《坛经》开宗明义就指明了它的重要性：

① 元·宗宝编：《六祖大师法宝坛经》，《大正藏》第48册，第350页。

　　大师告众曰："善知识！菩提自性，本来清净，但用此心，直了
成佛。善知识！且听惠能行由，得法事意。"①

　　这里惠能大师明确指出，我们的自性本来清净，只要没有妄想分别，立足
于这清净本性，就可以一直向上迈进，直到圆满成佛。

三、《六祖坛经》的"空有相融"

　　不论是空、有两种哲学体系，还是"性空唯名""虚妄唯识""真常唯心"
三大佛学系统，在《坛经》里面始终呈现为一种贯通融合的状态。从"有"的
层面或者"真常唯心"的层面说，"一切众生皆有佛性"，一切众生都是"本元
自性清净"。也正因如此，《坛经》才能坚持"直指人心，见性成佛"的根本宗旨。
可是，既然人人有佛性，为什么人们在现实中看不到自己的清净自性呢？禅宗
的解释是因为心识还有虚妄分别，因有分别而有执着，继而生起贪、嗔、痴等
诸多烦恼，如同乌云一般将本来清净的自性给遮蔽了。至此，这一层思想已接
近"虚妄唯识"。那么又要怎样改变这种状况呢？唯识宗讲的"转识成智"也好，
禅宗讲的"见性成佛"也好，都需要一种实际可操作的方法。《坛经》给出的
方法就是，依般若性空思维修习，而这一思路就属于"性空唯名"了。

　　如此，《坛经》围绕着实际修行这一核心，直接打通了"空""有"二宗，
融汇"性空唯名""虚妄唯识"和"真常唯心"三系的思想为一体。事实上，
从最初惠能尚未出家首次听闻《金刚经》时开始，《坛经》里就已经埋下了既
空且有的种子：

　　惠能一闻经语，心即开悟，遂问："客诵何经？"客曰："《金
刚经》。"复问："从何所来，持此经典？"客云："我从蕲州黄梅
县东禅寺来。其寺是五祖忍大师在彼主化，门人一千有余。我到彼中
礼拜，听受此经。大师常劝僧俗，但持《金刚经》，即自见性，直了

---

① 元·宗宝编：《六祖大师法宝坛经》，《大正藏》第 48 册，第 347 页。

成佛。"①

　　惠能大师的求法因缘起于《金刚经》，但当惠能大师问起这部经的时候，客人却转述了五祖弘忍大师的话，即"但持《金刚经》，即自见性，直了成佛"。这里隐含了一个关键的问题——到底是由清净自性直了成佛呢？还是持《金刚经》直了成佛？从《坛经》的总体思想来看，这其实是一体两面，所谓的清净自性（"有宗"）一定是从不执着的"应无所住"（"空宗"）而来，而要做到不执着，就必须觉悟般若智慧、了解般若空性，这也就是《金刚经》的根本大旨。可以说，惠能大师从一开始就已经为《坛经》的融通空有奠定了基调。

　　"空有相融"的宗教创新，还体现在北宗神秀大师与南宗惠能禅师的差异上。按照一般的说法，当然是惠能比神秀要高明。然而如果从空、有二宗不同思想体系的角度来看的话，其实神秀比较多地继承了菩提达摩所传下来的以《楞伽经》为依据的传统禅法，这一系禅法强调"清净自性"和"如来藏"，倾向于有宗的体系。像神秀的偈颂"身是菩提树，心如明镜台，时时勤拂拭，莫使惹尘埃"，所描摹的正是让清净心在如来藏里面生根、发芽、成长，最后孕育出圆满的佛果。这是修行的目的和宗旨，并没有错。问题在于他只是道出了最终目的，而方法上的"时时勤拂拭"只是头痛医头、脚痛医脚的学修方式，无法从根本上证得解脱。

　　惠能大师就不一样了，在"菩提本无树，明镜亦非台，本来无一物，何处惹尘埃"这一呈法偈里，惠能大师同样坚持清净自性的重要性。如"菩提自性，本来清净，但用此心，直了成佛"，将修行证果的目的同样摆在第一位。但是，他同时指出可以让人见到清净自性的有效方法，就是借助于空宗的般若空性思维。他利用般若智慧的功能，告诉人们如何彻底破除我执、法执、空执等等，做到一法不挂，由此见性证果。《坛经》里面援引了《文殊说般若经》《维摩诘

───────────

① 元·宗宝编：《六祖大师法宝坛经》，《大正藏》第48册，第348页。

经》《大乘本生心地观经》等多种般若系经典，都是在向人们传达这一般若性空的观念和方法。可见，在惠能大师那里，"应无所住"是一种方法，"而生其心"则是最终的目的。在具体的修行实践中，只有"应无所住"才能"生其心"，即清净无染之心，然后用这个清净之心，最终得见佛性。惠能大师在神秀大师的基础上，为获得清净本体清晰地指明了一种具体有效的方法。因此惠能大师在强调"有"的同时也强调了"空"，所以说惠能大师的禅法是空有相融、空有并用，他使得整个禅法的修行体系变得立体而且极具可操作性，从观念和方法的角度来看均十分成功。

第三节　显密圆通

印度佛教发展到密教阶段以后，密教根据自己的教判将与其相区别的教派统称为"显教"，意指能以语言文字阐明教义、教法浅近可知的教派，而密教的教法则是难以言传、难以了解的，只能秘密传授。不难发现，抛开密教的具体身口意教法不谈，仅从显、密的定义角度来看，《坛经》所传教理融汇了小乘佛教和大乘佛教的各个宗派，属于"显"教，但其核心教法却与"密"的定义相当契合——难以诉诸语言文字，外人难以了解，往往在老师和弟子之间秘密传授。因此，《坛经》的宗教创新也体现在"显密圆通"上面，而其"显密圆通"的教化方式对我们理解显、密二教及二者的关系均颇有启发。

一、原始佛教中的"未传之法"

说到"密法"，有人认为这是一种佛陀当时未说、等到后世才有人将它传授出来的教法。人们自然就要追问——佛陀是否已经讲授了他所知道的全部佛法？

根据经典记载，有一次，佛陀带着弟子们云游。当经过拘睒弥国申恕林的时候，佛陀从地上捡起几片树叶放在手中，问弟子们："比丘们啊！你们认为是我手上的叶子多呢，还是整片树林的叶子多？"弟子们回答说："老师手里的那几片叶子怎么能和整个树林相比？"佛陀紧跟着就说："是的，我所教给你们的法，就像手中的这几片叶子一样，很少；而我知道却没有讲的法，就像整个树林的叶子一样，很多。"①

因为经典中有这样的记载，一直以来有不少人都努力琢磨，那些佛陀知道了却没有讲的到底是些什么法，是否就是现在所说的"密法"呢？其实，同样的问题早在佛陀时代就已经讨论过了。

佛陀有一弟子名为摩罗迦，常问佛陀一些自己感到困惑的问题。有一次午后静坐时，他突然意识到，对于当时印度其他宗教普遍感兴趣的三大类问题，佛陀从来没有作过正面的回答。这些问题包括：

一、有关宇宙的问题：（1）宇宙是永恒的吗？（2）宇宙不是永恒的吗？（3）宇宙是有限的吗？（4）宇宙是无限的吗？

二、有关身心关系的问题：（5）身与心是同一物吗？（6）身是一物，心又是一物吗？

三、如来悟证的境界问题：（7）如来死后继续存在吗？（8）如来死后不再继续存在吗？（9）如来死后亦存在亦不存在吗？（10）如来死后非存在非不存在吗？

摩罗迦就这些问题请佛陀开示，甚至说："您现在如果不回答这些问题，我就不随您修学梵行了。"在摩罗迦的逼问之下，佛陀是不是就给出了明确的回答呢？据经载，佛陀当时这样开导摩罗迦：假使有一个人被毒箭所伤，他的亲友带他去看医生，这个时候，那人却说："我不愿把这毒箭拔出来，除非我知道是谁射我，他是刹帝利种姓、婆罗门种姓、吠舍抑或首陀罗种姓；他是高、是矮还是中等身材；他的肤色是黑色、白色、棕色还是金黄色；他来自哪

---

① 参见云庵译：《申恕》，收于《汉译南传大藏经·相应部六》，高雄：元亨寺妙林出版社，1994年，第336页。

一个城市或者乡村。除非我知道我是被什么弓所射，弓弦是什么样的，是哪一类型的箭，箭是哪一种毛制作的，箭簇又是什么材料所制作……否则，我就不取出这个毒箭。"佛陀对摩罗迦说道，结果，这个人在未弄清这些答案之前早就死了。同样的，如果有人说，我不要随世尊修梵行，除非他回答我宇宙是否永恒的问题，此人在还没有得到如来的答案以前可能就已经死掉了。[①] 这就是佛教中著名的"毒箭喻"。佛陀的"毒箭喻"恰好可与中国大哲庄子的一句话相互参证："吾生也有涯，而知也无涯。以有涯随无涯，殆已！已而为知者，殆已！"（《庄子·养生主》）用短暂有限的生命，去追逐无限的知识，是十分危险的。怎样才是正确的、不危险的？就是在有限的生命中首先去关注、解决最急迫的问题。

摩罗迦提到的三类问题均是佛陀知而未言的，但这三类问题的性质并不相同：前两类时空问题和身心关系问题与修行关系不大，佛陀能讲而不愿讲；第三类圣者的境界直接与修行相关，却是佛陀愿讲而不能讲的。原始佛教的第三类"未传之法"，其实也正是《坛经》里的秘而未宣的教法。

二、《六祖坛经》里的"密法"与"密意"

据早期佛教典籍所载，释迦牟尼佛本人在菩提树下觉悟以后，深感自己所觉悟的这些东西没办法用语言宣说，所以起初他决定默然不说。大梵天看到之后不断劝请，认为世界上应该还是有一些人具有领悟佛法的潜力，应该用种种的善巧方便去引导他们。这样，佛陀才决定说法。[②] 而禅宗业已觉悟的历代祖师们，也认识到了不同根器的修行者对佛法领悟的能力不一，因而选择根器合适的弟子一对一地秘密传法。这种传法因为不可当众宣说，也可视为"密法"。

---

① 参见通妙译：《摩罗迦小经》，收于《汉译南传大藏经·中部经典二》，高雄：元亨寺妙林出版社，1993 年，第 188-194 页；类似的经文另见东晋·瞿昙僧伽提婆译：《箭喻经》，《大正藏》第 1 册，第 804-805 页。
② 参见通妙译：《劝请》，收于《汉译南传大藏经·相应部一》，版权前揭，第 233-236 页。

最典型的，如五祖弘忍付法于六祖慧能，就是于"三鼓时"在"袈裟遮围"下秘密进行。①"密付"的原因，很大程度上在于"直指人心"的针对性，不适合自己的，听了未必有益。

《坛经》中也反映出与"毒箭喻"类似的思想：

　　（五）祖一日唤诸门人总来："吾向汝说，世人生死事大。汝等终日只求福田，不求出离生死苦海。自性若迷，福何可救？汝等各去，自看智慧，取自本心般若之性，各作一偈，来呈吾看。若悟大意，付汝衣法，为第六代祖。火急速去，不得迟滞。思量即不中用，见性之人，言下须见。若如此者，轮刀上阵，亦得见之。"②

五祖弘忍大师提醒门人弟子，在所有事情当中，生死是最重大也是最迫切需要解决的。生命如此有限，如果不抓紧时间好好修行，怎么有可能解脱生死？《坛经》这里体现出来的态度与佛陀如出一辙，祖师们并不是彻底否定各种形而上学或者道德伦理上的价值，只是最迫切的问题在于寻求解脱，而要寻求解脱就必须把握好每一个当下。

原始佛教中摩罗迦咨问佛陀的第三类问题，即圣者悟证的境界及如来死后是否存在等问题，在《坛经》中同样有所涉及：

　　僧志道，广州南海人也。请益曰："学人自出家，览《涅槃经》十载有余，未明大意，愿和尚垂诲。"师曰："汝何处未明？"曰："诸行无常，是生灭法。生灭灭已，寂灭为乐。于此疑惑。"

　　师曰："汝作么生疑？"曰："一切众生皆有二身，谓色身、法身也。色身无常，有生有灭。法身有常，无知无觉。经云'生灭灭已，寂灭为乐'者，不审何身寂灭？何身受乐？若色身者，色身灭时，四大分散，全然是苦。苦，不可言乐。若法身寂灭，即同草木瓦

---

① 元·宗宝编：《六祖大师法宝坛经》，《大正藏》第48册，第349页。
② 元·宗宝编：《六祖大师法宝坛经》，《大正藏》第48册，第348页。

石，谁当受乐？又法性是生灭之体，五蕴是生灭之用。一体五用，生灭是常。生则从体起用，灭则摄用归体。若听更生，即有情之类，不断不灭。若不听更生，则永归寂灭，同于无情之物。如是，则一切诸法被涅槃之所禁伏，尚不得生，何乐之有？"

师曰："汝是释子，何习外道断常邪见，而议最上乘法？据汝所说，即色身外别有法身，离生灭求于寂灭。又推涅槃常乐，言有身受用。斯乃执吝生死，耽着世乐。汝今当知，佛为一切迷人认五蕴和合为自体相，分别一切法为外尘相，好生恶死，念念迁流，不知梦幻虚假，枉受轮回，以常乐涅槃翻为苦相，终日驰求。佛愍此故，乃示涅槃真乐，刹那无有生相，刹那无有灭相，更无生灭可灭，是则寂灭现前。当现前时，亦无现前之量，乃谓常乐。此乐无有受者，亦无不受者，岂有一体五用之名？何况更言涅槃禁伏诸法，令永不生。斯乃谤佛毁法。听吾偈曰：

无上大涅槃，圆明常寂照，凡愚谓之死，外道执为断，

诸求二乘人，目以为无作，尽属情所计，六十二见本。

妄立虚假名，何为真实义，惟有过量人，通达无取舍。

以知五蕴法，及以蕴中我，外现众色像，一一音声相，

平等如梦幻，不起凡圣见，不作涅槃解，二边三际断。

常应诸根用，而不起用想，分别一切法，不起分别想。

劫火烧海底，风鼓山相击，真常寂灭乐，涅槃相如是。

吾今强言说，令汝舍邪见，汝勿随言解，许汝知少分。"

志道闻偈大悟，踊跃作礼而退。①

针对志道对于涅槃以后境界的种种曲解，惠能大师说得很明白：说来说去

---

① 元·宗宝编：《六祖大师法宝坛经》，《大正藏》第48册，第357页。

都是常见和断见的思维，与佛法了无关涉，真正的涅槃之乐是圣者悟证的境界，是"惟有过量人，通达无取舍"才能了解的。换句话说，只有自己证得涅槃才会知道涅槃的境界是什么样的，一般的人不论他怎么思索怎么推测，都有挥之不去的文字障、思维障，早已离真相千里万里。

释迦牟尼佛说法四十九年，并没有额外蓄意保留的"密法"，只不过释迦佛说法所围绕的本怀可以说是一种"密意"，因为无法用语言直接描述出来。尽管如此，就这个"密意"而言，释迦佛还是用了种种具体对机的教法对它进行讲解、引导。《坛经》中对佛教的这种"密意"说得十分明白：

> （惠明言下大悟。）复问云："上来密语密意外，还更有密意否？"惠能云："与汝说者，即非密也。汝若返照，密在汝边。"明曰："惠明虽在黄梅，实未省自己面目。今蒙指示，如人饮水，冷暖自知。今行者即惠明师也。"①

当惠明咨问祖师是否还有什么有所保留的"密意"时，惠能大师明明白白地告诉他："与汝说者，即非密也。汝若返照，密在汝边"——对你所说的，本来就不是密法；如果一定要认为佛教有一种"密意"存在，那就是自心返照的当下而已。此语正如佛陀在菩提树下觉悟后的感想一样，的确是因为圣者悟证的境界超越了缘起法，超越了语言所能描述的范围，所以只能自己证悟，不能宣之于人。因此惠明领悟之后感慨说，确实如此，"如人饮水，冷暖自知"。

综上可知，《坛经》中的确包含"密法"，但这种密法不同于佛教密宗的手印持咒之"密"，而是不信任语言文字这些传统思维载体，教修学者反观本心、以本心相印证的"密"。《坛经》之"密"又涉及原始佛典中曾提及的"圣者悟证的境界无法描述"的问题，这种证悟境界也成为禅宗心传的一种"密

---

① 元·宗宝编：《六祖大师法宝坛经》，《大正藏》第 48 册，第 349 页。

意"。因此可以说，《坛经》的"显"来自小乘和大乘各宗，《坛经》的"密"却直接延续了原始佛教中佛陀的本怀。围绕着这一种"密意"引导人们去领悟佛陀的本怀固然可以，而如果有一些方法针对某些人群特别有效而秘密相授，这样的秘传同样可以看作是教化众生的有效方法。作为"即心即佛"的一乘教，《坛经》以其特有的"显密圆融"方式，从教法、禅法上彻底实现了佛教的中国本土化。

第五章 《六祖坛经》的禅门教育法创新

　　《坛经》的大部分篇幅是惠能祖师为门下弟子开示说法的记录，而说法开示早在古印度原始佛教时期就是佛教教育的主要方式。惠能大师"不立文字，直指人心"的传法之中，无论是从佛法的传承和普及教育来说，还是从一般意义的思想教育来说，都包含了教育方法上的重大创新。

第一节　不立文字

　　在原始佛教和部派佛教时期，传法完全是依靠师弟之间口耳相传，直到佛灭度后众弟子结集时，也是由多闻弟子诵出或众人合诵经法。到了公元前后，这些口耳相传的经法方才诉诸文字，记录到贝叶或树皮等制成的纸张上。佛法传至中国，还有很多经律是依赖外来的获得传承的经师或律师诵出，再翻译、记录为汉文。因此《坛经》和禅宗所说的"不立文字"包含了多重意思，既不依赖口耳相传、文字记录的经典，也不信任对经典的语言文字解释，甚至对一切借助语言文字表达的法均持怀疑态度。这种怀疑并非简单的质疑和否定，而另有其深意。

一、语言文字的起源及其先天局限

　　有关语言和文字的起源，不论在考古学界还是在语言文字学界都有许多探讨，细说起来相当复杂，学界内的意见往往也不能够完全统一。语言的起源一般有神授说和进化说两种猜测，其中进化说还包括连续性和非连续性两种假说，连续性是指语言从人类的灵长类祖先的前语言体系逐渐演变而来，非连续性则认为人类语言是基因突变的产物。而就汉字的起源问题来说，目前较为流行的有五种说法：（1）仓颉造字说，（2）八卦说，（3）书契说，（4）结绳说，（5）图画说。无论汉字的起源究竟是什么，有一点可以达成共识，即文字是人类长期活动的结晶——人类在具体的生产生活中积累了种种经验，出于把这些经验传递与表达的需要，文字逐渐形成。不难发现，文字从诞生之初就只是表达人们各种经验的道具，它并不是经验或者事物本身，而且它不能表达大众公共经验之外的事物。因此，在某种意义上来说，文字先天就是有局限性的。不仅文字，用来表达和交流生活经验的日常语言也是如此。

语言文字作为表达思想的媒介，至少在两个方面存在明显局限：

在社会性、公共性方面，人类文化形成语言、创造文字的目的，是用于一个群体之间的交往交流或一个民族用来保留传承其历史文化的公共经验的产物。如果一种语言或一种文字只有一个人懂得，那便不成其为语言文字。因为语言文字具有先天的社会性和公共性特征，决定了它在表达个人特有的经验上有所不足。换言之，如果一种经验是你个人所独有的，前无古人、后无来者，那么这种私人经验就很难用现有的语言文字充分表达。佛陀在菩提树下证道之初，感到所证悟之法甚深、精微，用语言难以表达，众人也难以理解，正是此理。

另一方面，一个民族的语言文字是在其特有的生产生活经验下形成的思维成果的符号化，很大程度上是思维的表达，因此不同民族文化下的语言文字也呈现出较大差异。正是因为有了思维才有了语言文字，所以语言文字在既表达思维的同时又对思维过程和思维方式进行了重塑。如此一来，语言文字也在一定程度上拘囿、限制了思维。在日常生活经验下，语言文字对思维的限制尚影响不大，但在需要想象力、创造力的领域，这种限制很容易成为致命的屏障。在对语言文字的局限性有所了解的前提下，我们才能认识到《坛经》"不立文字"教育法的可贵之处。简单来说，不立文字并非不要文字，亦非否定文字，而是不迷信于文字，不依赖于文字，即所谓"用而不执"。

二、《六祖坛经》对语言文字之先天局限性的揭示

（一）立场不同则理解多样

同样一段文字，因为当事人的立场或角度不同会产生不同的理解，这样的情况在日常生活中比比皆是，成语中所说的"仁者见仁，智者见智"即精辟地说明了这个道理。

清人赵恬养的《增订解人颐新集》里有一则著名的无标点符号的中文句，背景是雨天，客栈主人不想让客人投宿，便在门口贴出几个字："下雨天留客天留我不留"。结果，前来打听想要投宿的客人非但没少，反而更多了。这是因为，主、客对这几个字的拆解完全不同：

主人：下雨，天留客，天留我不留！

客人：下雨天，留客天，留我不？留！

不想留客的主人和想要投宿的客人分别按照自己的意愿加标点，造成了完全相反的效果。

不限于汉语，其他语言也会出现类似的情况。比如有一则流传颇广的英语小故事，说老师在黑板上写下一句话让同学们加标点——"woman without her man is nothing（女人如果没有了男人一无是处）"。女生的答案是"Woman, without her, man is nothing.（女人如果没有了，男人一无是处）"。男生的答案则是"Woman, without her man, is nothing.（女人如果没有了男人，一无是处）"。可见，站在各自立场上的男女两性，有时也会对同样一句话作出截然相反的解读。

在《坛经》里提到一个十分典型的现象，就是关于顿悟与渐悟的意见纷争：

时，祖师居曹溪宝林，神秀大师在荆南玉泉寺。于时两宗盛化，

人皆称南能北秀，故有南北二宗顿渐之分，而学者莫知宗趣。师谓众

曰："法本一宗，人有南北。法即一种，见有迟疾。何名顿渐？法无

顿渐，人有利钝，故名顿渐。"①

顿悟与渐悟之争是一桩千古悬案。随着历史上所谓"南顿北渐"的说法深入民心，人们也形成一种共识，即神秀大师所传的禅法是渐悟法门，而惠能大师所传的禅法则是顿悟法门，两门水火不容。即便到了今天，这种简单的对立思维依然对很多学禅之人发生误导。但是我们看《坛经》中惠能大师对徒众的开示，六祖本人明确批评过这种截然对立的观念，取而代之的是"法本一宗，人有南北"——禅法只是禅法，并没有所谓的"南禅""北禅"之分。如果说有差别，那也只是学习禅法的人的原因。就好比金钱，没有好坏之别，要看是什么人使用它。坏人的钱很可能会被用来助纣为虐，好人的钱却能够成就无量的善事。"法即一种，见有疾迟"，禅法也没有后来人们所说的"顿法""渐法"之别。同样的禅法，对于钝根之人来说是"渐法"，对于利根之人来说却很可能是"顿法"。所以惠能大师明确指出："何名顿渐？法无顿渐，人有利钝，故名顿渐。"归根结底，禅法也是通过语言文字来传承，不同根机的人因业力所致存在差异，面对同样只是工具的"法"会呈现出或快或慢的领悟，这便是顿、渐的真实含义。

另外，在《六祖坛经·顿渐品》里面，惠能大师针对"常与无常"的佛教义理也有一番特别的论述："无常者，即佛性也；有常者，即一切善恶诸法分别心也。"② 按照传统佛教的观念，"无常"应该代表负面意义，而"常"应该代表正面意义——因为诸法无常，一切缘生缘灭的有为法终究不可得，所以才要修行，追求无为法，追求佛性本自具足恒常清净的"常"。但惠能大师在这里作出截然相反的论说，令弟子门人很不理解，因为这与传统经论完全矛盾。惠

---

① 元·宗宝编：《六祖大师法宝坛经》，《大正藏》第 48 册，第 358 页。
② 元·宗宝编：《六祖大师法宝坛经》，《大正藏》第 48 册，第 359 页。

能大师作出这一有悖经论的论断的个中缘由暂且不论，这一个案也印证了当事人由于视角不同，对佛法也会产生不一样的理解。

（二）境界有别故解读不定

佛教还认为，境界的差别亦会导致人们对同一文字的解读呈现出云泥之别。正如《大智度论》所言："如大海水，一切众生取用，水不穷竭，但众生不能得用。如饿鬼众生，自罪因缘不得见水，设得见之即时干竭，或为洋铜或成脓血。"①同样是水，对于一般众生而言，可因需取用；但因自身罪业的缘故，水在饿鬼道众生面前则会呈现出如脓血、洋铜的样貌。这里喻示了一个道理，即众生因为境界的差别对具体事物的理解亦有差别。

因为个人境界不同而对文字的解读出现差异，《坛经》中也有这样的实例：

　　　时，祖师告众曰："今有盗法之人，潜在此会。"志诚即出礼拜，具陈其事。

　　　师曰："汝从玉泉来，应是细作。"

　　　对曰："不是。"

　　　师曰："何得不是？"

　　　对曰："未说即是，说了不是。"

　　　师曰："汝师若为示众？"

　　　对曰："常指诲大众，住心观静，长坐不卧。"

　　　师曰："住心观静，是病非禅。长坐拘身，于理何益？听吾偈曰：生来坐不卧，死去卧不坐，一具臭骨头，何为立功课？"②

这段对话中透露出惠能大师对神秀一系所传禅法的批评。我们看到，当惠能大师询问神秀大师平时是如何教授弟子的，僧人志诚答神秀大师常教人"住

---

① 龙树菩萨造，姚秦·鸠摩罗什译：《大智度论·卷三十》，《大正藏》第25册，第284页。
② 元·宗宝编：《六祖大师法宝坛经》，《大正藏》第48册，第358页。

心观静，长坐不卧"，惠能大师当即指出"住心观静，是病非禅；长坐拘身，于理何益"。惠能对神秀的批评涉及禅修境界的分别：神秀的所谓"住心观静，长坐不卧"，类似于在静坐过程中收摄妄念，使自己逐渐进入一心不乱的境界，寻找一种清净的状态；惠能大师批判"住心观静，是病非禅；长坐拘身，于理何益"，也不是要完全否定"住心""长坐"的努力，而是为了强调"静"的更深入更彻底的内涵，直指禅法的"究竟"。"住心观静"的禅法本身预设了某个实在的"清静心"或清静的境界，并以此为目标"长坐不卧"地努力着，试图把这个清静心变成固定不变的实在。可是，佛法强调"诸法无我"，又怎能误认为有这样一个实体性的清静心存在呢？假如在这样的努力中执着于清静心或者清静的状态，就落入了清静之相，成为"常见"，属于"边见"的一种，那就有问题了，所以惠能大师指出"住心观静，是病非禅"。另一方面，惠能大师自始至终强调的都是心性。他认为参禅打坐最主要的也还是要在心地上用功，长坐的姿势不过是一种手段，不可将其视为最终目的。因此惠能大师又说"长坐拘身，于理何益""生来坐不卧，死去卧不坐，一具臭骨头，何为立功课"，都是这个用意。以上两点，就是因个人境界高下而对于清静、坐禅等佛教基本理论形成的不同解读。

（三）语言文字与事物本身存在本质差异

从古代的火药、指南针，到今天的电脑、宇宙飞船，人类有史以来出现了许多非凡的发明创造。但许多学者认为，人类最有意义的创造还是语言文字。语言文字，一般被人们用来表达自身感官和心灵所体验到的事物、经验、思想和感情，我们在清醒的时候几乎无时不刻不在与语言文字打着交道。然而，语言文字从诞生之初就仅仅只是一种"符号"和"意义载体"，它们与真实的事物之间存在着"能指"与"所指"的本质区别，这也是语言文字自身无法突破的局限性之一。

以火为例，物质燃烧过程中散发出光和热的现象，我们的祖先称之为"火"。不过当人们在口头上说"玩火自焚"的时候，这个语言上的"火"只是一个名相，并不是真"火"，否则人们在说到"火"的时候嘴唇岂不是要被烧焦？英国文豪莎士比亚曾说过："我们叫做玫瑰的这一种花，要是换了个名字，它的香味还是同样的芬芳。"①中国的大词人辛弃疾则说："少年不识愁滋味，爱上层楼。爱上层楼，为赋新词强说愁。而今识尽愁滋味，欲说还休。欲说还休，却道天凉好个秋。"②人生的寂寞也好，忧愁也好，年少的时候虽然经常挂在嘴边，但是不可能真的懂得；待到历尽千帆、真有体会的时候，却也同时认识到了文字的局限，欲说还休，"却道天凉好个秋"。语言文字无法表示事物的真实相状，这一点中西方的先贤早已有充分的认知。

再逼真的描述也不能代替苹果自身的味道，这只是一个十分平常的道理。但一旦落实到佛教的修学中，就会变成比较严重的问题。比如，现在很多的学佛之人在说到"佛性"的时候，会以为自己真的触及到了佛性，即一种实际存在的佛性。但事实恐怕是，越是觉得自己触及佛性的人，佛性的真实意义跟他的理解越是风马牛不相及。同样，佛教的真义、妙理，跟佛经上所写的文字也是不相干的两回事。所以，那些能够在语言文字上讲得很妙的人，自以为那些文字就是诸佛妙理本身，掌握了这些文字就等于拥有了妙理、证悟了佛法，完全是自欺欺人。《坛经·机缘品》中尼师无尽藏的故事颇能体现这一道理：

> 师自黄梅得法，回至韶州曹侯村，人无知者。有儒士刘志略，礼遇甚厚。志略有姑为尼，名无尽藏，常诵《大涅槃经》。师暂听，即知妙义，遂为解说。尼乃执卷问字，师曰："字即不识，义即请问。"尼曰："字尚不识，焉能会义？"师曰："诸佛妙理，非关文字。"尼惊异之，遍告里中耆德云："此是有道之士，宜请供养。"

---

① ［英］莎士比亚著，朱生豪译：《罗密欧与朱丽叶》，北京：人民文学出版社，2001年，第27页。
② 宋·辛弃疾：《稼轩词·卷四》，北京：中国书店，1997年，第17页。

有魏武侯玄孙曹叔良及居民，竞来瞻礼。①

当无尽藏比丘尼拿着经卷咨问惠能大师时，惠能大师答曰"字即不识，义即请问"。无尽藏比丘尼十分不解，目不识丁何以通达经文义理？惠能大师的经典回答是："诸佛妙理，非关文字"。这也表明了惠能大师的观点，即经卷上的文字不过是帮助我们理解诸佛妙理的工具；妙理不等于文字，仅仅认识文字或者依文解义，并不意味着就真的明白了诸佛妙理。《坛经》中一再强调语言文字的局限性，就是想要表明语言文字与诸佛妙理之间的差异。换言之，《坛经》旨在指导学修者善用文字去体悟诸佛妙理，而非一味盲目地依赖文字。

（四）语言文字无法表达圣者悟证的境界

语言文字连我们日常的各种事物与感受都无法完美表达，对于圣者的悟证境界就更加无能为力了。《坛经》之所以一再强调"不立文字"的教育法，就是因为关于圣者悟证的境界，根本是无法通过语言直接触及的。

在佛教看来，语言文字只能表达时间、空间和缘起法范围内的事物，圣者的悟证境界有关于宇宙人生的真相（如中道实相、涅槃寂静等），已经超出了时间、空间和缘起定律的限制，语言文字完全是无能为力的。正如在鱼的观念中没有形容陆地的字眼，佛教的五蕴、十二处、十八界、十二因缘和四谛等法，当使用语言文字来讲解时就仅仅只是一种理论而已，并不等同于放之四海而皆准的真理本身。圣者悟证的境界更是如此，学修者学习了解了四谛、十二因缘、十八界乃至般若与涅槃的理论，并不意味着就真的理解了其蕴涵的真实义谛。关于这一点，在《坛经》中惠能大师对弟子有所教诫。《机缘品》记载：

> 僧法达，洪州人。七岁出家，常诵《法华经》。来礼祖师，头不至地。师诃曰："礼不投地，何如不礼？汝心中必有一物，蕴习何事耶？"曰："念《法华经》已及三千部。"师曰："汝若念至

---

① 元·宗宝编：《六祖大师法宝坛经》，《大正藏》第48册，第355页。

万部，得其经意，不以为胜，则与吾偕行。汝今负此事业，都不知
过。"……达蒙启发，踊跃欢喜，以偈赞曰："经诵三千部，曹溪一
句亡，未明出世旨，宁歇累生狂。羊鹿牛权设，初中后善扬，谁知火
宅内，元是法中王。"师曰："汝今后方可名念经僧也。"达从此领
玄旨，亦不辍诵经。①

　　僧人法达因为自己念诵了三千部《法华经》，自以为了不起，所以礼拜惠
能大师的时候显得十分轻慢。六祖大师严厉批评了法达，指出其中关键在于你
若真"得其经意"且"不以为胜"，倒也罢了，但如今你仅仅是在语言文字当
中转了三千遍，非但无功，甚至有过，即所谓"心迷法华转"是也。通过六祖
大师的点拨，终于使法达真正有所契悟，这才明白六祖大师的良苦用心，感慨
"经诵三千部，曹溪一句亡"。直到此时，他才真正透过语言文字领会到了经典
背后的究竟意义，直接领悟了宇宙人生的真相，不再盲目地围绕经典文字自以
为是，达到惠能大师所说的"心悟转法华"。

三、破除文字之"障"，认可其为入道之工具

　　"不立文字"作为禅门教育创新的一个重要原则，是以语言文字天然具有
局限性为前提的。但我们也一再强调，禅宗的"不立文字"并非完全否定文字。
语言文字作为教育的手段是不可能完全舍弃的，真正要破除的是把文字误当作
真实的情况，即"文字障"。

（一）文字之为彻悟的障碍

　　禅宗有一个公案，能够帮助我们更好地了解"文字障"。曾有僧人问赵州
禅师："柏树子还有佛性也无？"赵州禅师回答说："有。"僧人接着又问道："柏
树子几时成佛？"赵州禅师回答说："待虚空落地时，柏树子成佛。"僧人不解

---

① 元·宗宝编：《六祖大师法宝坛经》，《大正藏》第 48 册，第 355 页。

地问:"虚空几时落地?"赵州禅师淡定地说:"待柏树子成佛虚空落地。"①赵州禅师的回答绕来绕去,看似在回避僧人的问题,并不给出明确的答案,但他这样绕路说禅,正是通过消解问题本身来打消提问者自己设置的"文字障"。

细说起来,"文字障"往往缘于一个人太拘泥于语言文字而误把文字当作真实,明明没有悟证到文字背后的境界,只是依赖文字形成了某种理论和观念,却将这种观念视为真实的悟境,最终导致文字成为束缚观念的陷阱,令修学者永无出头之日。显然,真实悟境与借助语言文字习得的观念和理论是截然不同的两回事。

在具体修行中,"文字障"变成修学陷阱,使学人无法进步甚至误入歧途的例子比比皆是。比如前面说到的因持诵三千部《法华经》而贡高我慢的法达,如果不是遇到惠能大师,可能会永远陷于《法华经》的文字陷阱而不自知。现实中像法达这样的修行者大有人在。有的人自诩学佛时间长,有的人持诵某佛经数千部,有的人念诵佛号千百万声,还有的人磕了上百万个大头,诸如此类,易将这些努力换算为自己的"功德",好像已经取得了什么资格一样,当作自己成就的证据。这都属于广义的文字陷阱。以念佛来说,一个人能否往生极乐显然与他念诵多少佛号不能简单划等号,通过念佛达到"一心不乱"才是真正的目标。如果目标不放在令心清净上,而只是追求数字的增长,根本是本末倒置,自然也不可能收获任何利益。

唐代古灵神赞禅师有一则"千年钻故纸"公案,也对终日读经、不思心证的现象加以批判。公案中说古灵禅师在百丈门下参学开悟后,回到原来的受业师父身边。一天,他师父在窗下读经,有一只蜂子不停地撞着窗纸飞不出去,古灵禅师一语双关地说:"世界如许广阔你却不肯出,只钻这个故纸要钻到驴年去。"又作偈一首:"空门不肯出,投窗也太痴。千年钻故纸,何日出头时。"

---

① 参见清·灯亮说,空谧编:《玉眉亮禅师语录》,《嘉兴藏》第 39 册,第 334 页。

古灵禅师是在点化师父，"禅"是要用心去觉悟的，整日看经，依赖故纸寻找"禅悟"，不就像那只盲目乱钻的蜂子吗？他师父遂放下经卷，问古灵禅师出去参学究竟参了什么道理回来。古灵禅师于是讲授了从百丈禅师处所学的"灵光独耀，迥根根尘，体露真常，不拘文字，心性无染，本自圆成，但离妄缘，即如如佛"。① 只此一句就将自己否定读经的内在用意和盘托出，因为三藏十二部所有经典仅是一种语言文字，并不等同于真理实相，最多可以算作引导我们悟入实相的方便、教化的工具。如果误将经典认作真理实相，并视之为绝对权威，就很容易在不了义的语言文字中依文解义，有意无意地形成自以为是的认同，便成为"妄缘"。

佛教中圣者悟证的境界，在经典中有许多不同的称谓，如"诸法实相""中道实相""涅槃寂静"等等。如何称谓这种境界并不重要，因为真实的觉悟是"言忘虑绝，心行处灭"的无名无相。换言之，这种境界悟得，说不得。禅的真谛也是如此。"禅"一落言诠即变成了语言，变成了逻辑，便不再是"禅"。因此禅宗"不立文字"的主旨就是要教诫修学人不要落入文字障。

（二）文字之为入道的工具

历史上有不少学佛者将《坛经》等禅宗典籍倡导的"不立文字"简单理解为轻视语言、否定语言，甚至有人以六祖惠能目不识丁却能顿悟佛性为由，将禅宗的"不立文字"渲染为完全弃绝文字、与经教绝缘，进而彻底否定语言文字在悟道过程中的功用，鄙视经论，致使南宗门下曾一度出现一股完全排斥经教的思潮。比较典型的如宋代普济禅师曾有"知之一字，众祸之门"②的评判。"知"即知识，即认为一旦落入"知"，便成为"众祸之门"，这实在太过极端。走入极端，过分贬低经教，甚至称三藏十二部为"拭不净纸"，不许别人读经

---

① 参见明·曾凤仪：《楞严经宗通·卷七》，《卍续藏经》第 25 册，第 273 页。
② 宋·元恺编：《大川普济禅师语录》，《卍续藏经》第 121 册，第 321 页。

学教，进而将一切教理文字都视为悟道的障碍，过犹不及，显然也并未理解禅宗"不立文字"的真实含义。

禅宗虽说是"不立文字"，但不否认语言文字作为悟道工具的功能。从初祖达摩大师到惠能大师，始终秉承"藉教悟宗"的观念。他们推行"不立文字"的教育法，反对的是繁琐的经院哲学式的对经典文字的迷信和执着。

早在佛陀传教时期，就已阐述了经教之为入道工具的"筏喻"之理：

（世尊告诸比丘：）"云何我为汝等长夜说筏喻法，欲令弃舍，不欲令受？犹如山水甚深极广，长流驶疾，多有所漂，其中无舡，亦无桥梁。或有人来，而于彼岸有事欲度，彼求度时，而作是念：'今此山水甚深极广，长流驶疾，多有所漂，其中无舡亦无桥梁而可度者，我于彼岸有事欲度，当以何方便，令我安隐至彼岸耶？'复作是念：'我今宁可于此岸边收聚草木，缚作桴筏，乘之而度。'彼便岸边收聚草木，缚作桴筏，乘之而度，安隐至彼。便作是念：'今我此筏多有所益，乘此筏已，令我安隐，从彼岸来，度至此岸，我今宁可以着右肩或头戴去。'彼便以筏着右肩上或头戴去。于意云何？彼作如是竟，能为筏有所益耶？"

时，诸比丘答曰："不也。"

世尊告曰："彼人云何为筏所作能有益耶？彼人作是念：'今我此筏多有所益，乘此筏已，令我安隐，从彼岸来，度至此岸。我今宁可更以此筏还着水中，或着岸边而舍去耶？'彼人便以此筏还着水中，或着岸边舍之而去。于意云何？彼作如是，为筏所作能有益耶？"

时，诸比丘答曰："益也。"

世尊告曰："如是。我为汝等长夜说筏喻法，欲令弃舍，不欲令受。若汝等知我长夜说筏喻法者，当以舍是法，况非法耶？"①

"筏喻"后来因《金刚经》的转述而广为人知："以是义故，如来常说法，汝等比丘，知我说法，如筏喻者，法尚应舍，何况非法。"②佛陀告诉我们，一切佛所说法无非是帮助人们渡河的木筏，记载佛所说法的佛经自然更是如此，禅宗只是特别强调这一点罢了。禅宗更将语言文字譬喻为指月的手指，人们当然应该顺着手指的方向去寻找月亮，而不可认为月亮就在手指当中。

《坛经》中记载的神秀大师对于语言文字的态度，就是需要反思的对象：

> 是夜三更，不使人知，自执灯，书偈于南廊壁间，呈心所见。偈曰："身是菩提树，心如明镜台，时时勤拂拭，勿使惹尘埃。"秀书偈了，便却归房，人总不知。秀复思惟："五祖明日见偈欢喜，即我与法有缘。若言不堪，自是我迷，宿业障重，不合得法。"圣意难测，房中思想，坐卧不安，直至五更。③

我们可以看出，神秀大师对于语言文字、对于传法的形式，都太过执着，以至于多番思索，坐卧不安。显然，神秀大师当时的境界还是陷于语言文字与思维观念的陷阱之中，因此也并未获得五祖弘忍大师的认可。

四、惠能是否目不识丁？

有关禅宗"不立文字"教育法的良苦用心，还有一条重要佐证，即文献中对惠能大师是否识字这一问题的矛盾记载。

（一）惠能大师不识文字的直接证据

支持六祖惠能目不识丁的证据主要集中在《坛经》之中：

第一，《行由品》中有关惠能大师身世的相关记载说道："惠能严父，本贯

---

① 东晋·瞿昙僧伽提婆译：《中阿含经·阿梨吒经》，《大正藏》第 1 册，第 764 页。
② 姚秦·鸠摩罗什译：《金刚般若波罗蜜经》，《大正藏》第 8 册，第 749 页。
③ 元·宗宝编：《六祖大师法宝坛经》，《大正藏》第 48 册，第 348 页。

范阳，左降流于岭南，作新州百姓。此身不幸，父又早亡，老母孤遗，移来南海，艰辛贫乏，于市卖柴。"①这一描述间接地告诉我们，惠能幼时家贫，应该是没有机会接受文化教育的。

第二，当惠能大师听闻神秀大师在廊壁之上书写呈法偈后，曾请求旁人为自己读诵，亲口说"惠能不识字，请上人为读"②，这直接说明惠能大师并不识字。

第三，惠能大师黄梅得法后回到韶州，无尽藏比丘尼曾向惠能大师请教《大涅槃经》中一个字的读法和意义，惠能大师对无尽藏比丘尼说"字即不识，义即请问"③，这又是惠能大师"不识文字"最直接的证据。

第四，惠能大师为法达讲解《法华经》时，同样也说"吾不识文字，汝试取经诵一遍，吾当为汝解说"④。

第五，在《顿渐品》中，神秀大师的弟子讥讽惠能大师"不识一字，有何所长"⑤，借他人之口，再次强调惠能大师不识字。

（二）惠能大师可能识字的间接证据

惠能大师真的完全"不识文字"？从情理上看，好像又说不通。

首先，《景德传灯录》对惠能大师的身世记载中说道："俗姓卢氏，其先范阳人。父行瑶武德中左宦于南海，之新州，遂占籍焉。三岁丧父，其母守志鞠养，及长，家尤贫窭，师樵采以给。"⑥这里给出的信息较《坛经》更为详细。细加思索，惠能的父亲身为官宦人家，按照当时的门庭制度，婚姻应该是门当户对才是，所以惠能的母亲按说也不至于没有一点文化。根据饶宗颐教授的考

---

① 元·宗宝编：《六祖大师法宝坛经》，《大正藏》第 48 册，第 348 页。
② 元·宗宝编：《六祖大师法宝坛经》，《大正藏》第 48 册，第 348 页。
③ 元·宗宝编：《六祖大师法宝坛经》，《大正藏》第 48 册，第 355 页。
④ 元·宗宝编：《六祖大师法宝坛经》，《大正藏》第 48 册，第 355 页。
⑤ 元·宗宝编：《六祖大师法宝坛经》，《大正藏》第 48 册，第 358 页。
⑥ 宋·道原纂：《景德传灯录·卷五》，《大正藏》第 51 册，第 235 页。

证，惠能的父亲虽然早亡，但其绝非因此而沦落至无以为生的地步；而且惠能的母亲尚在，卢氏作为北方的著姓，肯定会有家庭教育的传统，所以惠能应该有一定的文化素养。若真不识字，何以能够听得懂《金刚经》《涅槃经》。①

其次，据《释氏稽古略》记载："丁未十一月十八日又敕韶州刺史重加崇饰，赐额为法泉寺，祖新州旧居为国恩寺。"②这里提到六祖惠能的旧居被改造为国恩寺。可以想见，六祖的旧居是有一定规模的。饶宗颐教授指出，惠能出家前并非一贫如洗，而是有一定的产业。③换言之，惠能幼年时家境仍然不错。在这样的家境下，他是具有接受教育的经济基础的。只是随着惠能渐渐长大，家境一天比一天艰难，最后才不得已砍柴侍奉母亲。

另外，古代日常口语与书面用语差异颇大，对于目不识丁的平民百姓来说，聱牙诘屈的文言文正常来说是无法看懂也无法听懂的，更不用说博大精深的佛教经论。然而，据《坛经》记载，惠能大师不仅能够听懂《金刚经》《法华经》《大涅槃经》等佛教经典，还可以依据神秀大师的偈颂进行再创作，成就"菩提本无树，明镜亦非台，本来无一物，何处惹尘埃"的千古绝唱。这无论如何也不是毫无文化素养甚至不识文字的人能够完成的任务。这也反证了惠能大师按理说应该具有相当的文化素养。

（三）"利用文字"与"放下文字"相辅相成

综合上面的考察，从种种间接证据来看，惠能大师很可能是具有一定文化素养的；但从《坛经》的直接记录来说，却一直特地强调其"不识文字"。这之间的矛盾该怎么理解？这很可能是惠能大师本人和《坛经》编纂者基于禅门教育法考量实施的一种叙事策略。它提醒人们：真正的无上心法不局限于文字，而且超越文字，在这个前提下，修学者是否识字是无关宏旨的。

---

① 参见饶宗颐：《饶宗颐佛学文集》，香港：天地图书有限公司，2013年，第171页。
② 元·觉岸编：《释氏稽古略·卷三》，《大正藏》第49册，第824页。
③ 参见饶宗颐：《饶宗颐佛学文集》，版权前揭，第171页。

我们一再强调，《坛经》"不立文字"的教育法，不代表完全否定文字；恰恰相反，语言文字作为入道的方便，作为悟道的工具，是必须承认的。

从初祖菩提达摩来至中土，一直到惠能大师时代禅宗的盛行，历代祖师一直都特别注重"藉教悟宗"。达摩大师传《楞伽经》，四祖道信大师劝人念"摩诃般若波罗蜜"，五祖弘忍大师教人持诵《金刚经》；惠能大师讲的经就更多了，除了五祖传承下来的《金刚经》，还有为无尽藏比丘尼、志道、志彻讲解《大涅槃经》，为法达讲解《法华经》，为智通说《楞伽经》，为永嘉禅师和武则天派来的侍者说《维摩诘经》，等等。这些都说明禅宗的"不立文字"并不是要毁谤佛经，抛弃经卷。"不立文字"不等于"不要文字"。

惠能大师特别批评了那些极端否定文字、诽谤经典的现象：

> 执空之人有谤经，直言不用文字。既云不用文字，人亦不合语言。只此语言，便是文字之相。又云："直道不立文字。"即此不立两字，亦是文字。见人所说，便即谤他言着文字。汝等须知，自迷犹可，又谤佛经。不要谤经，罪障无数。①

针对那些否定文字、主张不用文字的狂徒，惠能大师指出"既云不用文字，人亦不合语言。只此语言，便是文字之相"，即这里"不用文字"的主张本身，亦在语言文字当中，甚至这一观念在思维中形成的同时就已落于"文字之相"。人的起心动念皆在不同程度上牵涉文字之相，根本无法回避。至于那些空说"不立文字"的，"不立"二字岂非还是文字？所以，完全脱离语言文字的主张是不可能存在的。惠能大师强调，切莫诽谤佛经，自己迷也就罢了，诽谤佛经、误导他人则是罪大至极。通过诽谤佛经来表达"不立文字"的立场，既与佛教觉悟的精神相悖，亦绝非禅宗"不立文字"的本怀。惠能大师要告诉我们的是：一方面，经典固然重要，但只是引导人们入道的方便之法，切不可执着；另一

---

① 元·宗宝编：《六祖大师法宝坛经》，《大正藏》第48册，第360页。

方面，诽谤经典万万不可。

总之，禅宗"不立文字"的教育法所执的是一种"中道"，即对于语言文字切不可走两个极端。一个极端，是认为依赖经典可以找到觉悟的真谛。《坛经》指出，如果完全依赖经教，试图通过语言文字、理性逻辑把握最高的佛法，便陷入了文字障。因为语言文字所表达的只是时间、空间内的缘起法，而圣者悟证的境界超越了时空和缘起。另一个极端，则是以为应该完全否弃语言文字才能领悟佛法，一味追求其自身观念中的空性，以为内在的空就是空无一物，所以经典文字一概摒弃。这种理解也是有偏差的，诽谤经典更是罪大恶极。

禅门"不立文字"的教育法，在入道之初要求"藉教悟宗"，充分地借助经教使人们尽快入门，相当于导航仪，找到一个明确的修行方向。一旦上路之后，就要靠自己努力，不能执着经教。如果过于迷信经典会使文字变成障碍，忽略了经文所指向的高深境界。对语言文字应该采取何种态度，取决于修行者的层次。"不立文字"的教育法绝非弃绝文字，在学佛的初级阶段需要借助于文字入门；到了一定程度以后，见道了，再把文字放下，放下法执，然后一心领悟无上圣境。利用文字和放弃文字并不矛盾，而是相辅相成的。

第二节　教外别传

"教外别传"是禅宗对其教育方法的一种特别说明，以"别传"来凸显其与传统佛教教育法的差异。一般而言，传统的佛教教育都是通过经论或对经论的讲解、注疏来传授，换言之，是以语言文字为载体的，但禅宗显然有着更深远的考量。上文已经揭示，禅宗认为语言文字并不绝对可靠。佛教的核心不仅应该超越语言，亦应超越以往种种传统教育方法的囿限。基于这一理念，禅宗才形成了"教外别传"的新思维。不得不说，禅宗"教外别传"的创新教育思维取得了极大的成功。禅宗在历史上能够衍生出"五家七宗"的盛况，主要得益于这种教育方式的创新。

一、藉教悟宗的问答式教育

既然禅宗强调"教外别传",也就意味着还有一种"教内正传"的正统教育方式存在。禅宗的教育特色在于"教外别传",但也对传统的"教内正传"有所延续。在禅宗内部,常常将这种"教内正传"的教育方法称为"藉教悟宗"。

禅宗的"藉教悟宗"教育的一个重要特色,是采取问答的形式在师弟间相授,即从形式上说它采取的是一种问答式的教育方法。禅宗"藉教悟宗"的问答教育在内容上仍然偏重于佛教的知识和义理,这与传统的佛教教育并无不同;但另一方面,禅宗的"藉教悟宗"十分强调最终的契悟自性。事实上,这种强调契悟自性的问答式教育是早期禅宗教育法的基本形态。随着禅宗自身的不断发展,他们逐渐意识到"藉教悟宗"的方式不究竟,于是创造性地提出了"教外别传"的新方法。

必须说明的是,虽然"教外别传"是基于传统"藉教悟宗"的一种创新,但这二者在很长时期内是并行不悖的。惠能大师在《坛经》中采用了多种形式的"藉教悟宗"的问答式教育,这些施教形式包括直叙法、否定法、直指法、点醒法、反诘法以及诱导法等。

(一)"直叙法"的问答教育

"直叙法",即祖师们针对弟子的疑问给予直接正面的解答。这些解答往往引经据论,不厌其烦。禅宗之所以设立法堂、重视小参,都缘于要开展这种直叙式问答教育。

《五灯会元》作为禅宗语录和公案的集大成者,对直叙法案例的记载随处可见。比如百丈怀海禅师著名的"野狐禅"公案:

> 师每上堂,有一老人随众听法。一日众退,唯老人不去。师问:

"汝是何人？"老人曰："某非人也，于过去迦叶佛时，曾住此山，因学人问'大修行人还落因果也无'，某对云'不落因果'，遂五百生堕野狐身。今请和尚代一转语，贵脱野狐身。"师曰："汝问。"老人曰："大修行人还落因果也无？"师曰："不昧因果。"老人于言下大悟，作礼曰："某已脱野狐身，住在山后，敢乞依亡僧津送。"师令维那白椎告众，食后送亡僧，大众聚议：一众皆安，涅槃堂又无病人，何故如是？食后，师领众至山后岩下，以杖挑出一死野狐，乃依法火葬。①

在这则公案当中，老者问"大修行人还落因果也无"，百丈怀海大师简洁明确地回答他"不昧因果"，就是直叙法。当然，这则公案本身的寓意更加重要。一个"不落因果"，一个"不昧因果"，一字之差，境界却是天壤之别——"不落因果"，意味着不受因果律的支配，这显然是不可能的，连释迦牟尼佛祖也因为往昔因缘避免不了遭受"金枪刺足""马麦三月"和"头痛三日"的现前果报。可见，在佛教教义当中，"因果律"是大修行人也不能违反的铁律。所以大修行人并不是"不落因果"，而只是"不昧因果"，即勘破因果，不再为因果所迷惑。

此外，禅门早期三祖僧璨的《信心铭》、石头希迁的《参同契》、大珠慧海的《顿悟入道要门论》、永嘉玄觉的《证道歌》等等，均属于"藉教悟宗"的范围，所记载的教育方式也都以单刀直入的直叙法为主。《坛经》中惠能大师用直叙法教诫门人弟子的事例很多，比如对僧人方辩的开示：

忽有一僧来礼拜，云："方辩是西蜀人。昨于南天竺国，见达磨大师，嘱方辩速往唐土，吾传大迦叶正法眼藏，及僧伽梨，见传六代，于韶州曹溪，汝去瞻礼。方辩远来，愿见我师传来衣钵。"师乃

① 宋·普济集：《五灯会元·卷三》，《卍续藏经》第138册，第88页。

出示。次问："上人攻何事业？"曰："善塑。"师正色曰："汝试塑看。"辩罔措。过数日，塑就真相，可高七寸，曲尽其妙。师笑曰："汝只解塑性，不解佛性。"师舒手摩方辩顶，曰："永为人天福田。"①

这则公案前部分讲的是方辩自叙来寻找六祖大师的缘由，他说自己在南天竺遇到了达摩大师，达摩大师指引他来曹溪寻找六祖大师，此达摩是否彼达摩已不得而知；后半部分六祖大师与方辩的引导，关键在于六祖大师的那句"汝只解塑性，不解佛性"，从形而下的雕塑直接转入形而上的佛理，令方辩当下有所领会，可以看作是直叙法的成功运用。

（二）"否定法"的问答教育

针对个别特殊的问题，禅宗祖师也常常使用否定的方式来回应咨问者，这就是"否定法"。在禅宗的语录和公案里，凡是用到诸如"不会""不得""不知"这类应答的，大体皆可归于此法。

否定式的教育方法，并不是简单地拒绝回答，而是因为有些关乎佛教真谛的问题本来就不是日常语言文字能够解答的。最典型的如原始佛教时期的"十四无记"，有的属于形而上的范畴，像"宇宙是否有边"之类；有的属于圣者悟证的境界，像"如来去世后是否还存在"之类。在佛教的视野里，有很多问题是"唯佛与佛乃能究竟"的。

禅宗以主张顿悟著称，平日参究的问题有很多会涉及"唯佛与佛乃能究竟"的悟境，这种境界本来就是"言语道断，心行处灭"的，如果勉强借助语言交流，并不见得一定对学人有好处。比如禅宗有一个著名的问题"如何是（达摩）祖师西来意"，即达摩祖师来到东土到底为了什么？换言之，达摩祖师来中国传授的禅法究竟是什么？禅宗师徒间往往围绕这样的问题进行勘问与启发，而

---

① 元·宗宝编：《六祖大师法宝坛经》，《大正藏》第48册，第358页。

禅宗历史上针对"如何是祖师西来意"的问题，历代祖师的回答竟达百余种之多，并且许多都是否定性质的回答。最典型的回答如"西来无意"，因"不可一个棺里着两个死尸"。^①应该看到，"祖师西来意"绝不仅仅是文字义理，因为无论祖师们怎么说，那都是祖师自己的境界，与问话的人一点关系也没有。鉴于这样的情况，与其苦口婆心地引经据论讲道理，不如采用一些非常规的策略引导学人靠近一点真实的禅意。

根据禅宗经典的记载，起初达摩祖师来到中土的时候，便试图用否定的问答教育法来度化梁武帝：

> 十月一日至金陵，帝问曰："朕即位已来，造寺写经，度僧不可胜纪，有何功德？"祖曰："并无功德。"帝曰："何以无功德。"祖曰："此但人天小果，有漏之因，如影随形，虽有非实。"帝曰："如何是真功德？"祖曰："净智妙圆，体自空寂，如是功德，不以世求。"帝又问："如何是圣谛第一义？"祖曰："廓然无圣。"帝曰："对朕者谁？"祖曰："不识。"帝不领悟。祖知机不契，是月十九日，潜回江北。十一月二十三日，届于洛阳，当魏孝明帝正光元年也，寓止于嵩山少林寺，面壁而坐，终日默然，人莫之测，谓之壁观婆罗门。^②

在这则公案里，面对梁武帝的咨问，达摩大师以"无功德""廓然无圣""不识"作答，句句都在否定梁武帝对佛法的固有认识，看似冷酷，实则大慈悲——达摩大师是利用否定的方式来引导梁武帝不为文字所迷惑，当下反观自性，这也正是禅宗法门的枢要所在。可惜梁武帝始终深陷固有的思维之中，无法体会大师的良苦用心。

---

① 参见南唐·静、筠二禅师合撰：《祖堂集·卷十五·大梅和尚》，郑州：中州古籍出版社，2001年，第511页。
② 宋·普济集：《五灯会元·卷三》，《卍续藏经》第138册，第30页。

在《坛经》中，同样记载了惠能大师利用否定法接引学人的事迹：

> 师自黄梅得法，回至韶州曹侯村，人无知者。有儒士刘志略，礼遇甚厚。志略有姑为尼，名无尽藏，常诵《大涅槃经》。师暂听，即知妙义，遂为解说。尼乃执卷问字，师曰："字即不识，义即请问。"尼曰："字尚不识，焉能会义？"师曰："诸佛妙理，非关文字。"尼惊异之，遍告里中耆德云："此是有道之士，宜请供养。"①

无尽藏比丘尼请教惠能大师《大涅槃经》的妙义，惠能大师的回应是"诸佛妙理，非关文字"，令无尽藏比丘尼大受启发。可见否定式问答法，大多数是将否定作为一种策略，将咨问者从执念中唤醒，着眼当下反观自性。

（三）"直指法"的问答教育

有时禅师面对学人所问，并不正面作答，而就当下的此情此景，信手拈来，截断学人的妄念情识，令人契悟，此即"直指法"。比如有人问"如何是祖师西来意"，此时赵州禅师正好看到庭院里的几株柏树，这是当下现成的解脱情境。为引导提问者抛弃固有观念，当下领略同样的解脱和自在，禅师即答以"庭前柏树子"。这种直指式问答法被后人视为禅的重要特色之一。

禅宗的直指法看似简单，实则意味深远。它要求人们跳出生活中毫无暂歇的诸多纠缠，摆脱一切既有的观念、理论、情感，去反观此时此刻当下自心的解脱和自在。

在《坛经·行由品》中，五祖弘忍大师秘密为惠能传法，先是讲说《金刚经》。当五祖大师说到"应无所住而生其心"的时候，六祖惠能突然顿悟自性，颂曰："何期自性，本自清净；何期自性，本不生灭；何期自性，本自具

---

① 元·宗宝编：《六祖大师法宝坛经》，《大正藏》第 48 册，第 355 页。

足；何期自性，本无动摇；何期自性，能生万法。"① 这便是当下现成的解脱意境，直接从惠能大师心中倾泻而出。禅宗直指的方法，目标就在于此。

另外，五祖弘忍大师为了挑选自己的接班人，对门下弟子所说的一番话：

> 吾向汝说，世人生死事大。汝等终日只求福田，不求出离生死
> 苦海。自性若迷，福何可救？汝等各去，自看智慧，取自本心般若
> 之性，各作一偈，来呈吾看。若悟大意，付汝衣法，为第六代祖。
> 火急速去，不得迟滞。思量即不中用，见性之人，言下须见。若如
> 此者，轮刀上阵，亦得见之。②

这也是在告诉弟子们：见性者，只是当下的领悟，用不着苦苦思索。真正见性之人，只此当下，乃至一切顺境逆境，当下皆得解脱自在。正因如此，若想要"见性"，在文字理论或既有观念中苦苦找寻无济于事，甚至只会适得其反。正所谓"思量即不中用"，真正的顿悟只能是当下、现前、直接地领悟本源自性，通达万事万物的缘起性空而证悟圆满的解脱境界。

（四）"点醒法"的问答教育

所谓"点醒法"，就是禅师针对学人的症结，一针见血地指出问题的要害，从而达到"点醒"的目的。

有一则在网络上流传的现代小故事，叫做"清空你的杯子"。讲一个大学教授，某天来找老禅师探讨佛法，看看谁的境界高。两人就坐之后，禅师以茶待客，教授双手端着茶杯让老禅师给斟茶。可老禅师一开始斟茶就不停手，水不断溢出茶杯，而老禅师却始终没有停下来的意思。教授只好提醒说，禅师啊，水杯已经满了。老禅师这个时候回答他，是啊，水杯已经太满，你再倒多少也装不下啊。显然，老禅师的话意有所指，即是说教授的大脑已经装满了知识，

---

① 元·宗宝编：《六祖大师法宝坛经》，《大正藏》第48册，第349页。
② 元·宗宝编：《六祖大师法宝坛经》，《大正藏》第48册，第348页。

不论老禅师说什么都是听不进去的。这里老禅师以茶杯作喻，有针对性地揭示了教授因知识太满而滋生的我慢心理。这就是禅门的"点醒式问答法"。

《坛经》中惠能大师在教诫僧人法达时曾用到这种点醒法：

> 僧法达，洪州人。七岁出家，常诵《法华经》。来礼祖师，头不至地。师诃曰："礼不投地，何如不礼？汝心中必有一物，蕴习何事耶？"曰："念《法华经》已及三千部。"师曰："汝若念至万部，得其经意，不以为胜，则与吾偕行。汝今负此事业，都不知过。听吾偈曰：礼本折慢幢，头奚不至地？有我罪即生，亡功福无比。"师又曰："汝名什么？"曰："法达。"师曰："汝名法达，何曾达法？"复说偈曰："汝今名法达，勤诵未休歇，空诵但循声，明心号菩萨。汝今有缘故，吾今为汝说，但信佛无言，莲华从口发。"达闻偈，悔谢曰："而今而后，当谦恭一切。弟子诵《法华经》，未解经义，心常有疑。和尚智慧广大，愿略说经中义理。"①

惠能大师教育法达的手法非常巧妙，是利用法达自己的名字来点醒他的。六祖惠能告诉法达说，你的名字虽然叫做法达，可是真正的"法达"不应该像你这样仗着自己念了三千部《法华经》就自以为是，而是通达诸法实相，通达诸佛妙理。你现在执着于自己的小小成绩，真可谓是"心迷法华转"。等你真正通达佛法后，才能做到"心悟转法华"。经过六祖惠能一连串犀利而不失亲切的点醒，法达终于"不觉悲泣，言下大悟"。这就是禅宗点醒法的力量。

（五）"反诘法"的问答教育

若洞悉学人的提问中所裹挟的固有成见，禅师往往会以子之矛攻子之盾，提出问题来反问对方，令学人对自己的所执当下生起反思，乃至当下突破思维怪圈，直接契入本源自性，这就是"反诘法"。

---

① 元·宗宝编：《六祖大师法宝坛经》，《大正藏》第48册，第355页。

在《坛经》中，针对韦刺史有关西方极乐世界等问题的咨问，惠能大师便运用了反诘的手法对韦刺史加以引导：

> 刺史又问曰："弟子常见僧俗念阿弥陀佛，愿生西方。请和尚说，得生彼否？愿为破疑。"师言："使君善听，惠能与说。世尊在舍卫城中，说西方引化，经文分明，去此不远。若论相说，里数有十万八千，即身中十恶八邪，便是说远。说远为其下根，说近为其上智。人有两种，法无两般。迷悟有殊，见有迟疾。迷人念佛，求生于彼。悟人自净其心。所以佛言：'随其心净，即佛土净。'使君东方人，但心净即无罪。虽西方人，心不净亦有愆。东方人造罪，念佛求生西方。西方人造罪，念佛求生何国？凡愚不了自性，不识身中净土，愿东愿西。悟人在处一般，所以佛言：'随所住处恒安乐。'使君心地但无不善，西方去此不遥。若怀不善之心，念佛往生难到。今劝善知识，先除十恶，即行十万；后除八邪，乃过八千。念念见性，常行平直，到如弹指，便睹弥陀。使君但行十善，何须更愿往生？不断十恶之心，何佛即来迎请？若悟无生顿法，见西方只在刹那。不悟，念佛求生，路遥如何得达？惠能与诸人移西方于刹那间，目前便见。各愿见否？"①

韦刺史所理解的"西方极乐世界"，显然是离开此土、往生另外的极乐世界的净土教义。对于这一种常见的"西方净土"观念，惠能大师并没有简单否定，而是反问韦刺史，让他自己去领会："使君东方人，但心净即无罪。虽西方人，心不净亦有愆。东方人造罪，念佛求生西方。西方人造罪，念佛求生何国？"又道："使君但行十善，何须更愿往生？不断十恶之心，何佛即来迎请？"这里，六祖惠能显然并没有正面回答韦刺史的问题，而是立足韦刺史固有的错

---

① 元·宗宝编：《六祖大师法宝坛经》，《大正藏》第 48 册，第 352 页。

误观念进行反问和启发，让他自己去领悟法的实相。

（六）"诱导法"的问答教育

所谓的"诱导法"即逐步引导、循循善诱的教诫方法。在为韦刺史开示"西方极乐世界"相关问题时，惠能大师也用到了诱导法。

首先，六祖惠能从《佛说阿弥陀经》的经文说起。经中说"从此西方过十万亿佛土，有世界名极乐"，即是说西方极乐世界距离我们有十万亿佛土那么远。紧接着，惠能大师针对此说诱导韦刺史，"论相说，里数有十万八千，即身中十恶八邪，便是说远"，从十万亿佛土的距离转化到自身的十恶八邪，从外在的事相转化到当下的自身，从外在的距离转化到内心的修为。惠能大师在一句话之间，便完成了从"西方净土"到"唯心净土"的转化。惠能大师进一步告诉韦刺史："先除十恶即行十万，后除八邪乃过八千。念念见性，常行平直，到如弹指，便睹弥陀。使君但行十善，何须更愿往生？不断十恶之心，何佛即来迎请？若悟无生顿法，见西方只在刹那。"由此揭示，我们与西方净土的距离取决于自己内心的妄念。妄念越多，距离就越远。用一个概数来说，十万八千种妄念就需要十万八千种法门来对治，这才是相隔"十万亿佛土"的真实含义。听起来很远很远，因为对治我们自己的妄念也是极为任重道远的，甚至至死方休。不过，惠能大师最后又强调了一点，那就是"念念见性，常行平直，到如弹指，便睹弥陀"。这是禅宗"唯心净土"最为紧要之处，是禅宗"当下顿悟解脱"观念于净土法门上的表达。所以六祖又说："若悟无生顿法，见西方只在刹那。不悟念佛求生，路遥如何得达。"这里明显可以看出惠能大师对韦刺史由浅入深的教诫步骤，完成了一种诱导性的教育。

二、教外别传的教育法创新

问答式教育法作为"藉教悟宗"的主要方法，属于常规的佛教教育。虽然藉教悟宗的最终目标并非在于传授具体的知识理论和思维观念，但毕竟或多或少还是要借助于教理教义来引导学人，仍属"如来禅"的范畴。与藉教悟宗的"如来禅"相对，更具有禅宗特色也更为禅宗所推重的是"教外别传"的"祖师禅"。"祖师禅"是超越语言文字，超越逻辑思维，力图让人们直接领悟本源自性、诸佛妙理的禅门教育方法。后世禅宗也正是在"祖师禅"的教化传承下繁荣壮大的。"祖师禅"的教外别传，具体而言包括三种教育方式：越超固定思维模式的当头棒喝、启发心性的逞机锋和反观自察的参话头。

（一）"当头棒喝"

所谓"棒喝"，即棒打与喝斥，是禅宗的一种特殊教育手法。以棒喝教化弟子的案例在禅宗的各种语录典籍中举目皆是，十分热闹。那么，祖师们为什么要棒喝呢？棒喝的目的究竟何在？其实，棒喝的教育手法是有所针对的。一般而言，学佛之人总是从文字理论起步，依赖于文字来了解佛教的道理；但随着学习的深入，文字理论常常会内化为习以为常的思维习惯，反过来却成为领悟佛教真理的障碍。在这种情况下，祖师们才使用种种非常规的手段对这一部分学人进行逼拶，令其放下对文字的执着，转至反观内心去体悟真正的奥义。虽然能够达到这种效果的手法有多种，但因棒打与喝斥往往具有振聋发聩的强烈功效，所以成为祖师们经常采取的典型教化手段，在一个时期内甚至风行一时。一直为人们津津乐道的"德山棒"与"临济喝"，即典型中的典型。

据禅宗典籍记载："德山宣鉴禅师，凡见僧入门便棒。"① 不管你是谁，入门就打。你说得对也打，说得不对也打："道得也三十棒，道不得也三十棒。"② 道得道不得，都免不了一顿棒打，这便是"德山棒"。最极端的，即便没有说话，依旧难逃吃棒：

① 金·志明撰，元·德谦注：《禅苑蒙求瑶林·卷二》，《卍续藏经》第148册，第231页。
② 清·集云堂编：《宗鉴法林·卷二十二》，《卍续藏经》第116册，第309页。

师上堂曰："今夜不得问话，问话者三十挂杖。"

时有僧出，方礼拜，师乃打之。

僧曰："某甲话也未问，和尚因什么打某甲？"

师曰："汝是什么处人？"

曰："新罗人。"

师曰："汝未跨船舷时，便好与三十挂杖。"①

棒喝教育手法的出现，主要是对治当时学禅之人多执于文字教理、被文字所束缚的弊端。这则公案中禅师所说的"汝未跨船舷时，便好与三十挂杖"，乃因新罗僧初发心来中国求法时，便属于心外求法，早应矫正。反观禅宗的修行，到了一定程度之后，离"悟"便再别无他法可寻，所以必须借一顿棒打来帮助学人冲破种种的文字教理障碍，令其转入内心真正的体悟。

《宗鉴法林》中说，临济义玄禅师"出世后，凡见僧入门便喝"②，这便是"临济喝"，与"德山棒"如出一辙。具体说来，"临济喝"还有许多技巧，如《镇州临济慧照禅师语录》所载：

师问僧："有时一喝如金刚王宝剑，有时一喝如踞地金毛师子，

有时一喝如探竿影草，有时一喝不作一喝用，汝作么生会？"僧拟

议，师便喝。③

对于义玄禅师而言，"喝"的作用相比德山之棒打似乎更加丰富和微妙。不过，二者最为基础的功效始终是一致的，都是为了矫引学人不能自察的思维障碍。

禅门的棒喝式教育不仅局限于棒打与喝斥，还包括其他一些能达到同样功效的非常规手段，比如著名的"沩山踢"和"慈明骂"：

---

① 宋·道原纂：《景德传灯录·卷十五》，《大正藏》第 51 册，第 317 页。
② 清·集云堂编：《宗鉴法林·卷二十一》，《卍续藏经》第 116 册，第 292 页。
③ 唐·慧然集：《镇州临济慧照禅师语录》，《大正藏》第 47 册，第 504 页。

　　沩山和尚，始在百丈会中充典座。百丈将选大沩主人，乃请同首座对众下语，出格者可往。百丈遂拈净瓶置地上，设问云："不得唤作净瓶，汝唤作什么？"首座乃云："不可唤作木㮯也。"百丈却问于山，山乃趯倒净瓶而去。百丈笑云："第一座轮却山子也。"因命之为开山。①

沩山灵祐和尚踢倒净瓶，便是"沩山踢"的由来。后人常说，灵祐一脚"踢"出个沩仰宗。

"慈明骂"则出自慈明禅师对黄龙禅师的教诫：

　　黄龙参慈明于福严。明曰："书记参云门禅，必善其旨，如放洞山三顿棒，是有吃棒分？无吃棒分？"师曰："有吃棒分。"明色庄曰："从朝至暮，鸦鸣鹊噪，皆应吃棒。"师乃炷香作礼。复问："赵州道台山婆子我与汝勘破了也，那里是它勘破处？"师汗下不能答。次日，又诣室，明诟骂不已，师曰："骂岂慈悲法施耶？"明曰："你作骂会那？"师大悟，述颂曰："杰出丛林是赵州，老婆勘破有来由，如今四海清如镜，行人莫与路为雠。"明始颔之。②

另外还有"南泉斩猫"事件，同样可以从"棒喝"的角度去理解：

　　南泉和尚，因东西堂争猫儿。泉乃提起云："大众道得即救，道不得即斩却也。"众无对，泉遂斩之。晚，赵州外归，泉举似州，州乃脱履，安头上而出。泉云："子若在，即救得猫儿。"③

佛教严戒杀生，南泉斩猫这个事件作为历史事实未必存在，但作为禅宗公案，则有其教化价值。这个故事启发后世学禅之人，不应纠缠执着于日常的对错是非、颠倒妄想，必须超越常规的思维习惯，方能解救自身、解救得那只猫

---

① 宋·慧开撰，宗绍编：《无门关》，《大正藏》第48册，第298页。
② 清·集云堂编：《宗鉴法林·卷三十一》，《卍续藏经》第116册，第406页。
③ 宋·慧开撰，宗绍编：《无门关》，《大正藏》第48册，第294页。

儿，乃至解救一切众生。

为了让弟子能够领悟"禅"的真义，祖师们的手法千奇百怪。从形式上看，祖师们有时分明是故意刁难、捉弄弟子；不过等到弟子恍然大悟的时候，才会发现祖师们的慈悲与智慧。《星云禅话》中记载了不少韩国和日本禅师的小故事，其中一则说：

> 韩国镜虚禅师带着出家不久的弟子满空出外云水行脚。满空一路上嘀咕，嫌背的行囊太重，不时地要求师父找个地方休息。镜虚禅师不肯答应，永远都是精神饱满地向前走去。一天经过一座村庄，有个妇女从家中走出，在前面走的镜虚突然握住妇女的手，妇女尖叫了起来。妇女的家人和邻居闻声出来，以为和尚轻薄，齐声喊打。身材高大的镜虚禅师掉头，不顾一切地奔逃。满空背着行囊也跟在师父的后面飞跑。过了很久，跑过几条山路，村人无法追上这师徒二人。在一条静寂的山路边，镜虚停下来，回头非常关心地问："还觉得重吗？""师父，很奇怪，刚才奔跑的时候，一点都不觉得行囊很重！"①

这一则小故事不仅有趣，也颇能体现禅宗"教外别传"出其不意、不拘一格的教化风格。祖师们的"德山棒""临济喝""沩山踢""慈明骂"乃至"斩猫""轻薄"，都是利用同样的原理去矫引弟子们的思维障碍，协助他们在身临其境的戏剧场景当中，被突如其来的冲突在突然间打破自己的思维瓶颈，领略更高一层的境界。

这一系列的棒喝手法，可以溯源到《坛经·顿渐品》中的一则记载：

> 有一童子名神会，襄阳高氏子，年十三，自玉泉来参礼。师曰："知识远来艰辛，还将得本来否？若有本则合识主，试说看。"会

---

① 星云大师：《星云禅话》（二），北京：现代出版社，2007年，第202页。

曰："以无住为本，见即是主。"师曰："这沙弥争合取次语。"会
乃问曰："和尚坐禅，还见不见？"师以柱杖打三下，云："吾打汝
痛不痛？"对曰："亦痛亦不痛。"师曰："吾亦见亦不见。"神会
问："如何是亦见亦不见？"师云："吾之所见，常见自心过愆，不
见他人是非好恶，是以亦见亦不见。汝言'亦痛亦不痛'，如何？汝
若不痛，同其木石；若痛，则同凡夫，即起恚恨。汝向前见、不见是
二边，痛、不痛是生灭。汝自性且不见，敢尔弄人！"神会礼拜悔
谢。①

惠能大师"以拄杖打三下"启发神会，虽然此处的棒打不像后世祖师们那
么突兀利落，但已然包含了些许"棒喝"的味道——"若我打你，你不知痛，
跟石头有何区别？你若是痛了，岂不还是个凡夫？痛与不痛，都有问题。"此
时，六祖惠能用的就是在当时稍显意外的"棒喝式"手法，让神会去领悟禅的
究竟意义。后世禅宗的祖师们更加不拘泥于任何固定的教育形式，但凡能令弟
子在最短时间内突破瓶颈、领悟禅的境界，都会立刻放手去做，为后世的禅宗
史传留下了浓墨重彩的一笔。

（二）"逞机锋"

"逞机锋"指的是问答双方针锋相对，甚至将一方逼入思维绝境，让他无
法作答，令其在这被动的"言语道断，心行处灭"境地下，突然迸发智慧的火
花，悟道的潜能也就被挖掘出来。不过，如果时机因缘未到，那么"逞机锋"
就会让人产生一种有意为难对方、使对方下不来台的感觉。这种教诫方式同样
可以溯源至《坛经》：

惠能安置母毕，即便辞违。不经三十余日，便至黄梅，礼拜五
祖。祖问曰："汝何方人？欲求何物？"惠能对曰："弟子是岭南新

① 元·宗宝编：《六祖大师法宝坛经》，《大正藏》第48册，第359页。

州百姓，远来礼师，惟求作佛，不求余物。"祖言："汝是岭南人，
又是獦獠，若为堪作佛？"惠能曰："人虽有南北，佛性本无南北。
獦獠身与和尚不同，佛性有何差别？"五祖更欲与语，且见徒众总在
左右，乃令随众作务。①

惠能初次见到五祖弘忍大师时的对话，就颇有"逗机锋"的意味。惠能禀
告五祖说自己来黄梅"惟求作佛，不求余物"，五祖弘忍立刻质问道："汝是岭
南人，又是獦獠，若为堪作佛？""獦獠"之谓几乎是骂人的话，一般人如果
被祖师这么质问，估计会心惊肉跳、哑口无言，但惠能并未因为德高望重的五
祖对自己有质疑就产生动摇。他当仁不让地回答："人虽有南北，佛性本无南
北；獦獠身与和尚不同，佛性有何差别？"初出茅庐的后学这样针锋相对地与
祖师斗机锋，惠能当时的气象可见一斑。

抛开惠能与弘忍大师对话的具体内容不讲，他们首次对话之时也的确充斥
着一番斗机锋的气氛。以后禅师之间、禅师与弟子之间的机锋往来，一般都是
采用类似的令对方难堪或难以反驳的尖锐语言进行敲打。如果对方功夫到家，
就能如惠能一样化险为夷、点石成金。如果功夫不到家的话，那就只能灰头土
脸、忍气吞声。这一种机锋的教育手法稍显严厉，实际上有极强的启发性。它
与平常一板一眼的学习、讨论经教并不一样，而是通过一些非常规甚至十分无
礼的险语，去启发对方，或者勘验对方。至于说学人能够在机锋的场景下领悟
到什么，则是因人而异，不能一概而论的。

除了斗机锋外，解公案也是一种重要的启发式教育。后世禅宗非常重视公
案的价值，编撰了诸多的公案类文献，有的还加以解说。《坛经》中有些场景
亦颇有公案的意味：

一日，师告众曰："吾有一物，无头无尾，无名无字，无背无

---

① 元·宗宝编：《六祖大师法宝坛经》，《大正藏》第 48 册，第 348 页。

面，诸人还识否？"神会出曰："是诸佛之本源，神会之佛性。"
师曰："向汝道'无名无字'，汝便唤作本源佛性。汝向去有把茆
盖头，也只成个知解宗徒。"祖师灭后，会入京洛，大弘曹溪顿
教，著《显宗记》，盛行于世。①

　　除了师徒之间的对话之外，对于当事人神会该如何领会祖师的话，惠能大
师对神会之语又是如何评价等问题，文中并未明确交代。这里的悬置，对后人
构成一种启发性的疑问，便已成为一种公案意义的记录。

（三）"参话头"

　　"参话头"式的教育模式盛行于北宋禅师大慧宗杲之后，但类似的思维于
唐代即已存在。《坛经》中惠能大师点化惠明的过程，就是一个典型的参话头
案列：

　　　　逐后数百人来，欲夺衣钵。一僧俗姓陈，名惠明，先是四品将
军，性行粗慥，极意参寻。为众人先，趁及惠能。惠能掷下衣钵于石
上，云："此衣表信，可力争耶？"能隐草莽中。惠明至，提掇不
动，乃唤云："行者！行者！我为法来，不为衣来。"惠能遂出，坐
盘石上。惠明作礼云："望行者为我说法。"惠能云："汝既为法而
来，可屏息诸缘，勿生一念，吾为汝说。"明良久。惠能云："不
思善，不思恶，正与么时，那个是明上座本来面目？"惠明言下大
悟。②

　　对于惠明来说，六祖惠能所说的"不思善，不思恶，正与么时，那个是明
上座本来面目"，既不是一种新知识的传授，亦非一种理论层面的解答。所谓
"不思善，不思恶"，即直面当下"不思善，不思恶"的情境，当下反观体察，

---

① 元·宗宝编：《六祖大师法宝坛经》，《大正藏》第48册，第359页。
② 元·宗宝编：《六祖大师法宝坛经》，《大正藏》第48册，第359页。

发现本来面目的豁然显现。惠明如是听，如是观，所以言下大悟，这是古人的根机。后世学禅之人，虽然道理也懂得，但未临其境，不能像惠明那样言下大悟，更多的是从思维上分析、追寻，只好长时间地参究，就有了"参"的必要。

那么，到底什么叫做"参话头"？所谓"话头"，虽然往往围绕着一个诸如"念佛是谁"或者"如何是父母未生前本来面目"的具体主题，但真正的"话头"又是超越这些主题的。虚云老和尚将"话头"的"头"解释为"说话之前"，指出真正的"话头"其实是一念未生以前，因为一念才生便已是话尾 [①]——一念才生，就有了分别妄想，就有了人我是非，当然体会不到类似"不思善，不思恶"的一念未生，更谈不上去体认一念未生以前的真正蕴意了。按虚云老和尚的意思，真正参话头，其实就是参一念未生之际，那一瞬间超越了自身的思维惯性，才能了解惠能大师所说的"本来面目"。

总之，关于禅宗"教外别传"的教育法创新，是相对区别于传统的"藉教悟宗"而言的。"藉教悟宗"作为更为传统的以问答式教育为主的佛教教育法，偏重经典中的教理，借助知识与理论对弟子加以教化，即后世所说的"如来禅"。禅宗并不排斥"藉教悟宗"，但更提倡具有针对性、启发性、重视心性体悟的"教外别传"，如棒喝式、机锋式、参话头等等，更能够指导弟子超越逻辑思维、惯性思维，开启灵性，反观体察，不简单依赖于经典或文字，而是时刻意识到文字的局限性，突破语言文字的束缚，达到真正的开悟和解脱。

历史上"教外别传"的教育方法，在整个中国佛教界，特别是禅宗的传承方面，曾起到过举足轻重的作用。直到今天，禅宗"藉教悟宗"和"教外别传"相结合的教育方式仍对佛教教育具有启发和借鉴意义。我们不否定经典和语言文字，但亦绝不应为文字所束缚、所障碍。如何引导自身及后辈修学者超越文字、超越逻辑思维，开启自性，证悟实相，始终是佛教教育需要面对的

---

① 参见净慧主编：《虚云和尚全集》（一）"话头与疑情"，郑州：中州古籍出版社，2009年，第168页。

永恒问题。

第三节　直指人心

古往今来，人类所面对的一切问题，包括科技、文学、哲学、艺术、宗教等各领域，归根结底都是与人有关的问题；而一切人的问题，又最终可以归为心的问题。面对同一个问题，我们有什么样的思维，就会使用什么样的对应方法，最后就会产生与之对应的结果。总之，一切问题的焦点与终点，始终在人的内心。禅宗"直指人心"的教育法，就是围绕心性展开的佛教教育理念和教育思维创新。

一、中国传统文化的心性论

"直指人心，明心见性"是禅宗禅法修学的核心理念，而从哲学的角度考量，大体属于"心性论"的范畴。在中国传统文化当中，心性论从古到今都占有重要的一席之地。

大约成书于先秦时期的《黄帝内经》作为现存最古老的医书，极有可能保存了上古人类对于身心问题思考的成果。《黄帝内经》中记述的大量养生方法，与其说是一种医学探索，毋宁说是对心性问题的关怀。[1] 按照《黄帝内经》的养生原则，人当"外不劳形于事，内无思想之患，以恬愉为务，以自得为功"[2]。人们若想延年益寿，不能为外物过于劳神，好的心情也大有益处，心性修炼必不可少。可见，心性论从上古时期开始就已成为中国文化解决生命问题的一个重要切入点。

其他许多先秦典籍均包含心性论的元素。《周易·系辞下》曰："精义入

---

① 关于《黄帝内经》心性思想的研究，参见魏莉、李良松、梁壮：《〈黄帝内经〉心性思想与情志理论对中医心质学理论构建的影响》，《中华中医药杂志》2020 年第 12 期。
② 张灿玾编著：《黄帝内经素问语释》，济南：山东科学技术出版社，2017 年，第 13 页。

神，以致用也；利用安身，以崇德也。"①就是说，人们研究某种事物到了精微之处，就会达到一种玄妙的不可思议境界；好好利用这样的境界，就可以安定身心，同时也是提高人们自身品德修养的关键所在。《孟子·尽心上》则说："夭寿不贰，修身以俟之，所以立命也。"即不论长寿还是短命，只管提高自身的道德修养，身心安定就是安身立命之本。中国古人对生命修养问题的关注，就是形成心性论的原初动力之一。所谓的安身立命，化解人生的种种烦恼，归根结底都是要从"心"上着手。

中国古代哲学围绕"天人之际"展开，但这里的"天"并非物理意义上的自然之天，而主要是围绕人类社会运行的"天道"，是冥冥中宇宙万物的主宰，也是人类修德修善的终极依据。因此中国哲学的核心始终是人，其实质也就是心性问题。隋唐以前，心性论是儒家思想的主要阵地。隋唐以后，伴随着佛学的蓬勃发展，特别是禅宗的创立与开枝散叶，佛教心性论不断充实和完善，日渐深入人心。到宋明时期，佛教心性论甚至影响了整个中国文化发展的走向，如朱熹、王阳明等大儒的思想体系对禅宗的心性说均多有吸收。

二、佛家的心性论

心性之学，始终是佛教学说的一个重要组成部分。根据佛教的心性论，世界上一切事物均与心有所关联，解决一切问题的方法都在于心；乃至最后成佛成圣，也取决于心。一言以蔽之，一切唯心所造。

"一切唯心造"，是我们理解佛教心性之学非常重要的切入点。但首先必须了解佛教所谓的"心"既非生理意义上的"心脏"，也并非中国哲学中主宰人的思想行为的意识本体。在佛教理论体系中，"心"需要借助"八识"来理解。

"八识"，即眼、耳、鼻、舌、身、意、末那、阿赖耶八识。这八识又为四层：

① 刘彬：《〈易经〉校释译论》，济南：山东人民出版社，2019年，第456页。

第一层是眼、耳、鼻、舌、身前五识，负责吸取各种内外资讯。值得注意的是，前五识仅仅吸取资讯，不作任何分别，负责分别、判断的是第六意识。

第二层意识依赖于前五识，对前五识所获取之资讯作出细微的分析、判断、思维、分别。比如眼所见到的色，由意识来区分其颜色、形态，评判美丑；舌所尝到的味，也由意识来区分酸甜苦辣，评判其是否可口。

再深入一层，一种色是美还是丑，心对这种色是喜欢还是不喜欢，这种判断其实是相当主观的，而意识作出这种主观判断的依据来自第七末那识。末那识是以"自我"为中心作出判断或决定，凡是自以为对自己有好处的，就判断为好、我喜欢，凡是自以为对自己没有好处的，就判断为坏、我反感。显然，第七末那识的这种价值判断与事物本身没有任何关系，而是源自自身长期养成的一种思维惯性，佛教中称其为"我执"。人们观念当中被执持为"我"的，基本就是在这一层面上惯性思维的混合体。而以"我"为中心所作的判断，就在于这种惯性思维的不断重复加强。人们的多数行为都是在这样的机制下运转的。

最后第八阿赖耶识，是承载、覆藏一切惯性思维的本体，佛教中形象地称之为"八识田"。无量无数的思想、念头，都在这"八识田"中潜藏了种子。这些种子中包含了"善种""恶种"以及无所谓善或不善的"无记种"。其中，善种子也被称为无漏种子或净种子，恶种子也被称为有漏种子或染种子。

根据佛教的心性学说，世界上的一切事物，无一例外都是由"心"造出来的。怎么造的呢？就是通过阿赖耶识中覆藏的有漏种子，由末那识形成不善的思维，经由意识分别、判断后引发相应的不善的行为，最终带来不好的结果。反过来，要解决这一切问题，也必须从心入手，由阿赖耶识中善的无漏种子生根发芽，带来善的思维、善的行为，最后引发善的结果，使生命一直向上。佛教之所以一直强调心的力量，就在于心可以令人向下堕落、为非作歹，亦可以令人向上成就、行善积德，乃至让人走上觉悟解脱的道路。了知了心的力量，人们才会自觉对自己的思维、行为进行矫正，抑恶扬善，转迷成悟。这也正是佛家心性论的价值所在。

三、《六祖坛经》中的心性论

"一切唯心造"这一佛教心性学核心，在《坛经》中有全面深刻的体现。其中，六祖惠能临终前对弟子们的教诲最具代表性：

> 汝等心若险曲，即佛在众生中。一念平直，即是众生成佛。我心自有佛，自佛是真佛。自若无佛心，何处求真佛？汝等自心是佛，更莫狐疑。外无一物而能建立，皆是本心生万种法。故经云："心生种种法生，心灭种种法灭。"吾今留一偈，与汝等别，名自性真佛偈。后代之人，识此偈意，自见本心，自成佛道。①

这里惠能大师特别强调的"心生种种法生，心灭种种法灭"，即是"一切唯心造"的另一种表达。六祖告诉诸弟子，起心动念是一切善法、恶法的开端，在众生当中是就此沉沦还是走向成佛大道，都取决于自心，所谓"外无一物而能建立，皆是本心生万种法"，所以自心是佛、道由心悟是必然的。

在"外无一物而能建立，皆是本心生万种法"的前提下，《坛经》又进一步把心看作生长万物的大地：

> 大众！世人自色身是城，眼耳鼻舌是门。外有五门，内有意门。心是地，性是王。王居心地上，性在王在，性去王无。性在身心存，性去身坏。②

这里，将世人的肉身譬喻为城池，眼睛、耳朵、鼻子、舌头、身体等五根就像五座向外开放的城门，吸纳各种外来的资讯；除了这五座对外的城门，人们还有一座内部的大门——意念之门。人们的自心好比大地，而自性就是这块

---

① 元·宗宝编：《六祖大师法宝坛经》，《大正藏》第 48 册，第 362 页。
② 元·宗宝编：《六祖大师法宝坛经》，《大正藏》第 48 册，第 352 页。

土地上的国王、主宰，自性安在则心有主宰，自性昏昧则国中无君。所以说自性在则身心俱全，自性若离则身心俱坏。惠能大师以大地喻心，取心能生发万物、承载一切之意，对应之前六祖说过的"心生种种法生"，离开了心则一法不生。

从修行的角度来说，"心如大地"也可以理解为"心如花园"。人们的起心动念就等于在花园中培植花草，杂念令杂草丛生，善念则令鲜花满园。修行要诀不是于心外求法，而是要好好耕耘自己的这块心地——通过智慧的觉照，使心中善的种子成长，让坏的种子没有机会生起，这就是修行。

修行不能依靠菩萨救度，而是反观自心，因此《坛经》中也直接用善念来譬喻各种菩萨：

> 佛向性中作，莫向身外求。自性迷即是众生，自性觉即是佛。慈悲即是观音，喜舍名为势至，能净即释迦，平直即弥陀。人我是须弥，贪欲是海水，烦恼是波浪，毒害是恶龙，虚妄是鬼神，尘劳是鱼鳖。贪嗔是地狱，愚痴是畜生。①

惠能大师在此表明，我们在世间见到的形形色色的众生其实都是内心境界的映现。比如，慈悲的心其实就是观音，或者说，如果你修习慈悲法，那么你就等同于观音菩萨；如果修习喜舍，就等同于大势至菩萨；沿着自净其意的修行之路一直走下去，就成为释迦牟尼佛；如果保持心胸坦荡正直，就成为阿弥陀佛。而从修行的境界来说，一个人一旦形成人我的分别，产生贡高我慢的自大之心，"人我是须弥"，就像须弥山一样难以逾越；而贪欲像海水，能掀起无穷无尽的烦恼波浪；如果多愚痴，便与畜生相类；若贪嗔过重，则终将牵引人走向地狱，沦为地狱众生。人们在修行中出现什么样的心境，就会映现出什么样的形态，也就成为什么样的众生。《坛经》中惠能大师等于将佛典中的十法

---

① 元·宗宝编：《六祖大师法宝坛经》，《大正藏》第48册，第352页。

界众生重新加以定义、区分，即所谓的法界众生其实是按照心境所作的描述和分划，这与佛教心性学说"一切唯心造"的原理完全一致。

四、《六祖坛经》心性论的运用

佛教心性学中对心性的建构并非出于空洞的理论旨趣，而是着眼于对心性的观照，这正是佛教修行最为关键之处。心生而种种法生，人们的心中既有善种子也有恶种子，反观心性就是要让善的种子起作用，让恶的种子没有机会生起，如此方能成就善的、向上的人生。

佛法中培养善种子、抑制恶种子的修行，恰与古希腊哲人柏拉图对学生的教导相映成趣：

柏拉图带着弟子们漫游世界，他们游历了所有的国家，拜访了所有有学问的人。后来他们回来了，个个都是满腹经纶。在进城之前，柏拉图在郊外的一片草地上坐了下来，对他的学生说："经历几年的游历，在座的都已经是饱学之士。现在学业就要结束了，我们上最后一课吧。"

弟子们围着柏拉图坐了下来。柏拉图问："现在我们坐在什么地方？"弟子们回答："现在我们坐在旷野里。"

柏拉图又问："旷野里长着什么？"弟子们说："旷野里长满杂草。"

柏拉图说："对，旷野里长满了杂草。现在我想知道的是如何除掉这些杂草。"弟子们非常惊愕，他们都没有想到，一直在探讨人生奥妙的老师，最后一课问的竟是这么简单的一个问题。

一个弟子首先开口说："老师，只要有一把铲子就够了。"哲学家点点头。

另一个弟子接着说："用火烧也是很好的一种办法。"哲学家微笑了一下，示意下一位。

第三个弟子说："撒上石灰就可以除掉所有的杂草。"

接着讲的是第四个弟子，他说："斩草除根，只要把根挖出来就行了。"

等弟子们都讲完了，哲学家站了起来说："课就上到这里了，你们回去后按照各自的办法除去一片杂草。没除掉的，一年后再来相聚。"

一年后，他们都来了，不过他们发现原来相聚的地方已不再是杂草丛生了，它变成了一片长满谷子的庄稼地。弟子们在谷地前的空地上坐下，等待柏拉图的到来，可是柏拉图始终没有来。

几年以后，柏拉图去世，弟子们在整理他的言论时，在书的最后补了一章：要想铲除旷野里的杂草，方法只有一种，那就是在上面种上庄稼。同样，要想让灵魂无忧，唯一的方法就是用美德去占据它。①

从修行的意义上来说，人的贪嗔痴等不善的思维就如同杂草，贮藏在第八识田中。要想去除这些"坏种子"，最好的办法就是好好地耕耘自己的心田，使心中已有的善种子增长，使坏种子没有成长的机会。

人们在某一刹那只允许一个念头生起，这个念头要么是善念，要么是恶念，要么是不善不恶的无记，此外没有别的可能。佛教认为，只有当下这一个念头是真实的，应该确保在当下这一念展开自己的修行，这就是"种庄稼"的功夫。佛教不同的修行法门其实殊途同归。比如净土宗念佛，是"阿弥陀佛、阿弥陀佛、阿弥陀佛……"，禅宗数息观是"12345、12345、12345……"。种种法门，目的只有一个，即用清净的思维占据当下这一念，令无明的妄念没有

---

① 格雷编著：《西点军校男孩性格书》，北京：朝华出版社，2011年，第2-3页。

机会生起。真正在心性上用功的方法，与柏拉图和弟子们清除杂草的工作相似，仅仅使用蛮力是无法根本解决问题的。野火烧不尽，春风吹又生。真正有效的办法，就是在这块土地上种上庄稼。这些庄稼就相当于我们的正念、善种子，一旦心中生起正念，那么如杂草一般的无明妄念自然就无处安身。

《坛经》中的"直指人心"，根本而言，说的就是从心性上着眼的修行理念。说到佛教修行，固然有一般意义上的行善培福、积累功德，也有念佛、诵经、转塔等具体的修行法门和仪轨。但是，一切的修行最终都必须通过心性来起作用。禅宗主张的"直指人心"就是一种直探究竟的修行法门。《坛经》的心性学说，是从传统佛教的心性论发展而来，秉承"一切唯心造""心生种种法生"的理念，再结合令不善的种子没有机会生起、令善的种子不断生起的反观当下。"直指人心"可以说是《坛经》心性学说的必然导向。

凡夫的无明妄想早已成为潜移默化的思维习惯，根本无从分辨善恶，此时更需要"转迷成悟"。"转迷成悟"是"直指人心"修行观念的一个重大关口。《坛经》中所谓"前念迷即凡夫，后念悟即佛。前念着境即烦恼，后念离境即菩提"①，从当下这一念出发，过往的一切都不再重要。只要你当下一念之间觉悟，生命马上就获得转化的力量，从凡夫蜕变为觉悟者。

在《坛经》的修行理念中，"转迷成悟"是修行的根本着力点。具体而言，以人心为坐标原点，一边向"迷"的方向延伸，成为所谓尘世、凡夫、众生，而在尘世里的凡夫、众生会有很多很多的烦恼；另一边向"悟"的方向延伸，走向修行解脱之路，一直到最后的圆满成佛。可以看到，"心"是凡圣之间的转折点，也是最重要的支撑点，一切修行的凡圣转换都在心上完成。《坛经》始终强调心性，始终坚持"直指人心"，原因即在于此。所以六祖大师才说：

善知识！不悟，即佛是众生，一念悟时，众生是佛，故知万法

---

① 元·宗宝编：《六祖大师法宝坛经》，《大正藏》第48册，第350页。

尽在自心。何不从自心中，顿见真如本性？《菩萨戒经》云："我本元自性清净，若识自心见性，皆成佛道。"《净名经》云："即时豁然，还得本心。"①

据六祖所说，心的功能不可思议，所谓的迷和悟，只是自心一念之间的转化。一念不悟，就是落在众生界的佛；一念觉悟，便会发现众生本来圆满，与佛无差。六祖大师引用《菩萨戒经》中的"我本元自性清净"，以及《净名经》的"即时豁然，还得本心"，就是进一步借助经典来印证自己所倡导的直指人心、转迷成悟的修行之理。

总而言之，禅门"直指人心"这一教育方法，在佛教教育理念上的创新之点，关键就在于揭示了心性不可思议，坚持"转迷成悟"的修行宗旨，时刻提醒修学者相信心的力量，当下凝神观照，直至觉悟见性。这也正是《坛经》这一系列禅门教育方法跨越千年，始终指引着人们走向觉悟的力量之所在。

第四节　见性成佛

理解"见性成佛"教育法的关键点在于"性"与"佛"，即见性见的是什么"性"？成佛成的又是什么"佛"？而"见性"即"成佛"，这里的"性"与"佛"显然密切相关，甚至可以理解为同一件事，就是"佛性"。

一、何为"佛性"？

"佛性"中的"性"，可以理解为"特性"，从哲学上讲为事物之本然，在英文里面可以说是 Nature 或 Characteristic。而所谓"特性"，首先是指一种事物区别于其他事物的特质。另外，一个事物之所以被认为具有某种"特性"，即说明这种特质是不可改变或者不易被改变的。"江山易改，本性难移"中的

---

① 元·宗宝编：《六祖大师法宝坛经》，《大正藏》第48册，第351页。

"本性"，指的也就是不同个体之间得以区分彼此的特点。而对于万物之灵长的人来说，"人性"这一"特性"又更加复杂、深刻，包含一种本体论层面的决定人之所以成其为人的含义。

先有"人性"，才有"佛性"。"见性成佛"等于说成佛需要见到"佛性"，该怎样理解这里的"佛性"？《坛经》中给出了一种颇具代表性的答案：

> 我今说法，犹如时雨，普润大地。汝等佛性，譬诸种子，遇兹沾洽，悉得发生。承吾旨者，决获菩提。依吾行者，定证妙果。①

"佛性"难以直接定义，因此惠能大师以譬喻代替定义——佛性犹如成就智慧菩提或者圆满佛果的种子，这些种子在合适的因缘条件下，如接触到佛法、受到善知识的接引，会生根发芽，最后获得圆满的智慧，成佛作祖。简言之，"佛性"即是成佛的种子、成佛的基因。由此来理解，禅宗的"见性成佛"说的就是启动"佛性"这一成佛的种子，最后结出成佛的果实。

具有"佛性"的种子方可成佛，反之则成佛无望。如佛典所言："譬如——石女不能有子；——盲人不能见色；——沙不能出油。多集亦不能。"②石女无法生育，是因为没有生育的特性；盲人看不到外界的事物，是因为没有视觉的特性；沙子不能炼油，是因为没有油性，这都是本性使然。沙粒不能榨油，集再多、无量无数的沙也是一样榨油无望。假如没有佛性，无论是谁，无论经历多少世多少劫，无论如何刻苦修行，也都是徒劳无功，因为离了"佛性"成佛便没有可能。

早在原始佛教时期，释尊即坚持解脱道上人人平等，不同种姓皆可出家成为佛教沙门，同样享有解脱证果的机会。到东晋道生大师那里，更明确提出"一切众生皆有佛性"的主张。唐代时期大乘佛教诸宗基本都认可"一切众生皆有佛性"的命题，而禅宗尤为强调这一主张。对于六祖惠能乃至整个禅宗而言，

---

① 元·宗宝编：《六祖大师法宝坛经》，《大正藏》第48册，第361页。
② 提婆菩萨造，姚秦·鸠摩罗什译：《百论·卷下》，《大正藏》第30册，第175页。

"一切众生皆有佛性"是不言而喻的既定事实。《坛经》中对佛性的相关描述，都是基于这一大前提下展开的。由此才能更进一步，引导人们启动本自具足的佛性种子，乃至达到见性成佛的宗旨。

二、佛性，悟性，自性，法性与空性

要想认清"佛性"，还要对与"佛性"紧密相关却容易混淆的"悟性""自性""法性""空性"等概念加以分辨。

从唯识学的角度来看"佛性"，其实就是第八阿赖耶识当中的无漏种子（善种子），是一种觉悟真理、成就佛果的潜能。尽管此时此刻人们可能尚未启动这一潜能，但它是确实存在的。这也就意味着每一个人都有觉悟真理、成就佛果的机会和权利，对于皆有佛性的一切众生而言这种潜能是普遍存在的。如《坛经》所言，凡夫众生虽有佛性，但久已迷失，不能自觉，即完全没有意识到自己有这样的潜能。每个人身上潜藏的"佛性"就如同《法华经》中所说贫子衣中所藏的"无价宝珠"：

> 譬如有人至亲友家，醉酒而卧。是时亲友官事当行，以无价宝珠系其衣里，与之而去。其人醉卧，都不觉知。起已游行，到于他国。为衣食故，勤力求索，甚大艰难。若少有所得，便以为足。于后亲友会遇见之，而作是言："咄哉，丈夫！何为衣食乃至如是？我昔欲令汝得安乐、五欲自恣，于某年日月，以无价宝珠系汝衣里。今故现在，而汝不知。勤苦忧恼，以求自活，甚为痴也。汝今可以此宝贸易所须，常可如意，无所乏短。"①

这则故事的寓意十分明显——虽然人人心中都有无比尊贵的佛性，可是如果你自己不能觉知，那就等于没有，只好白白沉沦苦海，烦恼不断。如何改变这种状况？就是《坛经》中指导修学者的"见性成佛"，也就是觉悟、启动自

---

① 姚秦·鸠摩罗什译：《妙法莲华经·卷四》，《大正藏》第9册，第29页。

己的佛性种子。

既然"见性成佛"需要学人"觉悟",那么便需要有"悟性"。严格来说,"悟性"包含了能觉悟的"人"和被觉悟的"法"两方面的内容。比如音乐方面的悟性,被觉悟的对象在于旋律、节奏、音准等方面;绘画方面的悟性,被觉悟的对象则集中在颜色、线条、造型、审美等方面。从修行上说,被觉悟的"法"其实就是宇宙万有,佛教称之为"万法"。而万法的本性就是"法性","法性"正是原始佛教缘起法所观察的对象。一切有为法均是因缘和合的结果,没有恒定不变的自性,因而"法性"归根结底是一种"空性"。直接观照到这种"空性",当下便能够启动自己的"佛性"。因为自性也好,佛性也罢,均是"空性"的显现。换句话说,能觉悟、被觉悟以及最后觉悟的境界,分别是人、法、佛三者通过一心的互相贯通,在修行上则成为人性、法性和佛性,从根本上说均是"空性"在不同角度下的表现方式。

至于"自性",如人有人性,法有法性,佛有佛性,火能炎上,水能润下,这都是各种事物自身特有的属性,一般称之为"自性"。后天有为法中所说的"自性"并非统一、恒固不变的。比如水,在高温下变作气,在低温下凝结成冰,"润下"的属性均不复存在。对于有情众生而言,比如人,有其与生俱来的"自性",但这种自性却不见得一定是清净的。众生皆有的清净本性是"佛性",或者说清净是佛的自性,因为其他众生在觉悟之前的自性均包含不善的、不清净的因素。因此,"自性"是每一事物、每一个人在特定情境下所显露的天然本性,这种本性既包含清净也包含不清净的元素。而"见性成佛"所要见的"性",是众生的"清净自性",一旦能够体察到人人原本都具有的清净自性,便是佛性种子生发,这正是禅宗修行论的根本依据。

另外,大乘佛法所说的"法性"倾向于强调其缘起性空的"空性",而禅宗所讲的"法性"则倾向于强调菩提自性以及本来清净的"自性"或本性。由于侧重点不同,因而说法有别,但具体含义并无分歧。"法"的"空性"缘于缘起是无自性的，无自性故而无常，即表现为空性。这里所谓的"空"，并非空无一物、一无所有，亦非空亡虚无，而是指从变化的眼光来看，有为法均没有恒定不变的自性，因此称之为"空性"。

世人若错把如"梦幻泡影"的现象误当作恒常不变的真实，便会生起种种执着。这就是惠能大师所说的"迷"，也称为"妄念"。觉破这层"妄念"即为"悟"，看到"梦幻泡影"的虚幻无常的本性也即是"见性"。因此，"见性"所见的也就是一切有为法的"空性"。这种"空性"，是佛教世界观中宇宙、人生、万事万物的一般规律，也就是缘起观的反映，用"此生故彼生，此灭故彼灭"的缘起视角去看待世间万法。"空性"的世界观意味着用动态、变化的观念去观察事物，洞见万事万物的真实"法性"。需要指出的是，"空性"不是一个具体实在，而是一种思维模式。"空性"是与"法性"相应的思维，是随顺诸法特性的思维。真正通达"空性"的思维方式以后，于一切时待人接物均不会生起妄念，念念回归清净自性，这种清净自性也就是"佛性"。

三、"见性成佛"的教育法

对"佛性""悟性""自性""法性""空性"这一系列概念及其相互关系有所厘清之后，不难发现禅宗"见性成佛"的"从根本处下手"的教育思维模式。所谓的"根本"是指本来面目、本质、本性，即一切事物的真实相状，对于人则是人人本自具足的觉悟的潜能。"见性"，就是体认事物的真实相状，对人对事均如实了知。从能所关系来讲，山河大地、万事万物，都是缘生缘灭的，皆为无常、缘起性空、中道实相。而无常、空性等特质反映在人自身则成为一种认识论，一种反观自身的思维方式。在这种意义上说，"见性"即是完成一种思维方式的转换。

"见性"思维，是一种空性的思维、缘起的思维、动态的思维，是直面事物本来面目的思维。"见性"的当下，念念清净圆满，只有思维的全息呈现。

此时再看平日的寻常事物，则执着不起、挂碍不生，此即佛教中所说的看破、放下、自在。从修行角度来说，"见性"可谓釜底抽薪，它并非灌输"怎么看"或"看什么"的知识，亦非有关心性理论的宣扬，而是从根本的思维方式下手，通过转变思维方式，让人们当下领会事物的本质。这种思维方式上的革命也是禅宗被称为"教外别传"的原因之一。

结合佛性、悟性、自性、法性、空性等概念来认识和理解"性"，可知"见性"即如实知见事物的真实本性，这种本性也可以称为法性或者空性。"见性"完成了逻辑思维向灵感思维、顿悟思维、空性思维的转换，打通了人性、空性、佛性，令学人在洞见自性、空性的当下即种下圆满成就的种子。同时，在思维转换与体认事物本来面目的过程当中，必须伴随悟性、灵感的激发，最后达到认识万事万物的本性，也就是见性开悟。这里万事万物的本性，即诸法实相，也就是宇宙人生的规律，亦即缘生缘灭、缘起性空的普遍法则。

"见性成佛"，固然已经解决了自身解脱的根本问题，然而从大乘佛教的救赎旨趣着眼，接下来还需要从"自觉"到"觉他"再到"觉行圆满"三个层次的升华和递进。首先，"自觉"说的是生命个体自身觉悟了，但还没有办法把这个道理讲给别人听，他自己心里明白却说不出来，所以就不适合做老师，即佛经中所谓的"辟支佛"。另一部分人，不但自己觉悟，还能想办法用种种的方便引导他人去领悟自己觉悟的道理。值得注意的是，这些先知先觉者真正觉悟的东西其实是无法用语言描述和传授的，"言语道断，心行处灭"，所以只能意会，不能言传，是悟得说不得。在这种情况下，觉悟者依然能够巧妙地使用各种方法，引导别人去领悟，走向解脱，这就是"觉他"，属于菩萨的层次。而"觉行圆满"者不但能够使用多种方法接引和教化众生，而且因人施教，令修学者均得解脱，这就是佛的境界。已有的圆满的佛教教育可以从佛陀本人身上得到体现和印证——不论前来求教者是沙门、居士还是外道，释尊总有与之相应、恰能对治其烦恼的方法对他们进行引导和启发。

　　《坛经》中倡导的"见性成佛"的义理基础在于"菩提自性，本来清净，但用此心，直了成佛"①。需要注意的是，这里的"菩提自性"与一般意义上的"自性"有所不同——"自性"只是一切生命个体的天然本性，里面有好的种子，也有坏的种子；但是一旦加上了"菩提"这一定语，就意味着指的是善的种子、悟性的种子、自性觉悟的种子，它当然是"本来清净"的。"但用此心，直了成佛"，念念契合这样清净的心，启动善的种子，令我们的行为一路向前，直至圆成佛道。再次强调，"见性成佛"的教育法并不排斥闻思修的过程，但与传统闻思修的义理讲述、指导修行在思维层面大异其趣。它是釜底抽薪，直接落实到心性之上。

　　综上所述，禅门教育法的创新主要体现在"不立文字""教外别传""直指人心""见性成佛"四个方面，而这四者之间存在着一定的逻辑关系：

　　之所以如此强调"不立文字"，是因为禅宗祖师们意识到了语言文字的局限性。禅宗也承认和注重文字的传播和传承佛法的功能，并非断然否定文字、弃绝文字，但禅宗更加强调经典文字本身并不能代表圣者悟证的境界，而只是引导人们去体悟这种境界的工具，文字不能与佛法的最高真理划等号。早期禅宗也常常主张"藉教悟宗"，就是借助经教引导人们去领悟佛法的本怀。但必须注意的，经典所记载的佛陀用种种的譬喻方便引导人们去开、示、悟、入佛之知见，并不意味着佛陀所讲的东西就是放之四海而皆准的绝对真理，或者诵读经典即可觉悟成佛。佛陀所讲的只是一种方法，是针对一个人的病而开的药方，是指路的工具，去引导人们发菩提心走向觉悟，即所谓"涅槃妙心"。但真正的"涅槃妙心"是讲无可讲的。禅宗基于这样的立场，才特别强调"不立文字"。

　　既然语言、文字这些日常惯用的方法不能够表达深奥的佛法真理或者圣者

---

① 元·宗宝编：《六祖大师法宝坛经》，《大正藏》第48册，第347页。

悟证境界，那么怎样才能够有效地让人们了解呢？"教内"的三藏十二部，都是种种的譬喻方便，佛法都只是施设的道具，不能过于依赖，更不能执着，所以要另立山头"教外别传"。简言之，就是不依赖文字，而是用某些特殊的方法去启发学人领悟佛法奥义，比如通过棒打、呵斥令弟子超越惯性思维的棒喝式教育，"逞机锋""解公案"的启发式教育，或"参话头"的反思式教育。正因佛法是超越表象、超越日常生活经验的宇宙至理，要修习、领悟佛法自然也不能沿用常规的教育方式，合适的超常规、反常规的教育手段更为相应。

在人类生活的世界，一切问题都是人的问题，归根结底又都是心的问题。可以说，解决了心的问题，其他问题自然迎刃而解。禅宗"直指人心"的教育法，正是从心入手。禅宗并不否定持咒、念佛这些具体的修行功夫，但主张所有修行背后更为关键的"直指人心"，通过指导修学者在心性上着力，最终转迷成悟。

而"见性成佛"的教育法是在"直指人心"的前提下，力图让学人当下了知事物的本来面目，通过一种釜底抽薪式的思维转换，以达到如实了知世界上一切事物法性本空，缘生缘灭，执无可执——因为一切都在变化、流淌、生灭。我们所惯常执着的东西是虚假的幻像、妄相，并没有真的东西可以执着。"见性"便是当下证悟空性，随缘随分做该做的事，于万事万物不复再起执着。对于根器好的修学人，遇到适当的机缘，这种令其当下见性的教育往往非常有效，有时会在一刹那间大彻大悟。

四种禅门教育法中，"不立文字""教外别传""直指人心"偏重于手段，而"见性成佛"侧重于效果，禅宗的教育是指向解脱至理的无上教育，也是惠能大师自身证悟经验的写照。惠能大师在五祖弘忍的点拨下，当下"见性"，见到了事物的本性，即空性，即无常，即缘生缘灭。如此见性之人自然能够看得开，放得下，得大自在。惠能大师的所得是一种中国化了的觉悟经验，这些经验的推广成就了禅门的教育革命，也成就了禅宗文化在中国文化史上的地位。

第六章 《六祖坛经》的"法界众生"新解

佛教将佛与众生共划分为十大法界，这十法界又可进一步分为"六凡"与"四圣"两大类别。"六凡"即地狱法界、饿鬼法界、畜生法界、阿修罗法界、人法界、天法界，"四圣"即声闻法界、缘觉法界、菩萨法界和佛法界。在世人的一般观念中，往往将"法界"理解为存在于天地之间的某一领域或某一处所，这种理解是不准确的。按照严格的佛教教义来说，"法"指万法、一切诸法，是眼、耳、鼻、舌、身、意这六根中"意根"所知的对象；"法界"就包含了意所知的一切诸法，是意识所缘之境的总体。因为意识会对其他五识提供的素材进行汇总、加工、判断、选择、思虑、想象，所以意识所能了知的对象，其实要远远超出眼识所见之色、耳识所闻之声、鼻识所嗅之香、舌识所尝之味、身识所触之感的总和。在这一前提下，佛教法界中的天界与地狱将呈现出不同的面貌。

第一节 《六祖坛经》中的"天界"与"地狱"

中国本土文化传统中没有"轮回"的观念，因而也并不存在佛教中那种人死之后可以去往的天界和地狱。冯友兰先生解析中国文字中的"天"包含五种意思："曰物质之天，即与地相对之天。曰主宰之天，即所谓皇天上帝，有人格的天、帝。曰命运之天，乃指人生中吾人所无奈何者，如《孟子》所谓'若夫成功则天也'之天是也。曰自然之天，乃指自然之运行，如《荀子·天论》篇所说之天是也。曰义理之天，乃谓宇宙之最高原理，如《中庸》所说'天命之谓性'之天是也。"① 显然，在这五种"天"之中，没有一种可供人类栖居。佛教进入中国以后，佛法中的轮回六道、十大法界等外来观念，完全重构了中国人死后的幽冥世界。

一、中国古代传统中的生死观

中国本土的传统文化始终相信人死后有知，而且死后的祖先往往能够护佑家族甚至介入家族事务，不过对人死之后灵魂会去往何处不是十分明确。甲骨文的记载显示，殷商时代的人们相信先王、先公死后灵魂会上天，成为帝的辅佐，因此在卜辞中经常会看到先王"宾于帝"（"宾"为配享之意）的记载。而在西周人的观念中，祖先死后居于虚空中的"上"方，并可降临人间。金文中有"严在上"的字样，表现祖先在"上"对"帝"或先王的恭敬状态；而"巽在下"则形容祖先降临人间时盛大美好的样子。金文及清华简《祭公之顾命》等揭示出西周"死后世界"存在层级秩序：

> 先王、贵族祖先与"帝"均在"上"。先王奔走于"帝廷"，与"帝"联系密切；其他祖先则居于先王之所，直接侍奉先王。②

夏、商为中原民族，而周人来自西北。周人入主中原后，来自不同地域的民族文化之间发生了碰撞与交融。到了春秋时期，"死后世界"的秩序已经变成"上""下"并存的状态：

> 一方面，"下""下都""下土"及"黄泉"等概念的流行，显示出春秋死后居所的复杂性。作为"死后世界"的"上"和"下"并存，是不同贵族眼中的祖先魂灵住所，不能分别与"魂""魄"相对应。另一方面，普通贵族祖先也可与"帝"直接接触，为其奔走效劳，透露出春秋祖先崇拜的新动向。周代死后观念的变革，自春秋一

---

① 冯友兰：《中国哲学史》，北京：中华书局，1961年，第55页。
② 宣柳：《帝廷和下都：周代"死后世界"的演变》，《史学月刊》2021年第9期。

　　直持续到战国时代。西周"死后世界"秩序，成为周人塑造现实君臣
关系的重要环节。①

　　除了在"上"的条件优渥的"帝廷"或在"下"的黑暗悲催的"黄泉"，
还有少数强悍的魂魄能凭依于人，游荡于人间"为厉作祟"（《左传·昭公七
年》）。可见，先秦时期对人死后灵魂的居所尚未形成统一的认识，不同地域、
不同民族甚至不同阶层之间对死后的观念存在明显分歧。不过，在"帝廷"与"黄
泉"中隐约包含了天界与地狱的影子。直到战国时期《楚辞·招魂》里出现了"无
上天些"和"无下此幽都些"的诗句，在同一首诗里明确同时提出了上下相对
的类似后世天堂与地狱的观念，但诗中的"天"与"幽都"显然都是危险的去
处，招魂者劝告灵魂不要去。

　　随着秦汉时期各地方文化的进一步交流与整合，到公元前后逐渐形成了一
种由泰山府君统治阴间的泰山信仰。阴间的官僚机构有自己的一套行政系统，
人死之后首先要到阴曹地府登记、报到，地府会根据死者生前的所作所为施以
惩治。②同时，"佛教传入中国以前，有关天堂和阴间的信仰，是和魂魄二元论
的唯物论观念紧密相连的。人死了，魂和魄被认为是朝不同的方向离去的，前
者上天，后者入地"③。可见，在佛教传入之前，中国民间已经大体形成了人死
后魂魄向何处去的初步观念；人在生前如果为非作歹，死后要到地府接受审判
和惩罚，地府的官僚体制也初步成型。不过，直到佛教传入之后，明确的来世
的天界和地狱相对立的观念才得以在中国人的思想里充分发展。

二、佛教传统中的天界与地狱

　　凡人有生皆有死，面对无可避免的死亡，多数人会特别关心死后的去处。

---

① 宣柳：《帝廷和下都：周代"死后世界"的演变》，《史学月刊》2021年第9期。
② 参见余英时著，侯旭东等译：《东汉生死观》，台北：联经出版事业股份有限公司，2008年，第187—189页。
③ 余英时著，侯旭东等译：《东汉生死观》，版权前揭，第184页。

在佛教进入中国之前，汉代的人们倾向于相信人的魄死后是否安息与尸体下葬后的状况有关。因此，汉代丧礼中常在死者口中放一块玉，因为人们普遍认为玉可以防止肉身腐坏。[1] 佛教传入后，天界、地狱的观念日渐深入人心，不论是否有明确的佛教信仰，人们都会希望自己和亲友死后能够往生天界享福，而不是下降到地狱受苦。另一方面，也可能会暗暗盼望那些罪大恶极之人或自己痛恨之人死后转生到地狱，受到应有的惩罚，以解心头之恨。

"轮回""业报"的思想早在佛教创生之前的古印度后吠陀时期就已经存在：

后吠陀宗教意义上的轮回是说一个生物体（尤其是人）死亡后，他的意识（灵魂）或它的精气离开死者的尸体，去寻找另一个新生的肉体，托胎转生。由于受生前所做的白业（善行）或黑业（恶行）的潜存不灭的影响（习气）所制约，它（灵魂）或上升天堂变为具有神性的生物，或重回人间或别的什么地方变为非神性的生物。[2]

释尊证道后，在佛教教义中对古印度原有的"业报"与"轮回"观念加以改造，成为佛教特有的包含三世因果、六道轮回的"业力缘起说"，而佛教的天界和地狱正是建立在这样一种轮回的观念之上。

可以说，因为有古印度文化的熏染，印度的修学者接受"业力缘起"前提下的天界和地狱不会太困难。而在中国东汉以前的"天/帝廷"和"黄泉/幽都"文化模式下接受佛教输入的天界和地狱，很容易将其形象化、实体化。因此，国人心目中想象的天界和地狱与原始佛教乃至大乘佛教所说的天界和地狱之间有很大的区别。根据佛教教义，"界"主要不是地域、处所的称谓，而是不同特性的分类，因此天界、地狱（界）均并非某一特殊地域、国度或世界的名称，而是针对不同境界众生的一种分类。"天界"的原始含义应该是指"达

---

① 参见杨树达：《汉代婚丧礼俗考》，上海：开明书店，1933年，第73-74页。
② 巫白慧：《吠陀轮回说探源》，收于《印度哲学——吠陀经探义和奥义书解析》，北京：东方出版社，2000年，第70-71页。

到天人境界的众生"，"地狱"则是身处地狱境界的众生所属的类别。

　　在一般人的观念中，"六凡"里天人所居之天道最高，天人于此倍享清福，也是世人心目中命终之后最为理想的去处。而十八层地狱则是一个受苦受罪的所在，有十殿阎王、判官、黑白无常等负责看守和定罪。人死后若转生此处，定然诸刑加身，苦不堪言。将天界和地狱视为实际的处所有一个明显的问题，就是与现代科学相悖。过去若干年中，人类的太空飞行器已相继登陆其他星球，尚未发现或证明一个实在的"天界"存在；同样向地下世界的探索亦未确定有地狱存在。事实上，如果将天界和地狱当作有形有相的真实存在，去追求和寻找它们就会变成一个不可能完成的任务。所以，把天界和地狱形象化，只是佛法为教化大众、令普通百姓容易理解和接受罢了。不过，因为心的境界而有天、人、修罗、畜生、饿鬼、地狱的分别，这种观念对于一众凡夫而言恐怕有些过于抽象了。

三、《六祖坛经》对天界、地狱的解说

（一）"在空中"的天界与地狱

　　惠能大师在《坛经》中并没有简单地否定天界与地狱的存在，而是更为直接地揭示了天界与地狱在佛教教义中的深层意义：

　　　　善知识！世界虚空，能含万物色像。日月星宿，山河大地，泉源溪涧，草木丛林，恶人善人，恶法善法，天界地狱，一切大海，须弥诸山，总在空中。世人性空，亦复如是。[①]

　　根据惠能大师的解释，世间万物——包括天界与地狱，"总在空中"。这里的"空"并不是指存在于天空中间，也不是说在虚空之中，而是说所谓的山河大地、万事万物、天界地狱，均没有固定的处所。"空"并不是一种实体性的

---

① 元·宗宝编：《六祖大师法宝坛经》，《大正藏》第 48 册，第 350 页。

表示"空无"或"虚无"的概念，而是一种对事物认知的思维模式。也就是说，这里是告诉我们应该用空性的思维去重新认识天界和地狱。空性思维即缘起思维，世间万法无外乎缘生缘灭，并没有固定不变的本性，这才是"总在空中"的真正含义。而天界地狱的"总在空中"，意味着并没有永恒不变的天界，也没有永恒不变的地狱，同样应该从缘起、变化、空性的角度去审视天界与地狱，这样才能做到对天界和地狱的"如实了知"。从这种意义上看，现代科技再发达，上天入地也不可能真的发现天界、地狱之所在，因为它们原本就不是一种实体性的存在。

惠能大师基于"空性"立场对天界、地狱的解说，与我们日常对天界、地狱的认知不同。惠能大师强调的是天界、地狱并非不存在，亦非存在于某个固定的处所，而是随着因缘条件的变化而有所变化地存在。但天界、地狱的"性空"，与山河日月的"性空"并非同一性质。世间一切有为法固然从本性上说均属"性空"，但日月星辰或山河大地仍是地、水、火、风四大所造，而天界、地狱的空性则在于众生的心之境界的映现。当然，从超越性的缘起性空的思维去看，无论四大所造还是心之境界，既非永恒不变，也非虚无不存，均是缘生缘灭的。

（二）天界地狱，一念转化

既然天界和地狱均属心之境界，也是无常变化的，那么众生往生天界还是往生地狱的关键是什么？关于这一问题，惠能大师在《坛经》中明确开示说：

何名千百亿化身？若不思万法，性本如空，一念思量，名为变化。思量恶事，化为地狱；思量善事，化为天界。毒害化为龙蛇，慈悲化为菩萨，智慧化为上界，愚痴化为下方。自性变化甚多，迷人不能省觉，念念起恶，常行恶道。回一念善，智慧即生，此名自性化身佛。①

　　据惠能大师所说，上天界、下地狱的关键就在于"一念之间"。首先，心的作用同样是"无常""性空"——任何起心动念都是有前因后果、各种条件的。随着因（主要条件）缘（次要条件）的变化，人们的思维自然会随之发生变化，所作所为也随之发生改变。禅宗的修行就在当下的一念这里展开，当一个人受到外界事物的干扰、诱惑的时候，心动的趋向就决定了他自己是趋向天界还是地狱。所谓"思量恶事，化为地狱；思量善事，化为天界"，即是说天界地狱在于一心。六祖说的"思量"就是起心动念。我们的心无时无刻不在变化，上一刻想的是好的、向善的，下一刻想的就可能是坏的、向不善的。"一念思量，名为变化"，不管你的思量、动念是善还是不善，均属变化。思量之变化在一念之间，一念向上、向善的方向，便是天界；一念向下、向不善的方向，便堕入地狱。天界、地狱就在这一念之间。

　　"思量恶事，化为地狱；思量善事，化为天界"的"化"，不是"等于""当下即是"，而是一念之间的转化、演变。人平常居于天界与地狱之间，伴随着贪、嗔、痴、慢、疑等不善法的妄念生出，人的生命轨迹就一路向下，直接指向地狱，即通过一个不善念的思量使心的境界迅速发生变化，使人间转瞬间变为地狱。惠能大师始终把一心、一念作为天界与地狱的分水岭。当恶念现前，看似身不在地狱，但随着恶念与行恶之业力的牵引，最终也必然导致堕入地狱之恶果，反之亦然。这是惠能大师留给后世的智慧箴言。

　　通过惠能大师的劝诫，我们知道，修来世、求福祉也就是要修当下的一念之间。凡夫的心时刻处于善念与恶念的交争之中，天界和地狱就在人的身上、心上进行着持久的争战。所谓佛教修行，即是要遏止恶念，令善念起用，保证自己时刻成为心念的主宰。

---

① 元·宗宝编：《六祖大师法宝坛经》，《大正藏》第48册，第352页。

（三）天界、地狱与人的修行

禅宗认为，所谓修行就是在心念上切入。其实这不只是禅宗一家的观点，南传佛教也认同类似修行方法，比如南传佛教的入门读物《法句经》中有：

> 诸法意为导，意主意造作。
>
> 人若清净意，或语或身行。
>
> 乐事则随彼，如影之随行。[①]

南传佛教认为，世界上一切的事物之所以会出现，均缘于"意为导"。换言之，众生的意念才是形成世界万法最重要、最核心的元素。人因"着意"，也就是由意念或者说由意念所致的业力牵引，才会产生各种各样的行为造作（"意主意造作"）。意的造作有妄念有正念，有善念有恶念，若用清净的正念或善念来引导自己的语言和行为（"或语或身行"），结果必然是喜乐的，喜乐也会常伴左右"如影之随行"。这首偈颂中所说的"乐事"也就是指来生可以趋往《坛经》所讲之"天界"，而与"乐事"相反、对立的则是指趋往地狱。《法句经》此处涉及的天界与地狱，显然也是随人的意念而转的缘生缘灭之法。

在《坛经》中，天界与地狱的一念流转了了分明。佛教中的趋向天界或趋向地狱，并不真的需要黑白无常、小鬼判官把你推向天界或地狱，而是说天界与地狱皆是一念之间的自主选择，因此关键在于把握好每一个当下的一念。这也正切合了《坛经》"一切时中，念念见性"的修行方法的主旨——一念恶，地狱门开；一念善，天界门开。

另外，惠能大师还明确地指出了趋向天界的具体方法：

> 善知识！常行十善，天界便至。除人我，须弥倒。去贪欲，海水竭。烦恼无，波浪灭。毒害除，鱼龙绝。自心地上觉性，如来放大光明。外照六门清净，能破六欲诸天。自性内照，三毒即除。地狱等

---

① 悟醒译：《法句经》，收于《汉译南传大藏经·小部经典一》，版权前揭，第13页。

罪，一时销灭。内外明彻，不异西方。不作此修，如何到彼？^①

先前惠能大师已告诉众人，天界、地狱并没有明确的位置或固定不变的相状，你们认为地狱在地下，天界在地上，皆因着相。不过，缘生缘灭的天界、地狱，构成它们需要多种因缘，其中最重要的元素就是人自身的意念。若心中有人我之别，有贪、嗔、痴三毒，自会感召相应的业缘，聚合成地狱，人的生命也随之滑向深渊；反过来说，若心存正念、善念，以清净自性凝神观照，亦会整合所有善缘，三毒自然灭除，地狱也随之消散，人的生命自然导向福寿绵长的天界。这便是修来世的切实方法。

善念当然亦有多种，惠能大师在《坛经》中以人们耳熟能详的"十善"为例，告诉大家"常行十善，天界便至"。善念并不是一个抽象的概念，不杀生、不偷盗、不贪、不嗔、不痴、不恶口等等，这些都是善念的表现。值得说明的是，惠能大师并未说"常行十善，便成佛道"，而是说常行十善才能够开启天界之门，赢得幸福的来世。这与传统佛教的教义也是吻合的。

第二节　《六祖坛经》对"在家"与"出家"的新解

佛教进入中土之前，本土宗教道教的修道者一概被称为"道人"，并没有"出家"与"在家"的分别；"出家"作为一种特殊的生活方式和修行方式是古代印度文化的产物。当"出家"这一概念连同佛教沙门的生活方式一道被中国文化接纳以后，到《坛经》中对"出家"的意义方才真正彻底地消化和理解。

一、何为真出家？

因为印度特有的种姓制度，人们从一出生就有高低贵贱之别，而在佛教之前，只有高种姓的婆罗门和刹帝利才有资格"出家"成为沙门。佛教创立以后，

---

① 元·宗宝编：《六祖大师法宝坛经》，《大正藏》第48册，第352页。

本着解脱道上人人平等的原则，不仅低种姓出身的人可以入佛门出家修行，女性也可以出家成为"沙弥尼""比丘尼"，因此释尊在古印度传统的四种姓之外将"沙门"单独列为一类：

> （世尊言婆悉吒曰：）某时，有一些刹帝利轻蔑自己之法，由家出而入无家之生活，言："我是出家者"。有一些婆罗门，轻蔑自己之法，由家出而入无家之生活，言："我是出家者"。有一些吠舍亦轻蔑自己之法，由家出而入无家之生活，言："我是出家者"。有一些首陀罗轻蔑自己之法，由家出而入无家之生活，言："我是出家者"。婆悉吒！由此等四种姓，出现出家沙门之团体，其名实由彼等而起，非由其他；于彼等相应而非不相应者；依法而不依非法故；婆悉吒！不管如何，法于此世，于他世，法是人类最胜者也。[①]

在早期佛典中，"舍家而出家""由家出而入无家之生活"，是对包括婆罗门教、耆那教等外道在内的出家修行人的一般说法，而对佛教沙门的严格说法则是"依世尊出家"或"于此法、律出家，受具足戒者"。就是说，佛教的出家人是依佛、法、律修学，从家出变成无家之人的修行者。

中国没有古印度的出家乞食、托钵受十方供养的文化背景，佛教刚刚进入中国时修佛者也和道家的修仙者或通晓方术的方士一样，被称为"道人"。要成为佛教僧侣并不是简单地剃除须发、身披袈裟即可，而是要按照一套戒律中明确规定的由释尊制定的严格仪轨行事方可。可是，完整的律藏直到唐代才传译完成，因此在很长的历史时期内人们对"出家为僧"的真正含义并不了然，这就很容易将住进寺院、剃发、现沙门相简单等同于出家。

惠能大师在《坛经》中特地提到"在家"与"出家"的概念，但惠能大师所作的显然不是律典意义上的解释，而是基于"心律"：

---

① 通妙译：《起世因本经》，收于《汉译南传大藏经·长部经典三》，版权前揭，第88页。

善知识！若欲修行，在家亦得，不由在寺。在家能行，如东方人心善。在寺不修，如西方人心恶。但心清净，即是自性西方。①

与印度的佛教出家人云游、乞食的生活不同，中国的佛教僧人均在寺院居住，因此这里的"在寺"即指出家为僧。而六祖强调说，如果你只是从相上出了家，住进寺院却不修行，并非真正意义上的出家。以惠能大师的标准来说，等于默认有三种不同的"出家"：身出家、心出家与身心俱出家。世人一般观念中的"出家"，更多的是指身出家。惠能大师强调，若一个人身出家而心不出家，甚至把披剃为僧当作一种求食谋生的手段，其实并不算是真正的出家人，更说不上安心办道了。

惠能大师这样的观念其实并非标新立异，而是暗暗契合于古印度的原始佛教传统。佛言："辞亲出家为道，识心达本，解无为法，名曰沙门。"②也就是说，成为佛教沙门，必须具备三个条件：第一，"辞亲出家"，这仅仅是出家的开始，或者说身出家；第二，出家之后要"识心达本"，要了解你的心，了解宇宙万物之本，了解人的本来面目；第三，要领悟究竟的无为法，只有到了这个层面，才能算是一名合格的沙门。佛陀明确告诉我们，身出家只是形象出家，只是出家的第一步；身出家以后，还必须在心地上用功，这就叫"识心达本"，培养正知正见，最后领悟无为法，才是修道之根本。如果只注重外在形式，忽略内在的明心见性，那不过是在表面上下功夫，这样的出家于人于己均利益不大。惠能大师对此明确表态：

吾与大众说无相颂。但依此修，常与吾同处无别；若不依此修，剃发出家，于道何益？③

剃除须发、身着袈裟只是完成了形式上的出家，若不依无相心法修行，悟

---

① 元·宗宝编：《六祖大师法宝坛经》，《大正藏》第48册，第352页。
② 后汉·迦叶摩腾共竺法兰译：《四十二章经》，《大正藏》第17册，第722页。
③ 元·宗宝编：《六祖大师法宝坛经》，《大正藏》第48册，第352页。

道、证道均属不可能，现出家相也毫无意义。因此，在惠能大师看来，身出家只是入门，心出家才是真正意义上的出家。

另外，在家与出家亦不乏相通之处。正如惠能大师所说："若欲修行，在家亦得，不由在寺。"[①]中国没有印度那么浓厚的出家文化，通常并不会像古印度那样将出家视为格外尊贵。为此，惠能大师特地强调"心"的作用，在家、出家只是形式的不同，而修行的基本原则始终如一，即在心地上用功。从这种意义上来说，修道并非出家人的专利，在家人亦能为之，亦可参禅悟道。出家人的本分事，在家人一样可以做。惠能大师此语是在为居士开示时所说，等于是对在家人的鼓励——出家、住进寺院固然是修行，但若出家之缘尚未具足，在家修行一样能够成就。

不难看出，能否在心地上用功是惠能大师界定是否"真出家"的根本原则，而在僧、在俗则只是形式上的差别。这里也体现着禅宗修行的宗旨——修行悟道的根本在于心证。

二、惠能大师个人经历的启示

说到在家与出家的问题，惠能大师本人的一生其实就是一个很好的案例。惠能大师的出家经历很是传奇。他原本只是一个目不识丁的樵夫，因二十四岁卖柴时偶然听到有人诵读《金刚经》的机缘，了解到湖北黄梅有五祖弘忍大师为人们传授禅法，便萌生了强烈的求法意愿。他到五祖所在的寺院之后，未能立即剃度，而是以"行者"[②]的身份随众作务八余月，后得五祖赏识并亲传衣钵。按照常理，接法者须是业已剃度的僧众才行，但六祖惠能在接法之时并未剃度，所以说事实上惠能大师是以在俗的身份继承了五祖的衣钵。

在领受衣钵之后，惠能大师按照五祖的指点立即南逃，甚至隐居深山，与

---

① 元·宗宝编：《六祖大师法宝坛经》，《大正藏》第48册，第352页。
② "行者"，佛教中一般指行脚乞食修苦行的头陀僧，这里指欲出家但尚未剃度的佛教徒，住在寺内暂服杂役。

猎人为伍长达十五年之久。在三十九岁的时候，惠能大师认为机缘成熟，来到广州法性寺（今光孝寺）。当时印宗大师正在讲《涅槃经》，在休息时徒众聚在一起争论"风动"还是"幡动"，惠能大师一句"仁者心动"语惊四座，印宗大师听后对惠能礼敬有加。需要说明的是，印宗大师时为法性寺方丈，是名震一方的大德，而此时的惠能"非僧非俗"，只是刚从山林间走出来的"猎人"。在与惠能一番谈法论道之后，印宗大师为惠能完成了正式的剃度仪式，并以师礼相待。从佛陀"依法不依人，依义不依语，依智不依识，依了义经不依不了义经"①之学修标准来看，印宗大师所行虽未必合于律，却完全契合"依法不依人"的基本精神。

"依法不依人"原本是原始佛教时期释尊传下的教法，于佛教流传千余载之后，在中国本土教外别传的禅宗传来回响。印宗大师对六祖惠能"不执着于相"的披剃、执弟子礼正是"依法不依人"的准确表达，也教诫后世学佛者当用无相的思维去办道、修行。

三、不应执着在家与出家的界限

从维护僧团的角度来讲，出家与在家各守本分、泾渭分明是无可厚非的。但一味强调这种区别与界限，也可能造成在家与出家、世间与出世间二元对立的局面，导致人们倾向于把关注的重心放在外相之上，无法超越修行的外在形式，从而阻碍了进一步深入的悟道实践。无论是《坛经》中惠能大师对居士所作的"心出家"教诫，还是大师自身的受法传奇，都在表明：对于学佛，重点不在有形有相的僧团或大德，而是通过僧团或大德启发更多的人接触佛法、生出离心，乃至证果悟道，这才是出家的意义所在。

出家与在家外在形象上的差异有其现实的教化意义，惠能大师并非否认这些差异及其价值，而是指导修学者放下对这些差异的执着。"凡所有相，皆是

---

① 北凉·昙无谶译：《大般涅槃经·卷六》，《大正藏》第12册，第401页。

虚妄。"① 各种各样的相状都不可执着，任何一种执着都会成为修行的障碍，更会带来种种苦恼，对"出家相""修行相"的执着亦然。惠能大师在《坛经》中多次援引《维摩诘经》，其目的就在于引导学人"破相"，破除相的迷惑，勘破相的虚妄，根除对相的执着。"破相"并非简单粗暴的否定，而是打破对事物的错误认知乃至认识事物的惯性思维模式，回归事物的本来面目。惠能大师的教诫无意否定出家与在家的界限，而是教人对出家相、修行相亦不可执着，更不能仅从僧、俗的身份来判定修行的境界。

《维摩诘经》中"天女散花"的故事，颇能点明"破相"这一主题：

> 时维摩诘室有一天女，见诸大人闻所说法，便现其身，即以天华，散诸菩萨、大弟子上。华至诸菩萨，即皆堕落，至大弟子，便着不堕。一切弟子神力去华，不能令去。
>
> 尔时天女问舍利弗："何故去华？"
>
> 答曰："此华不如法，是以去之。"
>
> 天曰："勿谓此华为不如法。所以者何？是华无所分别，仁者自生分别想耳！若于佛法出家，有所分别，为不如法；若无所分别，是则如法。观诸菩萨华不着者，已断一切分别想故。譬如人畏时，非人得其便；如是弟子畏生死故，色、声、香、味、触得其便也。已离畏者，一切五欲无能为也。结习未尽，华着身耳！结习尽者，华不着也。"②

天女所散之花，花瓣落在菩萨身上自然飘落，落在声闻等弟子身上却被粘住，神通之力也抖落不掉。天女问舍利弗，如此漂亮的花儿，何故要将其去除？舍利弗回答出家人身上粘着这些花不如法，也不太庄严。天女便教诫他说："是否如法和花儿没关系，而是人们心生分别。像大菩萨那般心无分别，不起

---

① 姚秦·鸠摩罗什译：《金刚般若波罗蜜经》，《大正藏》第 8 册，第 749 页。
② 姚秦·鸠摩罗什译：《维摩诘所说经·卷中》，《大正藏》第 14 册，第 547–548 页。

执着，花儿亦会自然飘落。"天女的花瓣是否粘衣，直接与修行境界相应；执着于外相者，意味着内在的五欲未能断除。因此无论人相、物相、法相、非法相，皆不应起分别执着。

《维摩诘经》的主角维摩诘是一位在家居士，而舍利弗、目犍连、大迦叶、阿难等人都是佛陀的大弟子，是佛教出家沙门的典型代表。在经文中，佛陀反而让舍利弗等出家已久的大弟子去跟身为白衣的维摩诘学习。更为夸张的是，弟子们对此都心生胆怯，不敢直面维摩诘。这从侧面反映了一个事实，就是大乘佛教兴起的时代，确有公认的修行境界远超出家弟子的白衣存在。维摩诘居士的存在本身即反映了一种别样的僧俗关系，从修为上说，出家与在家的界限已经了无意义。

原始佛教中的"僧团（sangha）"一词原本就指比丘、比丘尼、优婆塞、优婆夷四众（或加上沙弥、沙弥尼、式叉摩那尼，共七众）共同组成的佛教修行团体，其中既有出家众也有在家众。这种僧团形态是与古印度沙门游行乞食的生活方式相适应的——除了结夏安居的三个月，其他时间修学者均各自修行、乞食，每月定期集僧布萨，诵戒或作羯磨处理僧团内部事务。在这种体制下，除了定期的集僧布萨或作羯磨法，其他时间出家众与在家众没有明显区别；若从修行来看，二者的差异更不明显，因为当时释尊尚在，有疑难皆可向释尊咨问。

汉传佛教因没有游行乞食的传统，出家众普遍集中居住于寺院。东晋以后寺院内断断续续开始实行每日定时诵读经文的日诵制度（《佛祖统纪》卷五十三《持诵功深》），进入唐代更有"马祖创丛林，百丈立清规"，从此寺院内暮鼓晨钟、古佛青灯，寺院外柴米油盐、勾心斗角，僧俗生活方式、生活状态的差异变得十分显著。在这种环境下，世人会注意在家与出家相的表相实属顺理成章，事实上也难以避免。正因如此，惠能大师才特地对在家与出家的关系作出新的解说：首先，出家不但要身出家、现比丘相，更重要的是要心出家,从心行处悟道;其次,人的修行境界与性别、长相、出家在家并无直接关联,重点在于内心的领悟;最后,无论出家、在家,悟道皆须在心地上用功,知见才是修行境界的根本所在。简言之,即从对出家、在家表相的执着中抽离,转向内心的观照。

第三节 《六祖坛经》对"世间"与"出世间"的新解

除了"出家"与"在家"之辨,《坛经》中还涉及"上上人"与"下下人"、"凡"与"圣"、"世间"与"出世间"等几种对立的范畴。惠能大师对这些范畴的独特解读,均指向南宗禅法的要义。

一、《六祖坛经》中的"上上人"与"下下人"

古代印度社会的种姓制度完全凭血统将人分作三六九等,强化不同种姓之间的尊卑差异,以维护高种姓家族的既得利益,并让社会在畸形的状态下保持某种安宁与稳定,这在整个世界历史上也属于比较罕见的情况。不过,以血缘出身或社会地位来判定一个人的尊卑贵贱,这种观念其实相当普遍。

据南传佛教流传的《小部》记载,释尊在世时也曾被斥为贱民:

一日清晨,世尊着衣持钵,入舍卫大城乞食。尔时,婆罗门事火婆罗堕阇于家中燃火行于祭祀。世尊沿户乞食,行近婆罗门事火婆罗堕阇之家。

婆罗门婆罗堕阇遥见世尊,眼望世尊而呼云:"汝住于彼,秃厮!汝住于彼,沙门!汝住于彼,贱民!"

世尊闻此,而言于婆罗门婆罗堕阇云:"婆罗门!汝知何为贱民,抑或所行何事令彼之为贱民耶?"

"瞿昙!我委实不知。请世尊瞿昙为我解说,何为贱民,抑或所

行何事令彼之为贱民。"（《小部·经集·贱民经》）①

释尊被事火的婆罗门呵斥为"无种姓"的"贱民"之后，释尊反问对方：可知究竟何为"贱民"？对方哑然不能答。释尊遂从恶意、恶业、邪见、邪行等各方面对贱民重新作了界定，揭示出尊卑并非由出身决定，而是由一个人的品行和修养所决定。事火婆罗门受到释尊的训诫心悦诚服，诚心皈依。

释尊出家前贵为王子，尚且受人呵斥；惠能大师出身低微，在僧团中辈分也不高，平生所受的冷遇更是可以想见。

弘忍大师打算传衣付法时，惠能大师初入僧团未久，尚未正式剃度，自己又不识字，于是拜托居士帮自己书写呈法偈，受到居士轻视。惠能遂回答这位居士说："欲学无上菩提，不得轻于初学。下下人有上上智，上上人有没意智。若轻人，即有无量无边罪。"②惠能大师三岁丧父，与寡母艰难度日，后来卖柴为生。身为樵夫的惠能在社会地位上来说属于最底层，正是所谓的"下下人"。后来惠能到黄梅求见五祖弘忍大师，决心学佛向道，但并未获得传授，只是在寺院内服砍柴、挑水、舂米之类的杂役。在五祖东禅寺中身份仅为"行者"的惠能，始终未能正式进入僧团，甚至入流的资格也不具备，所以此时的惠能虽身在寺院，地位依旧属于"下下人"。因此，惠能当下对轻视自己的居士所说的"下下人有上上智，上上人有没意智"，正是大师的夫子自道。

佛教主张众生平等，大乘佛法更直言"众生皆有佛性"，但真正能够视众生平等显然也需要一定的修为。普通出家众虽身在僧团之中，难免仍保持世俗社会的成见。比如，当时僧众的领袖神秀大师写出"身是菩提树，心如明镜台，时时勤拂拭，勿使惹尘埃"的偈颂后，五祖弘忍虽明知其境界不够究竟，但还是当众肯定说持此偈颂可以得大利益。因有五祖的肯定，全寺上下皆对这首偈子焚香、读诵，热情高涨。可见寺中众僧大多未能免俗，也不能分辨一个人的

---

① 心举编译：《南传大藏经优婆塞读本》，上海：中西书局，2018年，第201页。
② 元·宗宝编：《六祖大师法宝坛经》，《大正藏》第48册，第349页。

真正修为究竟如何。

从表面来看，惠能大师从砍柴谋生到入寺学道，一直属于地位低微、没什么话语权的弱势群体。但完全从身份、权势或声名来判断一个人的佛学修为，显然是有失公允的。对于需要心证的修学而言，身份地位和声名权势皆属表相，身处"下下"无关个人内心领悟的深浅。《坛经》以及后世禅宗各种"教外别传"的非常规教育手段，主要目的就在于打破各种各样的执着。《坛经》中各种开示的精髓就在于教学人即相而离相，突破惯性思维的束缚。凡夫对"下下人""上上人"的评判大多也是基于惯性思维的随波逐流，而惠能大师的判断依据显然突破了惯性思维，从个人的智慧、内心对法的领悟着眼，即认为内心真正领悟了佛法的真谛方为"上上人"。

将社会地位视作"上上人"与"下下人"的唯一界限是凡夫的通病，修学者更可能因此而与真正能引导自己的善知识失之交臂。以神秀大师为例，身为三帝门师、两京法主，地位极其尊贵，且学富五车，儒释道皆通，身为七百人的亲教师，可以想见宝相应该也相当庄严。总而言之，从社会地位、个人学识、自身修养、徒众规模、个人名望等方面来说，神秀大师都是当之无愧的"上上人"；然而，他对佛法的领悟却不及一名樵夫。可见，以身外之物来界定一个人的"上"与"下"始终是危险的，内心对法的领悟、人生境界才是决定"上上人"与"下下人"的关键因素。更何况"上上人"与"下下人"也并非绝然的对立关系，"士别三日，当刮目相待"，尤其禅宗修学讲求顿悟，一个懵懂的学人很可能在短时期内便开悟见性。如前文提到的"千年钻故纸"公案中的古灵神赞禅师，游学归来已经可以反过来点化自己的受业恩师了。惠能大师对"上上人"和"下下人"的新解，令千载之下的我们仍然有所警醒。

二、《六祖坛经》中的"凡"与"圣"

在普通大众的心目中，佛可能只是一尊高高在上、法力无边的神明。比如在妇孺皆知的名著《西游记》里面，孙悟空大闹天宫，何等的无法无天，玉皇大帝降不了他，观音菩萨也降不了他，最后只有请来如来佛祖才能制伏，将他镇在五行山下五百年。这里各路神明层次鲜明，佛是真正的法力无边，地位也是至高无上的。或者说，佛在民间神话传说中就是顶级神明的代表。假如秉承这样的信念，佛对于凡夫来说就是遥不可及的，凡夫想要觉悟成佛，基本永生无望。

按世俗的标准来看，凡夫不仅与神仙、佛菩萨之间的距离很遥远，就是与有德有望的大德相比，差距也是不可以道里计的。像惠能大师，原本出身官宦人家，不过三岁丧父，家道中落，长大后以砍柴为生。惠能出家前居住的地方，在当时属于偏远的南蛮之地，人们除去砍柴之外通常还要狩猎，所以被中原人泛称为"獦獠"："戎、泸间有葛獠，居依山谷林菁，逾数百里。俗喜叛……持排而战。奉酋帅为王，号曰婆能，出入前后植旗。"（《新唐书·南蛮》）"獦獠"本义即指以打猎为生的好战之人。从佛教的观点来看，打猎要杀生，好战要杀人，"獦獠"显然是容易造作恶业的难于教化之人。《大方便佛报恩经》就说道："我等宿世造何恶行……为畋猎渔捕？……云何今日受此祸对？"[1]就是说，只有前世造了很多恶业的人，才会转生到边远的荒蛮之地以捕鱼打猎甚至杀人为生。在《坛经》中，惠能被全寺上下称为"獦獠"，或多或少就包含一些这样的意味；而与此对应的便是佛典中所说的"一阐提"——八识田中没有一粒善种之人。既然没有善的种子，亦即没有佛性种子，成佛遥遥无期。

回到惠能礼拜五祖弘忍的情景，依据《坛经》的记载：

> 祖问曰："汝何方人？欲求何物？"惠能对曰："弟子是岭南新州百姓，远来礼师，惟求作佛，不求余物。"祖言："汝是岭南人，又是獦獠，若为堪作佛？"惠能曰："人虽有南北，佛性本无南北。

---

[1] 《大方便佛报恩经·卷一》，《大正藏》第3册，第129页。

獦獠身与和尚不同，佛性有何差别？"五祖更欲与语，且见徒众总在
左右，乃令随众作务。①

　　弘忍大师听说惠能是从南方而来，就很不客气地问："汝是岭南人，又是
獦獠，若为堪作佛？"这样的质疑，既是五祖弘忍大师对惠能的考验，也代表
了当时在场所有人心中共同的疑问。此时，惠能则回答："人虽有南北，佛性
本无南北。獦獠身与和尚身不同，佛性有何差别？"这就等于说，打猎的人与
德高望重的高僧，从表相上看虽有差异，若论内在的佛性则了无差别。从凡
夫的眼光来看，以砍柴狩猎为生、几近一阐提的獦獠与讲经弘法、声名远播的
大和尚，成佛的可能性几乎没有可比性，而初出茅庐的惠能却以简单一语直接
破斥了这种俗见——任何外相的差别均不能作为判断凡圣的依据，众生领悟真
理、超凡入圣的权利是平等无差的。换言之，惠能此时已经初步形成了佛性种
子、凡圣差距不能拘泥于外相的认识，所以后来才会进一步作出"不悟，即佛
是众生，一念悟时，众生是佛"②的言教。

　　"众生"与"佛"即是"凡"与"圣"的两端，"不悟，即佛是众生，一念悟时，
众生是佛"表明，凡与圣的差别只在一念之间的迷与悟。众生皆有佛性，但尚
未觉悟的众生，尽管他们内心也有自性佛，迷惘之际也只能作为纷扰不断、烦
恼多多的普通众生存在；一念觉悟，自性发现，当下跳出尘网，那么众生也即
是佛。当然，"众生是佛"并非现在就等于是佛了，而是说佛性种子萌生发芽，
众生可以转化成佛、提升为佛。

　　所谓"一念迷"就是心外求法，对事物的认知有偏差，如功名利禄、子女
亲眷，本是缘生缘灭之物，却被执持为"真实"的存在，这就是所谓的"迷"。
将身外之物视作真实不虚，便会患得患失、贪得无厌，竭尽全力试图据为己
有，由此也会衍生无尽的烦恼。"迷"即"无明"，凡夫会因无明而生起贪、嗔、

①　元·宗宝编：《六祖大师法宝坛经》，《大正藏》第 48 册，第 348 页。
②　元·宗宝编：《六祖大师法宝坛经》，《大正藏》第 48 册，第 351 页。

痴、慢、疑等一系列无利益、不健康的思维，很容易被外物缠缚，令清净自性蒙尘，所以佛教也称之为"染污"。心外求法，追名逐利，犹如乌云遮月，蒙蔽了原本具有的清净智慧的真心，令"染污"的妄心发生作用，然后益发迷失，向外展开忙碌的追求，招感无穷无尽的烦恼缠缚，走入苦海无边的困境。人们就是这样舍弃了原本具有的"圣"根而自愿深陷到"凡"尘俗网。

三、《六祖坛经》论"转凡成圣"

（一）善知识的引领："迷时师度"

凡夫的"从圣而凡"虽是业力推动的无可奈何，但毕竟也包含了一念之间的自主选择。如果完全受业力左右，人的自主性被彻底剥夺，那么也就根本没有了成佛成圣的机会。这"一念"为无明左右，便是"一念迷"；这"一念"为自性占据，则是"一念悟"。凡圣之战、神魔之争就集中在当下这一念之间。至于如何守住当下这一念，转凡成圣，惠能大师主张"迷时师度，悟了自度"。

根据《坛经》记载，当五祖弘忍大师把衣钵传给惠能大师后，因为担心惠能的安危，让惠能立刻离开黄梅。可惠能初来乍到，不认路，需要五祖引领相送：

> 惠能三更领得衣钵，云："能本是南中人，素不知此山路，如何出得江口？"五祖言："汝不须忧，吾自送汝。"祖相送，直至九江驿。祖令上船，五祖把橹自摇。惠能言："请和尚坐，弟子合摇橹。"祖云："合是吾渡汝。"惠能云："迷时师度，悟了自度。度名虽一，用处不同。惠能生在边方，语音不正，蒙师传法，今已得悟，只合自性自度。"祖云："如是，如是！以后佛法，由汝大行。汝去三年，吾方逝世。汝今好去，努力向南。不宜速说，佛法难

起。"①

半夜三更，弘忍大师亲自送惠能到渡口。上船后，五祖弘忍大师自己摇橹，惠能觉得不妥，认为该由弟子摇橹。此时，做师父的告诉徒弟：当然是由为师来渡你。这里弘忍大师所说的"渡"显然是双关语。惠能回应："迷时师度，悟了自度。度名虽一，用处不同。"意思是说，惠能身为迷妄凡夫的时候，您一直在教化我，那时候需要您为我摇橹，指明方向；现在弟子已经觉悟，该往什么方向去已经很清楚，所以应该自己度化自己，还是让弟子来摇橹吧。同样也是一语双关。

惠能在以后的传教活动中，亦反复强调"迷时师度，悟了自度"的理念：

> 若自不悟，须觅大善知识、解最上乘法者，直示正路。是善知识有大因缘，所谓化导，令得见性。一切善法，因善知识能发起故。三世诸佛、十二部经，在人性中本自具有，不能自悟，须求善知识指示方见。若自悟者，不假外求。②

按这里所说，如果你自己还没有证悟自性，开发佛性种子，那么身为一个迷妄凡夫，自然不知如何修行解脱，这个时候就需要"觅大善知识、解最上乘法者，直示正路"。对于尚未觉悟的人，寻找能够指引其走向正途的"亲教师"或"大善知识"是修行的必由之路。

即便根器深厚如佛陀，在修行的路上也需要善知识的引领。释尊昔日在证道之前，曾依次前往当时两位著名的导师阿罗罗迦罗摩仙和郁头迦罗摩弗那里，蒙他们倾囊相授，不久即取得了非凡的成就，成为可与师父平起坐的"同行者"。③后来释尊发觉两位导师的修证尚不究竟，便弃离而去独自修习，直至最后证得"无上正等正觉"。尽管释尊最终是独自证果，但始终视两位导师为

---

① 元·宗宝编：《六祖大师法宝坛经》，《大正藏》第48册，第348页。
② 元·宗宝编：《六祖大师法宝坛经》，《大正藏》第48册，第351页。
③ 参见通妙译：《萨遮迦大经》，收于《汉译南传大藏经·中部经典一》，版权前揭，第323–325页。

最初的引领者，在证道后首先想到的就是给这两位恩师传法，可证他们在释尊心目中的崇高地位。因此可以说，善知识几乎对所有修学者而言都是不可或缺的增上缘。

我们要去一个地方，若对路线尚不清楚，无疑需要借助地图、导航、向导的指点方能到达。佛教中的善知识，其实就是修行路上的导航者、引路人。如《法句经》所言的"如来唯示道"①，佛陀也是我们的导师、善知识，他们所做的，无非是把觉悟之路的方向指给世人。佛所说三藏十二部经典亦为"示道"，当世人对人生感到迷惘之时，这些佛典就是引领人们走向解脱的指路明灯。

佛教中的"参学"，就主要是指走到外面去寻找那些"过来人"，向他请教修行之路。有时候为了寻找一个能指引自己的大善知识，有的修学者会徒步远行千里，不遗余力。如偈颂中所说："赵州八十犹行脚，只为心头未悄然；直至到头无一字，始知虚费草鞋钱。"②赵州禅师号称古佛，八十岁之时仍在行脚，到处参访善知识。之所以如此，是因为心中尚有疑问，未能完全安顿下来，"只为心头未悄然"。回来以后突然意识到，善知识只能起到一个指点的作用，真正想要领悟还是得靠自己。宋时还有一首反映古人倾力参学的禅诗："终日寻春不见春，芒鞋踏遍陇头云。归来笑拈梅花嗅，春在枝头已十分。"③同样说的是因为自知尚未领悟至高无上的大道，所以要不辞辛劳地寻师访道。

善知识对修学者究竟能够提供怎样的帮助，《坛经》中有生动的譬喻：

> 我今说法，犹如时雨，普润大地。汝等佛性，譬诸种子，遇兹沾洽，悉得发生。承吾旨者，决获菩提。依吾行者，定证妙果。④

惠能大师指出，我们内心既然有善的种子、智慧的种子、佛性的种子，善

---

① 悟醒译：《法句经》，收于《汉译南传大藏经·小部经典一》，版权前揭，第41页。
② 清·通琇说，行岳编：《大觉普济能仁玉琳琇国师语录·卷一》，《乾隆大藏经》第158册，北京：中国书店，第158页。
③ 宋·无名尼：《悟道诗》，收于明·曾凤仪：《楞严经宗通·卷五》，《卍续藏经》第25册，第173页。
④ 元·宗宝编：《六祖大师法宝坛经》，《大正藏》第48册，第361页。

知识的法语犹如普润大地的及时雨，能令这些佛性种子得到滋养，生根发芽，令智慧开显，直至悟道证果。

需要说明的是，对善知识亦不可过分依赖，所以惠能大师说："若一向执谓须他善知识方得解脱者，无有是处。"[1]"迷时师度"只是指给我们一个修行的方向、修行的方法，会引导我们走上觉悟佛法的正路；但任何善知识都不能代替我们修行，也不会直接授予你一个解脱的妙果。善知识只是通过说法来解除我们心中的疑惑，使内心原有的智慧种子或菩提种子开始启用；而实际的修行每一步都离不开自己的努力，特别是在开悟之后，更需要自己去实践提升，所以在"迷时师度"之外惠能大师又说"悟了自度"。

（二）自性自修："悟了自度"

五祖弘忍在传法给六祖惠能的时候，曾特地说到禅宗法脉是"法则以心传心，皆令自悟自解"[2]。"法则以心传心"是说禅法的关键只是以心印证，佛祖、师父、善知识可以为我们讲解佛法的精髓，但领悟需靠自己，即皆令学人"自悟自解"。这一理念之后在《坛经》中反复得到强调。

五祖弘忍大师为惠能讲解《金刚经》，六祖惠能在听到"应无所住而生其心"时，已然大彻大悟。之后六祖南逃，藏身山林，与猎人为伍长达十五年之久，一直在修行。这里暗含了一个问题：是不是大彻大悟之后就不必再修行了？

从禅宗的理论来说，惠能在蒙受弘忍大师传法时的当下觉悟，属于知见上的领悟；而之后的十五年，则是通过自己持续的修行把觉悟转化为真实的生命体验。换句话说，就是惠能离开弘忍大师的时候，已深谙佛法的修行之道，佛性种子也已然发芽。后来的十五年就是不断去磨砺、践行、印证，认清自己的道路和弘法使命的过程。这正是惠能大师自己所说的"悟了自度"，即用心中

① 元·宗宝编：《六祖大师法宝坛经》，《大正藏》第48册，第351页。
② 元·宗宝编：《六祖大师法宝坛经》，《大正藏》第48册，第348页。

的感悟去验证"实相般若"。相比之下，弘忍大师当时所完成的只是文字般若、观照般若的传授，而惠能大师自己证悟的才是实相般若。

人们经常听到的"师父领进门，修行在个人"，也就是惠能大师回应五祖弘忍的"迷时师度，悟了自度"这一理念的白话版。这一点在大量禅宗公案中均有提示。比如赵州禅师与问学者的对话：

"请问禅师，参禅怎样才能悟道呢？"

赵州禅师被他一问，立刻从座位上站起来说：

"我要去小便了！"说后走了几步，又回头对那个信徒说，"你看，小便这样的小事，还要我自己去，别人不能代替。"①

禅师言下之意，自是要表明如吃饭如厕这样的生活琐事都要个人亲力亲为，更何况是参佛悟道这样的大事呢，只能是"悟了自度"。

需要着重指出的是，在禅宗的法理中转凡成圣的关键点始终都只是"迷"与"悟"的问题，"转凡成圣"也就是"转迷成悟"。而"迷"与"悟"的交汇点在于"心"，在于当下的"一念"，因此禅宗的修行主旨要求"直指人心"。凡圣的差别始终与任何身外之物无关。如果与地位有关，则历朝历代的皇帝无疑都已证果；如果与财富有关，则世界的顶级富豪都必然是佛菩萨。事实显然并非如此。归根结底，自性是否开启，内心对真理是否有所领悟，如人饮水，冷暖自知，是凡圣的唯一差别。以内心的迷与悟作为凡圣划分的标准或分水岭，这是《坛经》留给后世的又一启示。

四、《六祖坛经》解说"世间""出世间"

（一）佛法在世间，不离世间觉

时下有句流行语，"用出世的精神做入世的事情"。从字面上看，"世间"

---

① 转引自星云大师：《星云禅话》（一），版权前揭，第169页。

与"出世间"似乎分属两个不同的领域。世间是我们凡人的世界，而出世间则是修行以后将去往的世界，比如西方极乐世界、兜率内院等等。很多人认为佛教有五乘教法，其中人乘和天乘是易学易行的世间法，而声闻乘、缘觉乘、菩萨乘则是深奥难懂的出世间法。修行的目标就是要出离"世间"，进入"出世间"。这种观点认为我们所在的"世间"乃是"五浊恶世"，如同火宅一般，社会险恶，人心不古，充满苦难，所以要发厌离之心、出世之心，放下世间的一切，从这一"世间"逃离到另外一个"出世间"。显然，在这种观念中，"世间"与"出世间"、"世间法"与"出世间法"泾渭分明，判然有别。但在《六祖坛经》中，惠能大师明确指出："佛法在世间，不离世间觉。离世觅菩提，恰如求兔角。"①就是说，世间与出世间不是相互隔绝、彼此对立的，要修出世法只能在当下、在此世。不能脱离"世间"去修"出世间"的观点，早在《持世经》中就已有所体现：

> 持世！菩萨观世间出世间法时，不见世间与出世间合，不见出世间离世间。是人不离世间见出世间，亦不离出世间见世间，是人不复缘于二行，所谓是世间是出世间。何以故？持世！世间如实相即是出世间。世间中世间相不可得，世间法中世间法不可得，以无所有故，通达是法即是出世间。②

显然，大乘佛法认为世间与出世间是非一、非异的关系，菩萨不用离开这个世间就能见到出世间，同时菩萨在看到一切世间法时其实也不曾离开出世间。总之，菩萨在世间与出世间的问题上，并不认为两者是二元对立的存在。那么，为何二元对立的观念是错误的？

因为"世间如实相即是出世间"。所谓"出世间"即如实了知我们所处的这个世间。以"自我"为例，你可以认为"自我"属于世间法，即由你对"我"

---

① 元·宗宝编：《六祖大师法宝坛经》，《大正藏》第 48 册，第 351 页。
② 姚秦·鸠摩罗什译：《持世经·卷四》，《大正藏》第 14 册，第 662 页。

的各种认知——身高、体重、容貌、声音、家境、学历、性格、喜好等各个方面数据的总和，然而你一旦如实了知"自我"的本来面目——诸因诸缘和合而成的那个原本性空的"我"，它也可以是出世间法。只是同一个"我"，构成"我"的因与缘也完全相同，一旦洞见本质即映照出完全不同的境界。一言以蔽之，从事物本身来说，并无世间法与出世间法的分别。如果说有分别的话，则取决于认识事物的人，其中关键就在于人们认识事物的深度和看待事物的思维方式。以"自我"而言，并非离开"我"这一世间法之外还有一个出世间的"我"——"我"没变，是你审视"自我"的眼光变了。因此，"世间中世间相不可得，世间法中世间法不可得，以无所有故，通达是法即是出世间"，世间与出世间法既非一亦非异，取之中道即有所得。

与《持世经》一样，惠能大师也主张世间与出世间非一、非异，方才提出"佛法在世间，不离世间觉"。真正的佛法只能在世间寻求，离开世间去另外寻求一个至高无上、超然物外的法，这是外道的行径。人世间充满了种种烦扰、诱惑、选择、痛苦，正是要借助对这些世间法的观照，去寻求超越世间法的心态、方法和思维方式，借助于反观困惑，然后摆脱困惑。

佛教所说的"解脱"与"自在"皆是同理，绝非要人们逃离这个世间，去追寻某个遥不可及的身后的极乐，而是要超越束缚了自己的惯性思维，即要通过不离世间的"觉"而获得解脱。惠能大师用"觉"字道出了佛法的关键。觉悟者与未觉者面对的其实是同样的人生，只是未觉者继续深陷烦恼之中，已觉者则一念之间放下执着、脱出图圄。"放下"并非"放弃"，"脱出"并非"逃离"，而是不纠结、不执着、不为烦恼所缠缚，按缘起法的规则做该做、能做的事。

凡夫身处红尘，问题、麻烦总是无法避免，一旦开悟了自然就能够用正确的态度去面对、化解种种问题和麻烦，麻烦便不再成为烦恼，这也就相当于掌握了出世间法。若离了世间种种烦恼，就如同经中记载的北俱芦洲（《阿含经》中作"郁单曰"）一样，人寿千年，无病无忧；但正因此没有佛出世，成为学佛的"八难"之一。①远离烦恼，同时也失去了观察烦恼、超越烦恼、出离证果的机会。真正的修行只是在世间，去到某一真空、纯净的领域反而很难有所修证，所以惠能大师才说"离世觅菩提，恰如求兔角"。智慧从观照痛苦、超越痛苦中产生，因此六祖又说："若能钻木出火，淤泥定生红莲。"②无论是火焰化红莲，还是淤泥生红莲，都是要穿越火海、超脱污泥方能清净绽放，真正的修行亦是同理。世间种种烦恼犹如浇灌、滋养菩提果实的肥料，是对我们的种种考验。若能用佛法的智慧去化解、超越这些考验，获得解脱自在的思维，世间法自然当下即转为出世间法。

（二）正见名"出世"，邪见是"世间"

紧接着"佛法在世间，不离世间觉。离世觅菩提，恰如求兔角"，惠能大师继续说"正见名出世，邪见是世间。邪正尽打却，菩提性宛然"③。这两句偈颂创造性地通过心性的角度对世间与出世间进行界定——"正见名出世，邪见是世间"。这句话再次强调，出世间绝非离开这个世界而去找寻另外一个世界或避难所；所谓的出世法，正是要在现实人生中遭遇种种生老病死的考验，时时警觉，念念存有正知正见，这就相当于出世间。反之，假如一个人没有这样的正知正见，而是一味地纠缠、纠结于纷繁的爱恨情愁当中，那就是邪见，这样的邪见导致他只能看到烦恼不断的世间，妄求出世间是不可能的。这里，惠能大师提醒世人，真正的"正见"即是不再执着于出世法的正，也不再执着于入世法的邪，超越正邪，打破二元对立的思维模式，菩提自性就会当下显现——"邪正尽打却，菩提性宛然"。

不难看出，惠能大师成功地将世间与出世间这一比较抽象、难以理解的问

---

① 有关郁单曰的记载，参见后秦·佛陀耶舍共竺佛念译：《长阿含经·卷十八·世记经·郁单曰品》，《大正藏》第 1 册，第 117–119 页。
② 元·宗宝编：《六祖大师法宝坛经》，《大正藏》第 48 册，第 352 页。
③ 元·宗宝编：《六祖大师法宝坛经》，《大正藏》第 48 册，第 351 页。

题转化成为心性、思维意义上的正见与邪见。从根本上说，世间与出世间只是世间的思维与出世间的思维，或者说是凡夫的思维与智者的思维。同一事物，在凡夫的思维映照下就是世间，在智者的思维映照下就是出世间。面对同样的问题、麻烦，智者思维是将麻烦看作日常生活的一部分，迅速理清线索，发现症结，解决问题，不复为其牵绊，这就是出世间；凡夫往往只会不停地抱怨，怨天尤人，越来越深陷纠缠之中而不自觉，烦恼只会不断加深，人生的矛盾也始终得不到化解，这就是世间众生的状态。总之，世间烦恼与出世间解脱的分水岭不过是你如何去"看"。

近年网络流传一则名为《活在故事之外就是出世间》的佛法小故事，故事虽然是杜撰的，但的确能够帮助人们更好地理解"世间"与"出世间"：

一位优婆夷走进祇树林，来到佛陀的面前，顶礼后问道："世尊，我常听您说世间、出世间，但未真正明了其义，请世尊为我说。"

佛陀平静、安详地看着她，问道："你最近有什么苦恼吗？"优婆夷想了想答道："有的，世尊。"佛陀问道："是什么事情让你苦恼呢？"她又答道："我的小孩不听我的话。""嗯，你是觉得'我的小孩应该听我的话'吗？"世尊问道。她回答说："是的，世尊。"

世尊继续问道："当你相信'我的小孩应该听我的话'，而他实际不听时，发生了什么？你的生活怎样？"

她回答说："当我相信'我的小孩应该听我的话'，而他实际不听时，我气极了，我指责他，我说教他，我冷淡他，有时一连几天故意不答理他。我还有很多别的制裁他的方式。有时我后悔我不该生小孩，甚至不该结婚。当我十分生小孩的气时，我常常想到出家，归于山林，寂静清修……"

当她说起这些，你能感觉到她内心的冰冷、漠然、忧郁，像无人的冬天；接着你又感到她内心的暴烈、烦燥、不安，像暴风雨中的海浪拍击海岸。

她说："有时气到极点，我很想暴力，虽然多数没有真实发生，但都百分之百地在我心中演绎或发生了。当我因他生起气来，即使他是我的小孩，我对他也和对待我的敌人没两样。我能感觉到自己的身体发紧，胸闷，不舒服。这样的时刻，我很不愿意听到其他人讲话。我不耐烦，容易惹急，我很不喜欢这个时候的我……"

她说了很久，世尊平静耐心地听她说完。然后，世尊说道："嗯，这就是世间。"

世尊接着又问："没有'我的小孩应该听我的话'这个念头时，或即使这个念头出现，你没把它当回事，没对它起反应，你会怎样？你有什么感觉？"

她想了想说："没有那个念头时，我立刻感觉轻松了不少，再也不必像拉一头强牛，既费力还生气，我不必再控制他。没有'我的小孩应该听我的话'这个念头时，我可以像一位牧羊人跟着一只可爱的小羊走在山冈上，羊儿吃它自己的草，我则欣赏美丽的山坡还有我的羊，那感觉很好。或，即使那个念头出现，我没有跟着卷进去，我保持着一个清晰的观察者的心态，我能感觉到那个念头很可爱、很逗——'我的小孩应该听我的话'？……这是真的吗？这是哪个星球上的道理呀……呵呵。"她一边描述着没有那个念头或不相信那个念头时的状态，一边自己笑了起来。

她双目轻垂，像是进入了很深的清净状态，缓缓地说道："没有那个念头或不相信那个念头时，我注视着我的小孩，感到内心充满祥和。我被这份宁静与温暖深深打动，感到一股内在生起的绵绵之爱温柔地滋润、滋养着我。我安静地站在家里的地板上,桌与椅寂静地待在那儿,茶杯等待我端起,果盘里的水果鲜艳美丽,窗户、窗帘、墙壁上的画、外面的树、大地、阳光……噢,一切万物都在为我的幸福服务。"当她讲到这里,你能感知到她内在的轻松、恬静,一位端庄优美的优婆夷,出现在佛陀的面前。

佛陀听完她不相信那个念头时当下的现量体会,微笑着对她说:"优婆夷,这就是出世间。"

优婆夷听佛陀这样说,既惊讶又兴奋。没想到世尊对她开示的世间出世间的道理,是那样的简单朴实又贴近生活。她深深领悟、受益了。

世尊看出她的欢喜,随后又说:"优婆夷,所谓世间就是因果,相信你的念头是因,所产生的情绪与反应是果,身心烦恼即是世间。优婆夷,不相信你的念头就是出世间,不被自己的念头所编织的故事套住,你即是出世间的人。"

"嗯,世尊,我懂了。故事就是世间,活在故事之外就是出世间。"这位美丽的优婆夷闻佛所说,欢喜而去。

微风穿过祇树林,树叶发出哗啦啦的响声,好像欢送她似的。多么好的世尊,多么美的优婆夷,多么生动的一次法的洗礼。[①]

面对同一个不听话的小孩,孩子的母亲一念跳出,个人心境转瞬间就发生逆转,反映出全然不同的世界,这就是世间与出世间的真正区别。

《持世经》中"世间中世间相不可得,世间法中世间法不可得,以无所有故,通达是法即是出世间"的中道观念比较抽象,惠能大师换以"邪正尽打却"的白话,来超越凡夫眼中世间与出世间二元对立的惯性思维。我们知道,二元对

---

① 这则小故事作者未详,初见于"佛弟子文库"网站,2014 年 11 月 19 日 http://fodizi.net/fojiaogushi/15422.html。

立是一种分别心，既然心生分别，必然会产生人我对立，继而生出种种执着、烦恼，这是由因及果的必然。惠能大师看破了这一点，用特殊的方法告诉世人：世间只是同一个世间，用什么样的思维去看待它才是关键。假如你一直用人我、是非的分别心去看待世界，即便日思夜想出离法，也永远停留在世间。惠能大师还进一步指斥这种思维为"邪见"。反之，若能用正知正见的空性思维去看待一切事物，即便终日面对凡尘俗务，同样身处出世间。

"佛法在世间"成为惠能大师留给后人的千古名句。那么，怎样才能在世间找到真正的佛法？答案依然在世间——不离世间、不离日常俗务去体悟佛陀的教法。所谓"人间好修行"，脱离人间这个根本道场修行便无从谈起。只有在世间，才能理解出世间的真正含义。若能领悟此点，面对世间万事万物，只需一念跳出，用正知正见去化解心中长期积淀的邪知邪见，以一颗清净的心，将自己的世界转化为人间净土。

第四节 《六祖坛经》对诸佛菩萨的新解

"佛"和"菩萨"的含义，在印度文化中随着原始佛教、部派佛教到大乘佛教的发展即有所流变；佛教传播至中土以后，在与中国文化的交融之中更进一步形成了中国特色的佛菩萨。唐代以后，民间倾向于将佛菩萨理解为高高在上、赏善罚恶的万能神明。惠能大师有鉴于此，对诸佛菩萨作出了新的诠释。

一、古印度文化中的"佛"与"菩萨"

据印顺法师等学者考证，在原始佛教和部派佛教时期，《阿含经》中出现的"菩萨"一词特指"未成正觉时"的释尊，[①] 正觉之后称为"佛"；大乘佛法中的"菩萨"则是指在智慧上求证无上菩提、在慈悲上度化众生的大乘修行者。

---

① 参见印顺：《初期大乘佛教之起源与开展》，台北：正闻出版社，1982年，第125—126页。

早期佛教中的"佛"只有此世的释迦牟尼和之前的六位觉悟者，共七佛；大乘佛教则发展为无边法界中有无数无量的佛。

虽然早期佛教中的"菩萨"与后世大智大勇、大慈大悲的"菩萨"所指不同，但并不意味着在释尊的时代没有"菩萨"的观念。据学者考证：

> 事实上，所有佛教传统都认为，无量劫前，善慧童子在燃灯佛前发愿求证菩提，至最后一生至人间成佛，经历了漫长的修学过程。这一过程即是上求佛道、下化众生的菩萨道。这样，释迦牟尼佛前生行菩萨道成佛或"佛菩萨"理念成为大小乘佛教菩萨思想的共同源泉。就词源而言，"菩萨"是"菩提"(bodhi)和"萨埵"(sattva)的缩写，意指"觉有情"，有时亦可译为"大力"或"大士"。"菩萨"一词可能出自"菩提—觉悟"，特指"自觉、觉他的行者或大士"。因此，虽然我们尚无法明确佛陀时代是否已出现"菩萨"一词，但是，可以肯定的是，菩萨理念已经存在于原始佛教，在部派佛教（起始于公元前3世纪左右）中得到继承和发展，最后在大乘佛教（起始于公元前1世纪左右）中得以发扬光大。①

据此，基本可以认定，早期佛教虽以声闻法为主，倡导自力解脱，但已经存在自觉、觉他的"菩萨"理念。

二、大乘佛教中的诸佛菩萨

大乘佛教兴起之后，慈悲利他的菩萨行成为大乘佛法教化的核心，而且，众菩萨逐渐取代了原始佛教中释尊教化众生的导师地位。在大乘佛法中，"净土"和"法界"的观念均得到发展：

（一）佛国或"净土"。大乘佛教认为，既然十方三世有无量诸佛菩萨，也就有十方不可计量的净土世界。净土思想大体由印度佛教中流传的佛陀本生和

---

① 学愚：《菩萨范式及其转换》，《世界宗教研究》2017 年第 3 期。

发愿故事发展而来。在故事中，佛陀往世屡屡立下建立没有罪恶、没有禽兽的清净国土的誓愿，这些誓愿中所描绘的清净国土的蓝图后世便发展为净土世界。中土影响最大的净土信仰，在唐代以前是"弥勒净土"，东晋高僧道安就立誓往生兜率天宫的弥勒净土；唐代以后转向到"弥陀净土"，也就是阿弥陀佛所在的西方极乐世界。

（二）"法界"。原始佛教中的"界"为释尊所传根本教法蕴、处、缘起、食、谛、界、念住等七事之一。在早期佛经中"界"是对各种分类范畴的总称，对人、事、物、世界、万法的分类均可称为"界"。《阿含经》中说"众生常与界俱，与界和合"，比如"胜心生时与胜界俱""鄙心生时与鄙界俱""杀生时与杀界俱""信心时与信界俱，持戒时与持戒界俱，惭愧心时与惭愧界俱"。"界"无处不在，修学者"当善分别种种界"，而对界的分别也成为一种修习方法。①到大乘佛法中"界"通常仅用于"法界"，而"法界"一般多指诸法的真实体性——诸法在现象上千差万别，但其真实体性常住不变，平等一如，超越语言文字，为寂然圣智之境。

随着"净土"与"法界"观念的发展，佛也从原始佛教中直接为大众开示、启蒙的导师，逐渐退居至净土和法界之中，不再统理凡间事务，而菩萨则成为佛教慈悲、智慧、大雄大力的象征。民间出现各式各样的菩萨传说，菩萨的形象平和、温暖而亲民，成为通往彼岸世界的桥梁。

印度学者 Har Dayal 对大乘经典中菩萨思想的兴起和发展的意义，作了如下分析和总结：

（1）在早期大乘经典中，菩萨低于并胁侍佛陀；随后，前者地位迅速提升，成为礼拜对象；（2）在早期大乘佛教中，慈与智同等重要，菩萨福智双修，而且有些经典，如般若经典等，更强调智慧；

---

① 参见刘宋·求那跋陀罗译：《杂阿含经·卷十六》第445–450经，《大正藏》第2册，第115页。

较晚的大乘经典重视慈悲，把慈悲看成是菩萨的必修。这可以从部分经典中的某些菩萨，如观世音菩萨重要性的转变略见一斑；（3）早期大乘平等对待社会生活和离群修行，提升了在家人和妇女的宗教地位。但是后来，大乘又反过来强调出家梵行和山林生活，僧团重新夺回在佛教界的主导地位，在家生活和妇女地位重新回到过去；（4）瑜伽实践深入佛教，瑜伽学派兴起(公元4世纪左右)，禅学细化，菩萨成为超级瑜伽行者；（5）早期大乘把证菩提当成是终极追求，但是稍后，菩萨不急于证菩提；在此娑婆世界中利益众生显得越来越重要，度众生成为修行本身；（6）早期大乘佛教中的众圣菩萨地位相等，其中文殊师利或许更突出一些。后来，每一菩萨都具有其他菩萨的权威和神通，如观世音菩萨具有所有菩萨的福德、智慧、力量，成为慈悲圣王，千处有求千处应。[①]

一方面，菩萨发愿成佛，救度众生；但另一方面，像地藏王菩萨，又发愿"众生度尽，方证菩提，地狱未空，誓不成佛"。大乘佛法菩萨慈悲救度众生的观念，与极乐净土观念，一道催生了从原始佛教"自力解脱"向大乘佛教"他力救度"思想的转变。

三、《六祖坛经》中的诸佛菩萨

熟习佛法的修学者，自然深谙《金刚经》所说的佛菩萨"灭度无量无边众生"而"实无众生得灭度"的道理，但一般大众仅凭借道听途说的理解，恐怕很容易将佛菩萨理解为有求必应、百求百应的神明。如此一来，菩萨其实是"神菩萨"，是中国古代社会祖先崇拜的某种变形，菩萨不过是新形态的"保家仙"；指导众生觉悟的佛教也蜕变为施予众生恩惠、超度亡灵往生善处的"鬼神佛

---

① Har Dayal, *The Bodhisattva Doctrine in Buddhist Sanskrit Literature*, Delhi：Motilal Banarsidass Publishers, 2004, pp. 44–46；转引自学愚：《菩萨范式及其转换》，《世界宗教研究》2017 年第 3 期。

教"。当然，"鬼神佛教"在某种意义上也并未背离菩萨的慈悲精神，但将佛菩萨仅仅局限在施恩救护的意义上，显然偏离了佛教的根本宗旨，也降低了佛教般若智慧的格调。

有鉴于此，惠能大师在《坛经》中对佛菩萨提出了新的解读：

> 佛向性中作，莫向身外求。自性迷即是众生，自性觉即是佛。慈悲即是观音，喜舍名为势至，能净即释迦，平直即弥陀。人我是须弥，贪欲是海水，烦恼是波浪，毒害是恶龙，虚妄是鬼神，尘劳是鱼鳖。贪瞋是地狱，愚痴是畜生。①

这里惠能大师告诫弟子，若想成佛，须向自性中求，不可外求，心外求法完全是外道的做派。所谓"身外求法"，正是广大信众四处求神拜佛，寻求大师加持，如追星般对法师搞个人崇拜之类的行为。在迷妄的时候固应寻求善知识的开示，但若把解脱的希望全部寄托在别人身上，则是舍本逐末，本为开启自性反而愈加迷失，遑论转凡成圣。佛不在身外。一念觉醒，即等同于佛。佛即觉悟者，反过来说，觉醒的人也就是佛。将有形有相的特定膜拜对象视为佛，而不寻求自身的觉悟，一切造作终归枉然。

在"慈悲即是观音，喜舍名为势至，能净即释迦，平直即弥陀"的解读中，惠能大师将人的内在品质与诸佛菩萨关联起来，提出：修习慈悲之心，最终的圆满就是观音菩萨；修习欢喜之心、平等待人之心，最终的圆满就是大势至菩萨；能够自净其意的人，最终的圆满也就是释迦牟尼佛，因为释迦牟尼佛的证果就是主要依靠自净其意；而心地平等正直，最终的圆满就是阿弥陀佛。

在传统佛教观念中，无论诸佛菩萨的具体形象怎样、对人的意义如何，均指代特定的个体；而惠能大师却出其不意地将诸佛菩萨直接等同于人的某种内在品质，同时也等于说，但凡具备上述品质，均名诸佛菩萨。与此类似，惠能

---

① 元·宗宝编：《六祖大师法宝坛经》，《大正藏》第48册，第352页。

大师亦将须弥、大海、波浪、恶龙、鬼神、鱼鳖以及地狱、畜生等分别与人的某种内心状态相对应。这种对应的背后包含了两层含义。

（一）学人所修之法即诸佛菩萨的"法身"

惠能大师偈颂中提到的弥陀、观音、势至三位正是西方三圣，是当时祈求往生的极乐净土的信众专修的对象，也更容易将其设想为心外求法的对象。《坛经》中为了矫正这种偏颇，将作为崇拜对象的佛菩萨，转变为对慈、悲、喜、舍等修法的代称。

从经典依据来说，"南海观音""鱼篮观音""送子观音"等众多的观音形象，本是菩萨的"应化身"；而观音菩萨之所以成就，主要是因修习慈悲法，因此慈悲可以视为观音菩萨的"法身"。因此惠能大师的解说与"三身佛"即化身、报身、法身的理念是相通的。譬如，作为佛教创始人的释迦牟尼，是佛的"化身"，而其所讲种种教法则为"法身"。早期佛典《增一阿含经》中以一则故事来说明究竟怎样才是真正的"礼佛"：

> 是时，优钵华色比丘尼闻如来今日当至阎浮提僧迦尸池水侧，闻已，便生此念："四部之众、国王、大臣、国中人民，靡不往者。设我当以常法往者，此非其宜。我今当作转轮圣王形容，往见世尊。"是时，优钵华色比丘尼还隐其形，作转轮圣王形，七宝具足。所谓七宝者，轮宝、象宝、马宝、珠宝、玉女宝、典兵宝、典藏宝，是谓七宝。
>
> 尔时，尊者须菩提在罗阅城耆阇崛山中，在一山侧缝衣裳。是时，须菩提闻世尊今日当来至阎浮里地，四部之众靡不见者，"我今者宜可时往问讯礼拜如来"。尔时，尊者须菩提便舍缝衣之业，从坐起，右脚着地。是时，彼复作是念："此如来形，何者是世尊？为是眼、耳、鼻、口、身、意乎？往见者复是地、水、火、风种乎？一切

诸法皆悉空寂，无造、无作，如世尊所说偈言：'若欲礼佛者，及诸最胜者，阴持入诸种，皆悉观无常。曩昔过去佛，及以当来者，如今现在佛，此皆悉无常。若欲礼佛者，过去及当来，说于现在中，当观于空法。若欲礼佛者，过去及当来，现在及诸佛，当计于无我。'此中无我、无命、无人、无造作，亦无形容，有教、有授者，诸法皆悉空寂。何者是我？我者无主。我今归命真法之聚。"尔时，尊者须菩提还坐缝衣。

是时，优钵华色比丘尼作转轮圣王形，七宝导从至世尊所。是时，五国王遥见转轮圣王来，欢喜踊跃，不能自胜，自相谓言："甚奇！甚特！世间出二珍宝，如来、转轮圣王。"

尔时，世尊将数万天人从须弥山顶来，至池水侧。是时，世尊举足蹈地，此三千大千世界六变震动。是时，化转轮圣王渐渐至世尊所，诸小国王及人民之类各各避之。是时，化圣王觉知以近世尊，还复本形，作比丘尼礼世尊足。五王见已，各自称怨，自相谓言："我等今日极有所失，我等先应见如来，然今此比丘尼先见之。"

是时，比丘尼至世尊所，头面礼足，而白佛言："我今礼最胜尊，今日先得觐省，我优钵华色比丘尼是如来弟子。"

尔时，世尊与彼比丘尼而说偈言："善业以先礼，最初无过者，空无解脱门，此是礼佛义。若欲礼佛者，当来及过去，当观空无法，此名礼佛义。"

是时，五王及人民之众不可称计，往至世尊所，各自称名："我是迦尸国王波斯匿。""我是拔嗟国王，名曰优填。""我是五都人民之主，名曰恶生。""我是南海之主，名优陀延。""我是摩竭国频毗娑罗王。"尔时，十一那术人民运集，及四部之众，最尊长者，千二百五十人往至世尊所，头面礼足，在一面立。①

这个故事的背景是佛陀去往天界说法，人间的弟子甚是思念。当听说佛陀说法圆满即将返回人间，众弟子心生欢喜，前去迎接佛陀。见到佛陀后，第一位顶礼的是莲花色比丘尼（优钵花色比丘尼），她善于神通变化，特地化作具足七宝的转轮圣王率先来至佛前。礼佛已毕，她就对佛陀说："今天我是第一个见到您的，太殊胜了！"但佛陀却告诉她："第一位见到佛陀的并非是你，而是另有其人。"这位并未在场的首位礼佛者，就是须菩提。

原本准备去迎接佛陀的须菩提尊者忽然想到：地、水、火、风四大组合的佛陀肉身并不长久，亦非佛陀的真身；而且相好光明的外在形象只是佛陀的报身，是通过修行获得的一种福德。庄严报身虽然稀有难得，毕竟也有缘生缘灭，所以他认为不应该迎接佛陀的报身。最后，须菩提又想起佛陀"若欲礼佛者"当"观无常""观空法""观无我"，认识到真正应该迎接的是佛的法身，也就是去契入和证悟佛的教法，这才是真正的礼佛。释尊认可须菩提的想法和做法，因此才说须菩提尊者是第一位礼佛者。

观空、体法是礼拜佛的法身，才是真正的"礼佛"，这样的理念在后世佛教文献中也屡次出现。如《度一切诸佛境界智严经》便说："若见十二因缘，即是见法，见法即是见佛，如是见无所见。"②南传佛教里则称"法身"为佛陀宣说教法的聚合体，又作"法义集"，譬如作为佛教入门读物的偈颂集《法句经》就是典型的法义集。所以，南北传佛教均认为，缘起法是如来法身，见缘起法即等于见到了如来真法身，这也是后世佛教"法身"理念的源头。悉达多太子在菩提树下证悟缘起而成佛，无数佛陀弟子领悟缘起法而证圣果。即使是在没有佛法的时代，若有人观落花、看流水而领悟到宇宙万物皆是缘生缘灭的道理，一样能够做到看破、放下、潇洒、自在，证得辟支佛果。

① 东晋·瞿昙僧伽提婆译：《增一阿含经·卷二十八》，《大正藏》第2册，第707-708页。
② 梁·僧伽婆罗等译：《度一切诸佛境界智严经》，《大正藏》第12册，第252页。

流传后世的佛所说法，即如来的"法身"，这一点也可以在佛陀涅槃前对阿难的嘱托中得到印证：

> 然者，阿难！诸比丘众向我眺望何耶？阿难！我所说之法，于内于外悉无区别。阿难！如来所说之法，于弟子是无隐秘、握拳不教。阿难！若有如是思惟"我引导比丘众"或"比丘众依怙于我"，然，阿难！对于比丘众应何教言？阿难！如来不如是思惟"我引导比丘众"或"比丘众依怙于我"。
>
> ……因此，阿难！以自作洲，自作归依，勿归依他人；以法为洲，以法为归依而住，勿归依他人。①

释尊生前并不以僧团管理者或领袖自居，告诉阿难若比丘生出"'（如来）我引导比丘众'或'比丘众依怙于（如来）我'"的想法是错误的，正确的做法是"以法为洲，法为归依而住，勿归依他人"。最后，释尊再次强调："依我为汝等所说之法与律，于我灭后，当为汝之大师。"②释尊在世的时候，以佛的报身为师；释尊入灭以后，则以佛的法身即释尊所说的法与律为师。佛所说的法与佛为僧团制定的戒律，这二者才是佛的法身。

（二）诸佛菩萨乃是修学者心境之表征

慈悲喜舍"四无量心"是释尊在世时所传的教法之一，修习慈悲喜舍而圆满成就的人也有很多，这样的人即为圣人或菩萨。总的说来，慈悲喜舍等"法"显得比较抽象，对于文化程度不高的修学者来说理解起来有困难，所以大乘佛法进入中国以后，"法身观"在民间便悄然转向"应化身"。

民间乐于将抽象的事物加以具象化，这一点从佛像形成的历史可见一斑。因为释尊在世时反对偶像崇拜，故而早期佛教是没有佛像的，在古印度社会无

---

① 通妙译：《大般涅槃经》，收于《汉译南传大藏经·长部经典二》，版权前揭，第51–52页。
② 通妙译：《大般涅槃经》，收于《汉译南传大藏经·长部经典二》，版权前揭，第109页。

论绘画还是雕塑都很少见。到了公元前二世纪，佛法传到犍陀罗地区，佛像开始风行一时。犍陀罗在早期佛教的传播中属于古印度版图之外的"边地"，原本是难以听闻佛法的所在。到孔雀王朝之后，佛法很可能是随着阿育王的佛教统治进入犍陀罗境内。因此，佛法对于犍陀罗而言是一种异域文化的外来宗教。

对异质文化来说，接受一种外来宗教，最便捷的方式便是用已有的宗教去理解它。犍陀罗地区原本包含希腊文化的要素，因此犍陀罗人直接用希腊文化的方式，将佛陀、佛经中的故事、佛教供养者都惟妙惟肖地雕刻下来。伴随着佛教典籍的译介，佛塔、佛寺的修建，犍陀罗一度成为"佛教天堂"。中国的佛教造像即深受犍陀罗风格的影响。

在印度本土，时隔几百年后，要完全领悟佛陀的精深教法已殊为不易。对于异域文化而言，要了知观空、体法即见佛，明白佛陀"法身"的旨趣，更多了一层文化隔膜。通过有形有相的艺术形象来刺激、吸引信众，强化修学者的学习兴趣，不失为一种便捷的好办法。一方面，通过修证圆满而成就清净法相的人，以佛菩萨的庄严形象，作为值得纪念的榜样展现在世人面前；但另一方面，他们的庄严法相长久流传于世，逐渐变成了赏善罚恶的神明的化身，却忽略了他们代表的法，忽略了他们作为导师和榜样的意义。

真正的诸佛菩萨，本来就只应是某种修学境界的化身，显现在世人面前的清净庄严的法相也只是他们所修证之法的象征。人们依据导师和善知识的引领如法修行，到了一定阶段就能切实契入与佛菩萨平等的境界。修习慈悲法门的人很多，圆满成就的人也很多，谁通达了菩萨的境界，谁便也是菩萨。"观音"二字，是慈悲法门的代表，也是修法成就的象征，"慈悲即观音"所表达的正是这种含义。《坛经》中惠能大师的一系列开示，就是应用了"法身"的概念来传达佛法本来的真实。

在惠能大师以前，人们倾向于将诸佛菩萨想象为塑像所表现的那种形象化的神明，使得人们容易执着于诸佛菩萨的外在美好形象，而忽略其法身意义、境界意义。惠能大师利用法身、正法、妙法来解读诸佛菩萨，同时也印证了无上甚深微妙法才是诸佛菩萨的真实本质。在人们完全迷惘无措的时候，对形象化的诸佛菩萨的瞻仰、崇拜可以牵引人们走近佛法；当人们有所觉悟之后，就不能继续停留在神佛崇拜和他力救度上，而应看到本质，在自性的诸佛菩萨上多下功夫。惠能大师的解读，就是将形式化、形象化的诸佛菩萨拉回到他们所代表的法、德行、境界之上，重新揭示其象征意义，令学人生起修学信心和力量——以诸佛菩萨为榜样，如法修习到一定阶段，定可成就与诸佛菩萨一样的清净庄严。

第七章 《六祖坛经》的"修道"新解

在不同时代人们对什么是"佛教修行"的认识有所变化。在原始佛教时期，佛教修法一般有戒、定、慧"三学"，"八正道"，"三十七道支"等几种常见的概括方式。其中，"八正道"是戒、定、慧"三学"的展开——正见、正思惟属慧学；正语、正业、正命属戒学；正念、正定属定学；正精进则通于戒、定、慧三学。同时，"八正道"与"三十七道支"均是对释尊生平所传教法的概括，只是详略有别。也就是说，在早期佛教中，修佛修道就意味着要修"三学""八正道""三十七道支"。

大乘佛法主修菩萨行，既要自度，更要时刻以众生为念，深入人群，普度众生。大乘修法一般包括布施度、持戒度、忍辱度、精进度、禅定度、般若度等"六度"与布施摄、爱语摄、利行摄、同事摄等"四摄"。其中"六度"是自身修行的成就菩萨果位的法门；"四摄"是视众生根器、喜好，进行方便度化的权巧法门。

《坛经》秉承大乘法脉，但在修道的方式和理念上作出了革命性的创新。

第一节 《六祖坛经》的"戒律"新解

原始佛教对戒律非常重视，我们可以从佛教三藏，尤其是律藏文本中，看到大量强调戒律的文字。释尊灭度之前教诫弟子"依法不依人"，并特地嘱咐今后"依我为汝等所说之法与律，于我灭后，当为汝之大师"[①]。可见"依法不

---

① 参见通妙译：《大般涅槃经》，收于《汉译南传大藏经·长部经典二》，版权前揭，第 109 页。

依人"的"法"即包括释尊在世时所说的法与所制的律。

一、传统佛教的戒律观念

在原始佛教的语境中，"持戒"是沙门、修行人乃至一切世人的基本德行。佛教的持戒源于古印度特有的苦行传统。佛陀之前的上古印度文明就已经形成了与世界上绝大多数古文明不同的特质——在物质上极其朴素节制，将关注的重心投入到玄虚的精神生活上面，以与宇宙最高实体相合为人世的最高追求。个人的生活准则乃至整个社会的行为规范均围绕这一目标制定，就是以整个宇宙为背景，来反思人应当如何生活，究竟怎样的生活才是正当的、合理的、有益的。由此得出的结论是：人应当选择唯一可能获得解脱的与"法"一致的行为方式和生活方式，这便是持戒、修梵行。[①]

在释尊制戒之前，佛教僧团大体实行与当时修行团体相当的行为准则。就是说，如果一种行为会遭致世人或其他修行者的诟病，那么佛教沙门也不会去做。而释尊后来为僧团制戒有两方面的原因：一方面是使得佛教僧团的戒律有别于其他修行团体，令后世修学者有律可循。比如与佛陀同时代的耆那教倡导极度苦行，为印度社会所称颂；但佛陀认为持戒是为了更好地修习定、慧，极度苦行戕害肉身，对进一步修行不利，因而并不赞成。既然如此，佛教沙门团体就需要有自己的律法教导弟子怎样如法地持戒。另一方面则是从佛法的传承考虑，制定详尽的戒律有利于佛法长久流传、发扬光大。

对于释尊制戒的缘起，在《四分律》中是通过尊者舍利弗与释尊之间的一段对话来表现的：

> 时尊者舍利弗，于闲静处作是念言："何者等正觉修梵行佛法久住？何者等正觉修梵行佛法不久住？"尔时舍利弗从静处起，整衣服至世尊所，头面礼足在一面坐，须臾退坐，白世尊言："向者我于静

---

① 参见蒋忠新译：《摩奴法论》第一、二章，北京：中国社会科学出版社，1986年。

处坐，作是念：'何者等正觉修梵行佛法久住？何者等正觉修梵行佛法不久住？'愿为开示。"

佛告舍利弗："毗婆尸佛、式佛、拘留孙佛、迦叶佛，此诸佛修梵行法得久住。随叶佛、拘那含牟尼佛，法不久住。"

舍利弗白佛言："以何因缘毗婆尸佛、式佛、拘留孙佛、迦叶佛，修梵行法得久住？以何因缘故随叶佛、拘那含牟尼佛，修梵行法不得久住耶？"

佛告舍利弗："拘那含牟尼佛、随叶佛，不广为诸弟子说法。契经、祇夜经、授记经、偈经、句经、因缘经、本生经、善道经、方等经、未曾有经、譬喻经、优波提舍经，不为人广说契经乃至优波提舍经，不结戒亦不说戒，故诸弟子疲厌，是以法不久住。①

这里，释尊将正法能否久住的关键归于是否"广为诸弟子说法"、是否"结戒说戒"。若一佛"不广为诸弟子说法"，且"不结戒亦不说戒"，则正法难以久住；反之，则正法源远流长。释尊进一步解释说：

譬如种种花散置案上，风吹则散。何以故？以无线贯穿故如是。舍利弗！彼佛及声闻众在世者，佛法流布。若彼佛及诸声闻众灭后，世间人种种名、种种姓、种种家出家者，令法疾灭不久住。何以故？不以经法摄取故。②

这里的"经法摄取"显然包含了"广为诸弟子说法"和"结戒说戒"两部分的内容。释尊此处以"花""绳"为喻，说僧团犹如散放在桌案上的鲜花，"经法"犹如将花串在一起的线绳。花无绳的串连则风吹而散，僧团若无经法的摄取，则佛灭法亦灭。舍利弗听完佛陀的解释，立刻请求佛陀为弟子宣说戒法，以令正法长存：

---

① 姚秦·佛陀耶舍共竺佛念等译：《四分律·卷一》，《大正藏》第22册，第569页。
② 姚秦·佛陀耶舍共竺佛念等译：《四分律·卷一》，《大正藏》第22册，第569页。

尔时舍利弗从坐而起，偏露右臂、右膝着地，合掌白佛言："世尊！今正是时，唯愿大圣与诸比丘结戒说戒，使修梵行法得久住。"

佛告舍利弗："且止！佛自知时。舍利弗！如来未为诸比丘结戒。何以故？比丘中未有犯有漏法。若有犯有漏法者，然后世尊为诸比丘结戒，断彼有漏法故。舍利弗！比丘乃至未得利养，故未生有漏法；若得利养便生有漏法。若有漏法生，世尊乃为诸比丘结戒，欲使彼断有漏法故。舍利弗！比丘未生有漏法者，以未有名称为人所识，多闻多财业故。若比丘得名称乃至多财业，便生有漏法。若有漏法生，然后世尊当为结戒，欲使彼断有漏法故。舍利弗！汝且止，如来自知时。"①

舍利弗虽至诚恳请佛陀结戒说戒，但佛陀解释说，任何事情都要讲求因缘，僧团之中尚未发现比丘生有漏法，因此暂时无需制戒。至于结戒说戒，"佛自知时"。

从上述经文中不难看出戒律对于佛教兴衰存亡举足轻重的意义，戒律的制定是佛法生命修短的关键因素。后世许多大德均认识到了这一点，如《四分律行事钞资持记》所言："佛法二宝，并假僧弘。僧宝所存，非戒不立。"②就是说，"佛""法"二宝只有通过"僧宝"才能得以弘扬，因为佛陀已入涅槃，而记载着佛陀教法的三藏十二部皆于藏经楼中束之高阁，众生若想要了解佛陀的伟大和佛法的真谛，就只有依靠僧宝的弘传。而要僧宝长久住世则必须依靠严明清净的戒律，若无戒律，僧团绝难持久，弘扬正法的使命也将后继无人。从这种意义上来说，戒律是僧团的标志，有了持戒清净的僧团才有长久住世的正法。

佛教修学者当以法为洲、以律为洲，那么法与律哪种更重要？尊者阿那律即曾以此请教释尊："戒与闻，此二法何者最胜乎？"这里的"戒"即受戒、

---

① 姚秦·佛陀耶舍共竺佛念等译：《四分律·卷一》，《大正藏》第22册，第569页。
② 宋·元照撰：《四分律行事钞资持记·卷一》，《大正藏》第40册，第160页。

持戒，"闻"即听闻佛法。佛陀的回答是："戒胜于闻者，于中何所疑。"①在佛陀的心目中，"戒"胜于"闻"是毋庸置疑的，因为戒为菩提之本、三学之基，离开戒律，再多闻多学亦无法令正法长住于世。

佛陀晚年对戒律更加重视，如《四十二章经》所载："弟子去，离吾数千里，忆念吾戒必得道；在吾左侧，意在邪，终不得道。"②意思是说，对于不能留在佛陀身边的弟子们，如果可以时时刻刻持守戒律，依旧定成道果，也许会慢一点，但是路不会错；反之，尽管有些弟子天天围绕在佛陀的身边，但不守持戒律，虽近亦不得道。可见，在原始佛教中，持戒是入道的唯一基石。

二、惠能之前禅宗的戒律观念：以神秀大师为例

大乘佛法对原始佛教和部派佛教的戒律有所发展，对四众弟子均提出不同的持戒要求：出家弟子有沙弥戒、沙弥尼戒、式叉摩那戒、比丘戒、比丘尼戒、菩萨戒，在家弟子同样也应受五戒、八戒、菩萨戒。这些戒条甚为繁琐，不同地区情况有别，严格执行并不容易。事实上早在部派佛教早期就已经出现了对持戒宽严的分歧，比如小小戒（琐细的戒条）是否可舍的问题，是否可以接受金钱的问题，不同派别观念不同。

佛教传入中国以后，社会环境大变，戒律在新的地域环境、社会环境之下，势必作出相应的调整和变通。唐代禅宗兴盛，早期的禅宗强调教外别传，虽然藉教悟宗，但并未对戒律有明显的强调。据学者考证：

> 戒律的重视与否奠基于对"罪"的看法，以及灭罪的忏法之施设，但从早期禅宗文献《二入四行论》里，认为罪性本空，以心为戒的思想，以为"断一切恶，修一切善，得成佛"之念头只是"妄想"。这与达摩称法行中以性净之理行六度的理念相合，着重不取

---

① 东晋·瞿昙僧伽提婆译：《增一阿含经·卷三十七》，《大正藏》第2册，第754页。
② 后汉·迦叶摩腾共法兰译：《四十二章经》，《大正藏》第17册，第722页。

相、自利利他的实践。因此，虽不重视戒律的仪式，仍是属于菩萨道之范畴，所以圣严法师在《菩萨戒指要》说：“中国禅宗一开始便被是依律而住，依律而行，倒是掌握了佛法的命脉，心净即是持戒。”①

禅宗虽说掌握了佛法之命脉，但毕竟作为佛的弟子，完全不讲戒律是不可能的。传至北宗神秀大师时，神秀对传统的佛教戒律作了大胆的改革：

（一）从内容上，神秀大师把众多繁琐的戒条调整为几条简明的原则，如《坛经》所载的“诸恶莫作名为戒，诸善奉行名为慧，自净其意名为定”②。这里的“诸恶莫作”“诸善奉行”“自净其意”是律藏所载过去佛迦叶如来所说的戒经，此处并未提及具体戒条，而一切戒条制定的初衷本是为了对治一切不善的、不能导向解脱的行为，就是止恶、行善、利他，行善利他。“诸恶莫作”“诸善奉行”“自净其意”正是戒法基本精神的精髓。

（二）从形式上，神秀大师对戒律的强调重点体现在治身上面。北宗禅法的特色可以说是渐修。渐修的思维是：若身、口、意三业有犯则一点一点地对治、纠正。神秀大师所说“身是菩提树，心如明镜台，时时勤拂拭，勿使惹尘埃”也正是这种渐修思维的体现——尘埃喻人们心中的无明烦恼，以及由无明烦恼所带来的不合于善、不利于解脱的行为和思想。此类“尘埃”一旦生起，就要立刻拂拭、清理。这样循序渐进的修行自然需要精勤持戒的辅助。

三、惠能大师的戒律新解

神秀大师对戒律的调整，主要是把众多具体而繁琐的戒条用“止恶”的总纲提挈，既把握了戒法的精髓，又避免了戒条的繁琐，已属相当大胆的创新。不过在惠能大师看来，这样的调整至少存在两个问题：其一，神秀大师所强调

---

① 高毓婷：《北宗神秀菩萨戒研究》，《宗教学研究》2001 年第 4 期。
② 元·宗宝编：《六祖大师法宝坛经》，《大正藏》第 48 册，第 358 页。

的仍偏重于持戒的外在形式；其二，神秀大师所说的持戒偏重于身业和口业方面的止恶。惠能大师认为这样不够彻底，应该从根本上解决问题，即当从心地处持戒。

惠能大师说法所倡导的成佛的方法与途径是"明心见性"，即"我本元自性清净，若识自心见性，皆成佛道"①。所谓"明心"，也就是要了解内心本来的清净，即"菩提自性，本来清净，但用此心，直了成佛"②。惠能大师同样将明心见性的理念贯彻到他的戒律观之中。

传统佛教强调的乃是戒除杀、盗、淫、妄、酒等不善法或恶行本身，而惠能大师着重强调的是要戒除诸如妄心、妄念、迷心、邪心等内心的染着。用现在的话来说，惠能大师强调的是戒除人们心中不正确的思维和知见。当说到传统佛教义理"五香"③之"戒香"时，惠能大师说："戒香，即自心中无非、无恶、无嫉妒、无贪瞋、无劫害，名戒香。"④因为身业、口业的问题从根本上说皆源自内心的意念，所以，持戒应该从内心的根本处下手，令心中彻底无人我是非、嫉妒、贪瞋、戕害之心，方称得上"戒香"。

他告诉众人："自心中邪见、烦恼、愚痴众生。"⑤人心原本清净无染，但世人受外界干扰，妄念、邪见随之生起，心亦随之被贪、瞋、痴、慢、疑等不善法所染着，此时即为凡夫。若能遣散妄念，令原本清净的自心重新得以显现，世人自然能够转凡成圣。与惠能大师直指人心的修行理念一致，惠能大师的持戒也要求从根本处着手。人们的口业、身业造诸恶行，其根本源自心不平、不净，若心清净无染，口业、身业自然清净，不戒而戒。所以惠能大师说："心平何劳持戒，行直何须参禅。"⑥若人心念平直，没有各种扭曲、染污之念，言

① 元·宗宝编：《六祖大师法宝坛经》，《大正藏》第48册，第351页。
② 元·宗宝编：《六祖大师法宝坛经》，《大正藏》第48册，第347页。
③ "五香"，佛教的修身方法，指戒香、定香、慧香、解脱香、解脱知见香，因此五香令法身显出，故又作"五分法身香"。
④ 元·宗宝编：《六祖大师法宝坛经》，《大正藏》第48册，第353页。
⑤ 元·宗宝编：《六祖大师法宝坛经》，《大正藏》第48册，第354页。
⑥ 元·宗宝编：《六祖大师法宝坛经》，《大正藏》第48册，第352页。

语诸行自然如法，不戒而戒。

惠能大师的这种以"心平"为持戒的思维，其实也完全符合佛陀的本怀。释迦牟尼佛在菩提树下悟道之后，并未立即制定具体的戒条，而是先宣说佛法。从某种意义上说，佛陀此时所讲的法亦有戒的功能，即"心斋""心戒"，通过法的修习达到内心的平静、无染。佛陀讲经主要是用来对治人们心里不净的染法，指导人们去除这些不净，因此是一种心戒。佛陀最初通过这种方法引导弟子戒心达十二年之久。十二年后，佛门壮大，弟子良莠不齐，单纯的以法戒心已不足以约束诸多佛子的言行，佛陀才不得不制定有形有相的戒条。^① 不难看出，制定戒条对于佛教而言并不是一件值得炫耀的事，而是一种不得已而为之的手段。中国古代的圣人也有类似的做法，上古三皇五帝时代，均是以德化天下、以德治天下，后来因为单纯德治已不能很好地解决问题，不得已而以法治。世俗世界的制定律法规范跟佛教的制立戒条是相通的，都是退而求其次的选择。惠能大师则是回到制戒的起点，即类似于德治或治心的根本之戒。

惠能大师所强调的"心平何劳持戒"，既合乎佛陀的本怀，也契合中国传统文化的基本精神。孔子曾经说过："四十而不惑，五十而知天命，六十而耳顺，七十而从心所欲不逾矩。"（《论语·为政》）这里的"七十"就相当于修行人已小有所成，此时不需要熟记条例规范也自然能够做到内心清净，一切随缘而自在。事实上，"从心所欲不逾矩"恰与"心平何劳持戒"形成遥相呼应的对文。所谓的"何劳持戒"并非不要持戒，而是因为一个人内心清净圆满，他的行为自然就会合乎规范，所有的戒条、律法都不再成其为约束，更不构成任何负担，不"劳"费心费力地去坚持、去遵守，这也正是"从心所欲不逾矩"的境界。普通凡夫，或修学未久的学人，往往将"持戒"视作束缚和负担。在佛陀刚刚灭度的时候，就有愚痴无智的比丘不胜欢喜地说："佛在世时，禁呵

---

① 不同的佛教传统，对佛陀开始制戒的时间亦有不同的记载，分别有五年、十二年、二十年之说。

我等不得纵意，既般涅槃，何其快哉！"① 可见，将律法视为约束是许多修行人的通病。若己心未平，无论是杀、盗、淫、妄等根本戒还是吃饭不语、不非时食这等琐屑的小戒，都是一种约束；若心已平，行止无不合宜，守护身与意的戒条已属无用。这也正是惠能大师所说的"戒心"。

"戒心"的理念一直贯彻到佛教的"三坛大戒"里。男众的"三坛大戒"包括沙弥戒、比丘戒和菩萨戒。其中，沙弥戒、比丘戒主要是有形有相的戒条，而菩萨戒则以戒心为主。可见，自六祖惠能以后，"心戒"在汉地佛教中也已取得根本地位。

在惠能大师圆寂之后，马祖道一、百丈怀海等祖师大德承继惠能大师的理念，进一步对原始佛教的戒律进行了大刀阔斧的改革。比如原始佛教的律法因担心对众生造成伤害而禁止沙门从事掘地、斩草、伐树等劳作，完全以乞食为生。百丈禅师则主张"一日不作，一日不食"，明确规定所有僧众除了在禅堂修行之外，每天必须从事生产劳动和日常劳作。马祖禅师与百丈禅师自此正式创立了与印度佛教风格迥异的汉地丛林制度，从组织管理形式到农禅经济制度既符合佛教精神又更适合于中国国情，对佛教、对禅宗的长盛不衰作出了极大的贡献。

第二节　《六祖坛经》的"坐禅"新解

从原始佛教到部派佛教再到不同阶段的大乘佛教，其中一以贯之的是对智慧的追求。原始佛教以"解脱智"为主，寻求个体的生命超越；大乘佛教则寻求"般若智"，不仅要自度，更有度人的崇高追求。而佛教指导学人获得解脱智或般若智的方法，主要是禅法。"禅"是梵语音译，禅宗的"禅"即由此而来。

---

① 东晋·法显译：《大般涅槃经·卷下》，《大正藏》第1册，第206页。

一、原始佛教中的"止观"禅法

印度佛教中的禅法与中国道教的丹法从修行方式到修行境界均存在诸多相通之处，佛教传入中国后很快就被本土文化所接纳，这也是重要原因之一，就是人们对精深的佛教禅法并不觉得抽象、玄虚，反而大有故知相遇的亲切之感。

原始佛教中的禅法即修"禅定"：于静虑中思惟所对之境、详加审视为"禅"（梵文佛经中音译作"禅那"，简称"禅"）；心念止于一境而远离散动为"定"（梵文 samadhi，音译作"三昧""三摩地"）；合而言之，令心专注而达于不散乱之状态即为"禅定"。修禅定的方法也称"止观"，由"止法"与"观法"两部分组成：于静虑中止息一切境界散乱之相为"止"（梵文 samatha，佛经中音译为"奢摩他"）；分别因缘生灭之相为"观"（梵文 vipasyana，音译为"毗钵舍那"）；合而言之，止息一切外境与妄念，生起正智以观诸法实相即为"止观"。"止观"与"禅定"意思相仿，"止观"偏重于方法，于散心（驰骋六尘、散动放逸之心）、定心（专注、远离散乱之心）下均可修习；"禅定"偏重于境界，虽深浅不同，但相对恒于一境，于散心中的昏沉掉举一般认为不成其为禅定。

"止""观"二字本身就已涵盖了原始佛教禅定的基本修习方法。具体而言，禅法中最主要的是"身念处"，而"身念处"的多种观法中又以观入出息的"安般念"最为基础。《阿含经》中甚至认为，如果要将释尊在世时所说全部的法约略为一法，仅修习此一法即可成就的话，那就是"安般念"：

> 世尊告诸比丘："当修行一法，当广布一法，便成神通，除诸乱想，获沙门果，自致涅槃。云何为一法？所谓'念安般'"。①

> 佛告阿难："有一法，多修习已，乃至能令二法满足。何等为一

---

① 东晋·瞿昙僧伽提婆译：《增一阿含经·卷一》，《大正藏》第 2 册，第 553 页。

法？谓'安那般那念'，多修习已，能令四念处满足；四念处满足已，七觉分满足；七觉分满足已，明、解脱满足。"①

原始佛教的禅法，从最初观察呼吸的长短粗细，逐渐深入到诸根与外境之间的触碰中敏感细微的感知状态，再到心于静定中对"观而不观""忘而不忘"的当下状态的时刻体认，渐入逐步加深的禅定境界，直至获得大寂静、悟入解脱。对入出息的"观"与静定力量的增强、思惟力量"念"的渐次深入是相辅相成的，所以才能获得殊胜的"大果大功德"。同样，原始圣典中讲"观四谛""观十二缘起"可获证悟，也不是说单纯明白四谛、缘起的道理即可，而是要从依止观而入静定，于静定中染污渐去，清净智慧生起，从而观见揭示生命本质的四谛法和缘起法的"实相"，由此证得声闻、缘觉等殊异功果。

在日常生活中，我们每个人的眼、耳、鼻、舌、身五种器官不停地与外界接触，内心也不断地被种种身外之物影响，情绪的波动流转从未停歇，种种念头瞬息万变，构成了我们每天的生活，日复一日，年复一年。所有这些，都只是随着旧有习惯的牵动而生起，因而皆为"妄念"。社会不断发展，人们的生活日新月异，但妄念生成的机制没有丝毫改变，而早期佛教"止观禅法"就是针对人的所有这些妄念的止息，具有普适的有效性。

二、禅宗以前的大乘禅法

佛法东渐，禅法与大乘佛法一道传入中国。大乘佛法虽然在修学实践上追求的境界与以往不同，属有别于部派佛教"声闻乘"的"菩萨乘"，但只是发心更加博大高远，而在禅定的实修方法上并未超出原始佛学和部派佛学的藩篱。

大乘佛学以宣讲经义见长，禅法方面的发展与义理互为因果，其中最具代表性的是"中观"法门。大乘佛法中的著名观点"性空幻有"，直接源自原始

---

① 刘宋·求那跋陀罗译：《杂阿含经·卷二十九》，《大正藏》第 2 册，第 208 页。

佛教的缘起论。万法皆由因缘和合而生起、死灭，离了因缘法没有恒常不变的"自性"，因而"缘起"本身即蕴涵了"性空"。到部派佛教时期，有的部派偏执于"有"，有的部派偏执于"顽空"，陷入常、断等邪见，大乘佛学的初兴就是要超越这两种边见。龙树菩萨说"众因缘生法，我说即是无，亦为是假名，亦是中道义"①，将这一立场表达得淋漓尽致。

不过，这里的"幻有"和"性空"，与原始佛学中的"四谛""缘起"一样，仍然不是适合于在世俗层面上宣讲的道理，而是"根本正观"之下显示出来的法的"实相"。以这种视角来看《金刚经》，就不难明了经中的"如来说世界，非世界，是名世界""众生众生者，如来说非众生，是名众生"②"此实想者，即非实想，是故如来说名实想"③等，乃至后来演绎为"赵朴初，即非赵朴初，是名赵朴初"公式的由来——修习禅法专精思惟时只有不执于实、不执于虚，离于两边合于中道，如是知、如是观、如是见，方为"根本正观"，方得见诸法实相，得证无上菩提。可见，大乘教义同样离不开根本的止观禅法。如果离开禅修静定下显露的清净智慧，再精深的义理也容易沦为空洞的说教。

三、惠能之前禅宗的禅法：以神秀大师为例

禅宗创始人达摩祖师的禅法，一般认为均记录在祖师语录《二入四行论》之中。《二入四行论》只存残本，收录于《楞伽师资记》及《景德传灯录》中，题曰《略辨大乘入道四行》。其中"二入"即"理入""行入"，"四行"即"报冤行""随缘行""无所求行""称法行"。其中实修的具体方法属于"理入"：

"理入"者，谓藉教悟宗，深信含生同一真性，但为客尘妄想所覆，不能显了。若也舍妄归真，凝住壁观，无自、无他，凡圣等一，坚住不移，更不随于文教。此即与理冥符无有分别，寂然无

---

① 龙树菩萨造，青目释，姚秦·鸠摩罗什译：《中论·观四谛品》，《大正藏》第30册，第33页。
② 姚秦·鸠摩罗什译：《金刚般若波罗蜜经》，《大正藏》第8册，第750–751页。
③ 唐·义净译：《佛说能断金刚般若波罗蜜多经》，《大正藏》第8册，第773页。

为，名之"理入"。①

　　禅宗主导思想"藉教悟宗""不随于文教"最早的出处均可溯源至初祖达摩大师这里。而禅法方面，达摩祖师认为众生均有佛性，只是为烦恼妄想所遮蔽而无法显露，因此只要"舍妄归真，凝住壁观，无自、无他，凡圣等一，坚住不移"，即可拨云见日，虽不讲经说法，自然与佛理相合"无有分别"。

　　达摩祖师的"壁观"禅法究竟如何，历代学者持论不一。一般认为"壁"是"心如墙壁"的一种比喻，而达摩祖师在修道过程中"面壁而坐"可能源自原始佛教"十遍处"中的"地遍处"法门。达摩祖师之后，二祖慧可、三祖僧璨均隐居清修，而四祖道信和五祖弘忍则建立了稳定的僧团，并形成一定规模。弘忍大师的两大弟子，神秀一脉在北方弘传渐修禅法，惠能一脉则在南方弘传顿悟禅法。之后惠能弟子神会北上与北宗论道争禅门正统，南宗获胜，最终形成"直指人心，见性成佛"的"顿法"一统天下的局面。

　　神秀大师的禅法，相对早期禅法来说既有继承亦有发展。根据经典所载，神秀大师一脉的禅法讲究"凝心入定，住心看净，起心外照，摄心内证"②。这种理念将早期禅法通过数息、念佛来对治妄念，调整为"住心看净"。之前的禅法主要专注于对各种外相的观照，比如念佛相、数息相；而"住心看净"，是观照"清净"本身，如佛菩萨的相好光明、法界的清净庄严、心无染污挂碍等的清净共相，因此这里的"净"是一种内在之相。将观照的对象由外转向内，这在方法上有所创新和发展。客观地说，神秀大师的方法令初学者有方可依，是一种行之有效的入门禅法。不过，随着禅修有一定进境后，要想进一步突破会比较困难，因为无论外相还是内相，一旦有所凭附，都可能成为修学者观境的一重障碍。

　　需要强调的是，神秀大师的禅法本身并无问题，只是若缺少进一步的点拨

---

① 宋·道原纂：《景德传灯录·卷三十》，《大正藏》第 51 册，第 458 页。
② 胡适校：《敦煌唐写本神会和尚遗集·神会语录第三残卷》，上海：亚东图书馆，1930 年，第 175 页。

则不易在修行上有所突破，神秀弟子志诚的经历可资证明。据《坛经》记载，僧人志诚跟随神秀大师修行九年有余，十分精进勇猛，但却始终无法得道。另一方面，神秀大师心里亦有隐忧——跟随自己修学的弟子七百有余，却少有开悟者。反观惠能，本为目不识丁的樵夫，相传弟子之中有所证悟者甚多。面对如此形势，神秀大师心生疑惑，也对惠能的禅法充满好奇，于是派弟子志诚偷偷去跟惠能大师学习，希望找到问题的症结：

> 一日，（神秀大师）命门人志诚曰：“汝聪明多智，可为吾到曹溪听法。若有所闻，尽心记取，还为吾说。”志诚禀命至曹溪，随众参请，不言来处。时，祖师告众曰：“今有盗法之人，潜在此会。”志诚即出礼拜，具陈其事。师曰：“汝从玉泉来，应是细作。”对曰：“不是。”师曰：“何得不是？”对曰：“未说即是，说了不是。”师曰：“汝师若为示众？”对曰：“常指诲大众，住心观静，长坐不卧。”师曰：“住心观静，是病非禅。长坐拘身，于理何益？听吾偈曰：生来坐不卧，死去卧不坐，一具臭骨头，何为立功课？”①

僧人志诚带着神秀的嘱托，来到了曹溪“盗法”，被惠能大师发现。惠能大师询问志诚，神秀大师所教的禅法是怎样的。志诚如实回答“住心观静，长坐不卧”。“住心观静”，就是心专一处，观察清静的境界，这与原始佛教的禅法一脉相承。无论是“住心观静”还是“长坐不卧”，都比较偏重具体法相，且带有形式主义倾向。所以，惠能大师当下不客气地指出：“住心观静，是病非禅；长坐拘身，于理何益？”惠能大师指斥不得法地一味“长坐”“观静”为“禅病”，对于领悟真正的佛理毫无利益。作为入门方法的“住心观静”并无不妥，但依赖并拘泥于修习之相的禅法，日久反而成为修行的障碍。

---

① 元·宗宝编：《六祖大师法宝坛经》，《大正藏》第48册，第358页。

惠能大师对传统禅法的批评其来有自,《维摩诘经》就已表达过相似的观点。据尊者舍利弗回忆:

> 忆念我昔,曾于林中宴坐树下,时维摩诘来谓我言:"唯,舍利弗!不必是坐,为宴坐也。夫宴坐者,不于三界现身意,是为宴坐;不起灭定而现诸威仪,是为宴坐;不舍道法而现凡夫事,是为宴坐;心不住内亦不在外,是为宴坐;于诸见不动,而修行三十七品,是为宴坐;不断烦恼而入涅槃,是为宴坐。若能如是坐者,佛所印可。"①

这里的"宴",通"晏""安",为清净安详之意。"宴坐"即安心正坐,也就是一般所说的打坐、坐禅。《瑜伽师地论》中对"宴坐"的解释是:"言宴坐者,谓如有一或于大床或小绳床,或草叶座,结跏趺坐,端身正愿,安住背念。"②这是佛教传统的坐禅、入定的基本方法。天台智顗在《维摩经略疏》中进一步解释说:

> 宴坐者,有云缩止,如龟藏六。缩止六识,六尘魔不能恼,故言缩止。今明宴之言安,安住根本净禅,乃至灭定。息外劳累似涅槃,法安置心中,身证想受灭,故言宴坐。③

在此,智者大师结合六尘、六识,指出"宴坐"犹如龟藏其头尾及四足一般"缩止"六识,使外在的六尘不能干扰六识,以达到清净的寂灭境界。

《维摩诘经》里,舍利弗的"宴坐"就是在僻静处端正身体,结跏趺坐,以身体的安定逐步达到心识的安寂,内外不散乱,渐入禅境,这符合宴坐的原义。"于林中宴坐树下"寥寥数字,已囊括了声闻禅的基本特点:一方面要求有安静的修行场所,"林中树下"就属于清净、安静的地方,远离喧闹;一方

---

① 姚秦·鸠摩罗什译:《维摩诘所说经·卷一》,《大正藏》第14册,第539页。
② 弥勒菩萨说,唐·玄奘译:《瑜伽师地论·卷二十四》,《大正藏》第30册,第411页。
③ 隋·智顗说,唐·湛然略:《维摩经略疏·卷四》,《大正藏》第38册,第611页。

面也要求有固定的修行形式，即跏趺而坐，对于坐的方法有比较严格的要求。

维摩诘大士告诉舍利弗不必如此"宴坐"，即对舍利弗习以为常的坐禅方法提出批评。唐代道掖法师根据维摩诘大士所说的"不于三界现身意""不起灭定而现诸威仪""不舍道法而现凡夫事""心不住内亦不在外""于诸见不动而修行三十七品""不断烦恼而入涅槃"等宴坐六法，总结出声闻禅法的六种不究竟之处：

1. 形神不寂失：即未能达到身心寂灭的境界。修声闻禅还要"于三界现身意"，执着于打坐的念头，拘泥于结跏趺坐的打坐形式。这是缘于不明白宴坐的主体乃是法身，而执着于现实身意的"宴坐"，不能因应外境而任运起用，将导致身意均形同木石。

2. 寂用相乖失：僧肇认为"小乘人入灭尽定则形犹枯木，无运用之能"，而大乘菩萨入实相禅法后心智寂灭而能因体起用，寂而常用。所以大乘菩萨可以"不起灭定而现诸威仪"，声闻罗汉入定后却只能安住于灭定之中，不能现出诸种威仪。

3. 真俗异缘失：声闻乘将道法与凡夫法割裂开来，真、俗对立，追求道法而摒弃凡夫法，所以无法像菩萨一样"不舍道法而现凡夫事"。

4. 心住内外失："小乘防念故系心于内，凡夫多求故驰想于外。"声闻乘执着于道法，故执着于摄心于内，这与凡夫的驰想于外其实相去不远。无论是强调心系于内还是系于外都不够圆融自如，也都是不究竟的。

5. 乖中起行失：指声闻乘执着于要舍弃六十二种邪见才能修行三十七道品，又陷入正邪对立的窠臼。大乘菩萨则认为"诸佛解脱于六十二见中求"，正是要于邪见中超越两边，中道直观而得证悟。

6. 染净未融失：烦恼是烦恼，涅槃是涅槃，声闻乘要断烦恼而证入涅槃，仍是非此即彼的对立观。大乘菩萨则要体悟"烦恼真性即是涅槃"，达到染净不二。①

　　通过维摩诘大士的开示和道掖法师的分析可以看出，大乘禅法对声闻禅批评的要点在于小乘禅法身心虽进入定境，却不能因体起用，因此并不是真正的"宴坐"。维摩诘指正舍利弗的"不必是坐"并非是要否定坐禅，而是指出舍利弗对"坐"这一形式的拘泥会妨害他禅定的成就，应当将"宴坐"从形同木石的"枯坐"转为定慧等持之禅。

　　大乘法提倡将禅修落实到寻常日用中去，在凡夫俗事中和光同尘，打破烦恼与解脱、凡夫与圣人、正见与邪见的对立，极大地扩展了修行的渠道和方法。显然，维摩诘在这里将"宴坐"一词，从"坐"引申到一切可以进入禅定的状态。由宴坐原有的"坐禅"的"禅定"，引申、扩展为一切定慧等持的"禅定"，完成了对宴坐的新诠。

　　维摩诘所主张的新的"宴坐"，其实是不拘泥于形式的，甚至连打坐的念头也可以消除，不必刻意追求色身的静坐入定，而是强调心的了无挂碍。无论身体行住坐卧，心都长处定境之中。从维摩诘大士的"宴坐"中，禅宗的"禅"呼之欲出。"禅"不离百姓的生活日用，只要心住静定，凡夫生活中的种种琐事无一不是禅。心内不着邪念，外不着境相，在种种邪见的干扰下还能保持心念不起，在一切时专心于三十七道品，这才是真正的"禅"。真正的"禅"是要了悟凡夫与圣人、正见与邪见、烦恼与涅槃的不一不异，不需要去断尽烦恼而入于涅槃。如此修习才是真正的"宴坐"。②

　　维摩诘大士借助对"宴坐"的重新诠释，将原始佛学中拘泥于跏趺而坐的狭义禅法，扩展为禅定与智慧双运、定慧等持的菩萨实相禅，代表了声闻禅向菩萨实相禅的转变。惠能大师所言的"住心观静，是病非禅；长坐拘身，于理何益"，正是对维摩诘"不必是坐"的大乘菩萨实相禅法脉的继承和延续。

① 参见唐·道掖撰：《净名经集解关中疏·卷上》，《大正藏》第85册，第455页。
② 参见赖永海、高永旺译注：《维摩诘经》，北京：中华书局，2010年，第35页。

四、惠能大师的"坐禅"新解

惠能大师的修行观，始终坚持一个原则，即一切外在形式对于修道来说皆为方便，修行的真正用功处务必要落于心地之上。惠能大师批评神秀大师的"住心观静，长坐不卧"，正是基于这一立场。

神秀大师主张的"长坐不卧"，即后世常说的"不倒单"：禅修者夜以继日地参禅打坐，睡觉也是以禅坐的形式睡，或者以打坐代替睡觉，以期早日悟道。这也不失为一种勇猛精进的修行方法，但若拘泥于形式，忽略了心性上的证悟，则属本末倒置，迷失了悟道的根本。

马祖道一是南宗洪州禅的祖师。他起初修行的时候，与舍利弗和神秀的弟子一样，拘泥于参禅打坐的外在形式，其师父怀让禅师屡次点拨均未能奏效，于是想了一个办法：

> （怀让）师乃取一砖于彼庵前石上磨。（道）一曰："磨作甚么？"师曰："磨作镜。"一曰："磨砖岂得成镜邪？"师曰："磨砖既不成镜，坐禅岂得作佛？"一曰："如何即是？"师曰："如牛驾车，车若不行，打车即是？打牛即是？"一无对。

> 师又曰："汝学坐禅，为学坐佛。若学坐禅，禅非坐卧。若学坐佛，佛非定相。于无住法，不应取舍。汝若坐佛，即是杀佛。若执坐相，非达其理。"一闻示诲，如饮醍醐。①

怀让禅师见马祖道一不开窍，便拿了一块砖在石头上拼命地磨，摩擦的声音很难听。马祖问师父在做什么，师父说要磨成镜子——磨砖成镜当然不可能，那么你这般枯坐也不能成佛啊。怀让禅师接着又以牛车作比方，牛拉的车子不走，是应该打牛还是打车？这里，车则相当于人用来打坐的身体，牛则相当于真正驱动人修行的心性——这里以牛喻心性，是《遗教经》中"牧牛"主题的

---

① 清·超永编辑：《五灯全书·卷五》，《卍续藏经》第140册，第238页。

延续。尔后，马祖一系的禅师经常用"牧牛"的意象阐明"修心"之理，十分形象。这则公案中怀让禅师以磨砖成镜和打牛驱车两种比喻，来引导马祖了悟不可坐枯禅、坐禅不可执于"坐相"的道理，可与惠能大师对神秀大师的批评相互发明。

神秀大师承继小乘佛法而主张"住心观静"，"住心"就是把心专注于一处，令心不散乱，常见的数息、念佛，包括达摩祖师的壁观，都属于这种功夫。"观静"，则是观一种清净美好的境界，让内心变得清明、澄净。这是自原始佛教以来一直流传并行之有效的修行法门。问题在于神秀大师所强调的所"观"之"静"，本身仍属"相"的范畴，等于"住心"于"静相"，原本是一个不得已而为之的入门方法。这种方法初学的时候可以采用，但对它的弊端不可不察。人的心是无时无刻不在变化的，寻找到一个固定不变的"清净心"来供修学者住守和观照，即犯了"着相"之病，正如惠能大师所说的"若言着心，心元是妄"[1]。若将原本虚妄不实、时刻变化的心当作真实存在，"住心""守心"就会沦为"着心"，坐禅也会沦为一味枯坐，永无进境。

若修行者入道之后，仍停留在坐禅之相与死守意念，执相不除，禅定必定难以深入，反过来还会成为悟道的障碍。坐禅并非固守念头、一味看净——"守念"没有问题，"固守"就成了问题；"看净"没有问题，"一味看净"进而心生"净相"就成了问题。人的本性原本是清净无染的，由于为种种无明虚妄所掩盖，遮蔽了人的真如本性。一旦没有了虚妄邪见，本性自然清净。可是，如果修行者生起有"心相""净相"的执着心去追求真实的"清净"，便平添了一层执着于清净的妄念。这就是惠能大师所说的"起心着净，却生净妄"[2]，即便再勇猛精进，也只能成为修行的障碍。

既然"住心观静，长坐不卧"为不得法，那究竟怎样才是真正的坐禅呢?

---

[1] 元·宗宝编：《六祖大师法宝坛经》，《大正藏》第48册，第353页。
[2] 元·宗宝编：《六祖大师法宝坛经》，《大正藏》第48册，第353页。

惠能大师明确指出：

> 善知识！何名坐禅？此法门中，无障无碍，外于一切善恶境界，
> 心念不起，名为坐；内见自性不动，名为禅。①

真正的"坐禅"包括内、外两个方面：于外，"于一切善恶境界，心念不起"。就是说见到任何或美好或凶恶的种种境界，心念均不为所动；心不动，就不会生起善恶、染净、美丑、人我等分别心；无分别，即无我执，即于一切相不生执着，这样名为"坐"。于内，则是"见自性不动"。不仅于外在的境界不生分别，对内在的修行境界同样不起执着贪恋的妄念，如此才是自性清净心的本来样貌，内心不动，如是名为"禅"。概括起来，即为"外禅内定"，"外禅内定"方为真正的"禅定"：

> 善知识！何名禅定？外离相为禅，内不乱为定。外若着相，内心
> 即乱；外若离相，心即不乱。本性自净自定，只为见境，思境即乱。
> 若见诸境心不乱者，是真定也。善知识！外离相即禅，内不乱即定。
> 外禅内定，是为禅定。《菩萨戒经》云："我本元自性清净。"善知
> 识！于念念中，自见本性清净，自修自行，自成佛道。②

真正的"禅定"要对外离于相，对内心不散乱。"禅"与"定"是一个整体，二者不可分割。一个人对外能够不执着于相，内心自然相应地安住不乱，所以说"外若离相，心即不乱"。人的自性原本是"自净自定"的，只因为见到外境，心生思虑，"思境即乱"。若见到纷繁境界不起思虑分别，不着于境界之外相，心即不乱，如此便达到了真正的静定，"是真定也"。

这里，惠能大师否定的是固守某种禅修的形式或仪轨，提出正确的做法应该是在"外禅内定"上用功。惠能大师反复强调《菩萨戒经》中的"我本元自性清净"，强调每一个人的自心本性都应是清净无染。因此，修行用功就应立

---

① 元·宗宝编：《六祖大师法宝坛经》，《大正藏》第48册，第353页。
② 元·宗宝编：《六祖大师法宝坛经》，《大正藏》第48册，第353页。

足于本元的清净自性上，于念念中，于每一个当下，去开启、发现清净的本性，如此"自修自行，自成佛道"。所谓内外功夫本是一个整体，归根结底都是在原本清净的"本元自性"上做功夫。

如此，惠能大师以"外禅内定"对"坐禅""禅定"进行了新的界定。"外禅"的重点在于不着于相。那么如何才能不着于相？这还是要证得缘起性空、般若性空的法义，即了知你所感知到的一切事物都是因缘和合的结果，没有确定恒固的自性，也没有一个真实不变的本质可供我们去执持、贪着。如果能够达到这样的认知，便能够体悟真正的外禅。不执迷于外相，内心自然不生分别，自然安定清净，自然无住而安住，以"无住生心"的思维在本元自性上用功，最后终能证悟明心见性的境界。惠能大师所说的"坐禅"，已经暗含了禅定与般若智慧打成一片、浑然一体的状态，因有般若智慧的支持，小乘法执着于坐禅之相的形式主义便转向"无住生心""明心见性"的直达本质的真禅定。

惠能大师开辟的这种以觉悟自我为基点，通过"直指人心""转迷成悟"的手段，以同时肯定、同时否定，既不肯定、亦不否定的不二思维或中道思维为武器，以现实人生为观照、参悟的对象，将"明心见性"奉为最终旨归的南宗禅法，在修行实践的层面上开启了中国特色的学禅、参禅运动。一时间，参禅之风不仅在修行界产生了革命性的影响，更超出了佛老信仰的宗教圈，以超越世俗又不离世俗的清新气息，令有识阶层耳目为之一新。从此，洗心涤虑、顿悟心性成为士大夫中间的一种流行风尚。至此，印度佛教的中国本土化彻底完成。外来的佛教能够完全融合为中国传统文化不可分割的组成部分，与惠能大师的努力是分不开的。

第三节 《六祖坛经》中"断烦恼"的新思维

学习佛法的目的可以有很多种说法，其中比较常见的一种就是为了"断除烦恼"。但究竟何为"断"烦恼？在现实生活中，如果我们要折断一根树枝，首先这根树枝一定是真实存在的；如果这根树枝原本不存在，那么"断"也就无从谈起。同样，"断烦恼"暗藏的前提就是——烦恼真实存在，这样"断烦恼"才是有意义的。

如果烦恼果然真实不虚，人们是否真的能将其彻底断除？要弄清这个问题，首先需要对"烦恼"形成比较清晰的认知。人们的生活中有很多可以称得上是"烦恼"的麻烦事。可以说，世间每一个人对烦恼都很熟悉，但烦恼的本质是什么，它们究竟是怎么形成的，佛教对此有透彻的分析。

一、何为"烦恼"？

在早期佛教中"烦恼"有多种异名，像随眠、缠、盖、结、缚、漏、取、系、使、垢、暴流、轭、尘垢、客尘等等，在经典中均十分常见。这些异名本身即揭示了烦恼发生作用的方式。比如烦恼随逐随身，令人陷入昏昧沉重的状态，故称"随眠"；又如烦恼能染污人的真性，使人烦劳，故称"尘劳"；又如大水暴涨时，可漂流人畜、房屋等，烦恼亦可令人的美好德行漂失，故又喻称为"暴流"。

佛典中烦恼的诸多名目，从侧面反映了烦恼发生作用的方式多种多样，其活动状态微细难知。而且烦恼又往往与对境，与相应的心、心所相互影响，相互增强，借此于不知不觉间缠缚于人，难以摆脱。小乘俱舍与大乘唯识学中，通常将烦恼分为"根本烦恼"和"枝末烦恼"两种。"根本烦恼"又分为贪、嗔、痴、慢、疑、见等六烦恼；其中"见"又可分为身见、边执见、邪见、见取见、戒禁取见等五种，合称"十使"，"使"为驱役之义。唯识学中，又将与第七末那识相应而起的我痴、我见、我慢、我爱等，称为"四根本烦恼"。大乘法与小乘法对根本烦恼看法大体一致，"十使""六烦恼（六随眠）""四根本烦恼"为历代论师的普遍看法。

"枝末烦恼"也称"随烦恼"，因伴随根本烦恼而起，从属于根本烦恼，故名。大小乘于随烦恼意见不一。在俱舍中随烦恼有放逸、懈怠等十九种；唯识中除去二种，另加上失念、散乱、不正知等，共二十种。俱舍论将妨碍觉悟之烦恼，称为"烦恼障"；将虽能离弃烦恼障，然未能得到无余涅槃之障碍，称为"解脱障"。唯识论则以"我执"为最根本，称其为"烦恼障"；妨碍正智的产生者，称为"所知障"。俱舍与唯识均以为迷惑于佛教普遍之真理者，称为"迷理惑"；迷惑于具体个别事象的人类情意者，称为"迷事惑"。若以修行阶段之差异而区别，迷惑于佛教之真理者，称为"见惑"；迷惑于现象上之事物者，称为"修惑"或"思惑"。但关于"迷理惑""迷事惑""见惑""修惑"形成的原因、"惑"的对象，小乘俱舍与大乘唯识之间存在分歧。

其他佛教派别往往根据自己的判教方式、修行方法，针对"烦恼"形成自己的学说，比如天台宗有见思（见惑、思惑）、尘沙（妨碍化导）、无明等"三惑"之说。此外还有三漏、三结、四暴流、四取、五盖、五结、六垢、七流、九结、十缠等各种分类，或基于不同计算方法，形成"百八烦恼"，乃至"八万四千烦恼"的种种异说。

有关烦恼的诸多学说，正是"烦恼"这一问题复杂性的体现。但这些学说并非抽象的理论，而是有其现实功效。生活中遭遇的任何一种烦恼，都可以追本溯源，抓住其根本，从而解开症结。比如有官员因贪污、腐败，被调查、双规。这对于当事人来说无疑是十分倒霉的大烦恼，当事人也往往抱怨一时不察为人蒙蔽、利用，或时运不济遭连累、被发现。但这种烦恼的根源绝非遇人不淑或运气不佳，而是源自内在的"贪"与"痴"——只要有一丝贪欲未除，遇到诱惑又因"痴"的无明而心存侥幸，终将走上腐化堕落的不归路。因此，"贪""痴"才是其烦恼的根源所在。

二、《六祖坛经》中的"断烦恼"："转烦恼成菩提"

大小乘佛法均认识到了烦恼的复杂性，因而"断烦恼"不像折断树枝那么简单，必须找到烦恼的根源才行。如果不通佛法，不知反观自身，一旦烦恼生起，只知一味推卸责任、怨天尤人，那么烦恼是很难断除的。

惠能大师也意识到"断烦恼"的困难，他采取的策略是将难点转化，其重点不在"断"，而在"转"——既然烦恼很难从根本上直接断除，那么就将烦恼转化为其他的事物，不失为一种可行的办法，这就是"转烦恼成菩提"。烦恼的形成来源多方，千头万绪，一时难以理清，但转化烦恼的关键只在我们自己的内心。换句话说，惠能大师的"断烦恼"，就是通过心境的转换、思维方式的转换来化解烦恼：

> 善知识！凡夫即佛，烦恼即菩提。前念迷即凡夫，后念悟即佛。
> 前念着境即烦恼，后念离境即菩提。①

要真正"断烦恼"，势必要洞悉烦恼的根源，追溯到内心根本处的贪、嗔、痴、慢等根本烦恼；或者是人生在世无法逃避的生老病死，或怨憎会、爱别离等种种与生俱来的苦难。要将其彻底断除，既需要通透的智慧，也需要非凡的勇气，是普通凡夫难以做到的。因此，惠能大师另辟蹊径，教人们调整心态或转换思维方式，重新认识人的生老病死和内心的贪、嗔、痴、慢，将原本的"烦恼"转化为菩提之智。"转烦恼"的关键，就在于当下的"一念"——"前念着境即烦恼，后念离境即菩提"，就是在当下这一念觉悟烦恼的缘生缘灭、空无自性，烦恼既无自性，觉悟烦恼根本断无可断。当下这一觉，即"觉烦恼

---

① 元·宗宝编：《六祖大师法宝坛经》，《大正藏》第48册，第350页。

即菩提"，转迷成悟就在当下这一刻。

　　举例来说，有生即有死，生老病死乃是人生常态，要直接消除人生中的生老病死是不可能的。但人们能做到的是，在生老病死发生之时，当下观见这些人生现象是由业力所推动，由无常所导致，皆为缘生缘灭的短暂和合；在当下了悟这一切人生现象背后的空无自性，然后以平常的心态去重新看待和接受这些人生现象。于缘聚之时安然接纳，于缘散之际泰然放下，时刻活在自己的人生之中，又时刻以观照者的身份跳到自己的人生之外，自然无有烦恼，无有恐惧，安住不动。这也就是惠能大师所说的"烦恼即菩提""前念迷即凡夫，后念悟即佛"。

　　可见，"烦恼即菩提"并非简单地将烦恼等同于菩提，而是以烦恼作为观照的对象，当下将烦恼转化为菩提。这种转化建立在觉悟空性的基础之上，世人若能够以空性思维去看待种种千奇百怪的人生现象，就会在千变万化之下发现万事万物清净无染的空性，烦恼自然无从说起。"前念着境即烦恼，后念离境即菩提"，一念觉则烦恼断无可断，因为烦恼性本空，压根无处可寻。

　　在中道的思维方式下，"烦恼"与"菩提"并非彼此对立的两种法相，而是一体两面、不一不异的。烦恼并非菩提，但一旦一念觉悟烦恼之性空，即顿悟菩提，因此烦恼与菩提不一不异。觉悟本源空性，认识到烦恼的缘生缘灭，转烦恼为菩提就在一念之间。从空性的角度看，烦恼与菩提根源于同一时空中的同一对象，只是在不同思维程式下以不同的面目作用于人心。从入世的角度来说，若离开烦恼的滋养、历练，一个人将永远停留在孩童时代，得不到真正的成长，也很难建立利国利民的丰功伟业；从出世的角度来说，若世间本无烦恼，世人则难以发解脱之心、生证果之智，也难以了道成佛。

　　日常生活中的大事小事，究竟是烦恼还是机会并不绝对。有时仅仅通过心态和思维的刹那改变，烦恼就立刻蜕变为机会，成为推进人生向上向前的助力。而在修学上，对烦恼的对治、观照显然会推进智慧的生长，烦恼反而成为菩提生长的增上缘。熏习佛法之后，在任何一个层面上，烦恼都不应当再成为人们痛苦的根源，而应当在一切时坦然面对，在生活和修行中不断历练、成长，直至觉悟究竟的智慧。

第四节　《六祖坛经》对"定慧关系"的新解

一般认为，戒、定、慧三学的修习有一定的次第。对于初学者来说，持戒是最基础的入门修行方式，必须先持戒，然后才能禅定有得，进而证得解脱智慧。

一、惠能之前的"三学"关系

佛教传统中戒、定、慧"三学"的关系，《遗教经》中的阐述颇具代表性：

> 此则略说持戒之相，戒是正顺解脱之根本，故名波罗提木叉。因依此戒，得生诸禅定，及灭苦智慧。①

这里表明，戒、定、慧三者中，持戒是修行的根基，之后因戒生定，再由定发慧，学佛修道必须如此循序渐进。这也正是正统的佛教修行理念。

成书于南宋时期的禅宗重要典籍《禅林宝训音义》也认同此种理念：

> 防非止恶曰戒，止息诸缘曰定，破惑证真曰慧，此三者入道之门，泥洹之要，凡为僧者，于此宜尽心焉。②

佛教传入中国后，至隋唐时期已形成大乘八大宗派的规模，各宗派均认可"三学"为佛教修习的基本法门。虽然各大宗派及历代祖师在实际的弘法过程中，根据现实情况的需要对戒、定、慧可能会作出一些与传统不尽一致的解释，但大体均秉承原始佛教的教义，没有根本的背离。

在教外别传的禅宗创立以后，虽仍然承认戒、定、慧三学为基础的修学方

---

① 姚秦·鸠摩罗什译：《佛垂般涅槃略说教诫经》，《大正藏》第 12 册，第 1111 页。
② 明·大建较：《禅林宝训音义》，《卍续藏经》第 113 册，第 295 页。

法，但对于三学的理解却发生了一些微妙的变化。比如神秀大师就说："诸恶莫作名为戒，诸善奉行名为慧，自净其意名为定。"①神秀大师实际上是利用菩萨戒的止恶、行善、利他等理念，对戒定慧进行了新的定义和诠释。

神秀大师将"戒学"界定为"诸恶莫作"，与传统佛学的"防非止恶"尚相去不远；但以"诸善奉行"来定义"慧学"，以"自净其意"来定义"定学"，就与传统慧学的"显发本性，断除烦恼"、传统禅定的"止息诸缘"或"摄散澄神，摒除杂念"完全不同。神秀大师也是从禅宗抓住每一个当下的角度入手，以时刻选择善行作为智慧的表征，而心意清净则定的自然显现。从某种意义上来说，神秀大师对"三学"的诠释已经有了革命性的创新。

二、惠能大师的"定慧等学"

神秀大师对戒、定、慧的诠释已颇具革命性，但惠能大师还不甚满意。惠能大师自信地声称：神秀大师的戒定慧"接大乘人"，而自己的戒定慧"接最上乘人"；神秀大师的戒定慧"劝小根智人"，而自己的戒定慧"劝大根智人"。②在《坛经》中，惠能大师首先申明："我此法门，以定慧为本。"③而对于传统的"因戒生定，再由定发慧"，惠能大师则说："莫言先定发慧、先慧发定各别，作此见者，法有二相。"④

不难看出，惠能大师所开创的修行法门仍不出佛教藩篱，同样是以戒、定、慧三学为本。但对于三学的修习次第，则认为无论是先定后慧还是先慧后定均属谬见，将三学分而视之，重其一而轻其他的分别心，根本就是"着相"的表现。这里所说的"着相"，即是批评传统修行人先在心目中预设了永恒不变的戒法，或有形有相的禅定，或真实不虚的智慧，殊不知三学的设立终究也

① 元·宗宝编：《六祖大师法宝坛经》，《大正藏》第48册，第358页。
② 元·宗宝编：《六祖大师法宝坛经》，《大正藏》第48册，第358页。
③ 元·宗宝编：《六祖大师法宝坛经》，《大正藏》第48册，第352页。
④ 元·宗宝编：《六祖大师法宝坛经》，《大正藏》第48册，第352页。

只是一种方便。

若修行是一场战斗，则戒如铠甲，定如弓，慧如箭，破除烦恼犹如上阵杀敌，这本是一个完整的体系，缺一不可。在破除烦恼的战斗中，若身无戒体铠甲的防护，不严防身口意，则法身容易受到烦恼的染污、苦痛的损害。定慧是破敌的武器，定如战士手中的长弓，弓强则箭能行远，同样定力越强，所激发出来的慧力也越强。战士若手中有弓无箭或有箭无弓都是一样杀敌无望；修行人无论是定力不深还是慧力不足，面对烦恼苦痛均不堪一击，只有定慧同时发力，方能洞彻烦恼的性空本质，从而令烦恼止息，苦痛不生。因此戒、定、慧三学是一个不可分割的整体，三者协同才能去除烦恼，缺一不可。

惠能大师教诫弟子和居士：

> 大众勿迷，言定慧别。定慧一体，不是二。定是慧体，慧是定用。即慧之时定在慧，即定之时慧在定。若识此义，即是定慧等学。[①]

这里惠能大师明确提出自己所宣扬的修行方法，乃是一种"定慧等学"。为了强调这种理念，惠能大师又进一步解释说：

> 口说善语，心中不善，空有定慧，定慧不等。若心口俱善，内外一如，定慧即等。自悟修行，不在于诤。若诤先后，即同迷人，不断胜负，却增我法，不离四相。[②]

之前，惠能大师已明确提出"心平何劳持戒，行直何用参禅"的口号，将戒重新定义为"心戒"；这里又进一步提出自己所传的法门，虽仍以"定慧为本"，但却是有别于一切传统法门的新法——"定慧等学"。

虽然此前也有大乘法提倡"定慧双修"，但在天台等法门里，修定慧相当于修止观，仍然有先定后慧的次第。惠能大师的"定慧等学"与此前大乘法的"定

---

① 元·宗宝编：《六祖大师法宝坛经》，《大正藏》第48册，第352页。
② 元·宗宝编：《六祖大师法宝坛经》，《大正藏》第48册，第352页。

慧双修"仍不相同。事实上，惠能大师的禅法"直指人心"，少谈次第。惠能
大师所传禅法即是同时以定慧为本，定慧一体而非二元对立，或一先一后。有
先后仍然是二，而惠能大师的定慧是一——禅定是智慧的本体，智慧是禅定的
功用；在智慧显现的时候，禅定存在于智慧之中；而当学人入禅定的时候，智
慧亦不离禅定；于慧之外没有一个独立的定，离开定也没有独立的慧，如此才
是定慧等学、定慧不二。

惠能大师用灯与光的关系来说明定慧同一的道理：

> 善知识！定慧犹如何等？犹如灯光。有灯即光，无灯即暗。灯
> 是光之体，光是灯之用。名虽有二，体本同一。此定慧法，亦复如
> 是。①

灯燃自然有光，灯熄则黑暗现前，所以灯是光的本体，光是灯的功用，二
者名称虽有不同，但其本质却是一体的，定慧的关系亦是如此。灯与光是非一
非异的整体，当灯被风吹动，灯不变，而发出的光会变弱；若灯油多而灯芯粗
壮，则灯火也明亮，不易熄灭。与此类似，修行人禅定的功夫越差，产生的智
慧就越少，力量也越弱。总之，定与慧，在初学的阶段似乎次第有别，但学至
深处，就必须了知"定慧等学"的道理。

在论及自己所传之戒定慧与神秀大师所传之戒定慧的分别时，惠能大师提
出"定慧等学"的深层理论基础仍然不离"自性"：

> 吾所说法，不离自性。离体说法，名为相说，自性常迷。须知一
> 切万法，皆从自性起用，是真戒定慧法。听吾偈曰：心地无非自性
> 戒，心地无痴自性慧，心地无乱自性定，不增不减自金刚，身去身来
> 本三昧。②

在惠能大师的法理体系中，"一切万法，皆从自性起用"，因此戒、定、慧

---

① 元·宗宝编：《六祖大师法宝坛经》，《大正藏》第 48 册，第 352 页。
② 元·宗宝编：《六祖大师法宝坛经》，《大正藏》第 48 册，第 358 页。

也完全可以基于自性重新定义：

> 心地无非自性戒；
>
> 心地无痴自性慧；
>
> 心地无乱自性定。

这里所说的"自性"仍然不离一心。只有基于自性，从心地生发的"无非""无乱""无痴"，才是真正的戒、定、慧；只有如此，才是"不增不减"的"金刚三昧"。

第八章 《六祖坛经》的知见新天地

《坛经》始终注重和强调自性、心地、当下一念的作用，这是惠能大师所传禅宗法门立论的基石。禅宗的一系列法义法理均围绕这一核心确立，对传统佛教的"传法""净土""自力、他力之辨""大乘、小乘之辨"等问题也提出了独树一帜的新见解。

第一节 《六祖坛经》的"传法"新解

我们知道，惠能大师最初萌生求法之心，缘于一次意外的闻经：

> 时有一客买柴，使令送至客店。客收去，惠能得钱，却出门外，见一客诵经。惠能一闻经语，心即开悟，遂问："客诵何经？"客曰："《金刚经》。"①

惠能大师自幼丧父后即与母亲相依为命，靠卖柴维持生计，一日在送柴途中偶然听到有人诵读《金刚经》。注意，这是惠能大师首次接触《金刚经》，之前恐怕连《金刚经》的名字也未曾听闻，此时偶一听得只言片语，当下"心即开悟"。这对普通人而言显然是不可想象的。人们往往据此推断惠能大师是一个上上根器的利根之人。

事实上，惠能于砍柴、卖柴之际，听闻《金刚经》而心有所悟，尚属"知"的程度，远未踏上得法之路。我们可以借唯识学"八识"的功用从四个层面来解读传法之路：

---

① 元·宗宝编：《六祖大师法宝坛经》，《大正藏》第48册，第348页。

第一，"知"的层面，通过眼、耳、鼻、舌、身这五识获得的"闻见之知"；

第二，"识"的层面，第六意识对前五识获得的信息加工整理，形成初步的认识；

第三，"解"的层面，经由第七末那识和第八阿赖耶识根据业力塑造的个人偏好对前六识形成的认知加以筛选、评判，完成对事物的判断和理解；

第四，"行"的层面，将八识所作的认知和理解付诸实践。

我们在日常生活中习惯将"知识"二字连用，但实际上二者之间存在一定的差别，佛教对此有精细的分析。比如说，我们知道有位释迦牟尼佛，但我们不一定认识这位释迦牟尼佛；即便认识了，也未必对他所说的话、所证的法有深入的了解；即便有一定的了解，也未必能亲身践行。通过这个简单的例子不难分辨出知、识、解这三个层面对同一事物认知程度的差异。从认识到理解，再到"行"与"证"，方才构成了一个完整的传法过程。

一、从知到识：惠能大师的"黄梅求法"

惠能大师听闻《金刚经》而心有所悟，此时仅停留在对《金刚经》的闻见之知上。惠能大师天赋异禀，仅靠偶然的听闻便可举一反三；而且他所领悟的恐怕已超过世上绝大多数饱学之士，但仍仅处于"有所知"的程度。如果惠能大师此时已彻悟自性，那么他去求见五祖弘忍就不再是为"求法"，而是为了"印证"。事实显然并非如此。

惠能大师在听闻《金刚经》后即决定北上求法。当他来到黄梅见到五祖弘忍大师的时候，五祖弘忍大师先是直接不客气地考较了惠能一番：

> 祖问曰："汝何方人？欲求何物？"惠能对曰："弟子是岭南新
> 州百姓，远来礼师，惟求作佛，不求余物。"祖言："汝是岭南人，
> 又是獦獠，若为堪作佛？"惠能曰："人虽有南北，佛性本无南北。
> 獦獠身与和尚不同，佛性有何差别？"五祖更欲与语，且见徒众总在

左右，乃令随众作务。①

五祖弘忍上来便说惠能是"獦獠"，哪有资格谈成佛作祖？因有祖师加持，惠能以后就被全寺上下称为"獦獠"，大师也不以为忤。当时惠能并未被弘忍祖师的不客气吓倒，他针锋相对地回应："佛性无南北""獦獠与和尚佛性无差别"。此时弘忍大师即已知道惠能不简单，但寺院也是个小社会，讲资历，重势力，又论资排辈。为避免不必要的麻烦，弘忍就打发惠能到后院劈柴舂米，做些杂务。一方面是为了保护他，另一方面也是对其品性和耐力的考验。惠能大师深解五祖弘忍的苦心，在后院心甘情愿地做苦力八个月有余，从来不踏入厅堂，时刻避免引人注意。

当五祖弘忍决定传衣钵时，采取的是公开考试的方式，即让门下弟子各作一偈来表达自己对佛法的心得体会，悟得佛法大意者即可蒙授衣法，成为六祖。最后惠能大师脱颖而出，以一首"菩提本无树"的呈法偈赢得了这场"竞赛"，展示了他对"无住生心"的准确认知。

正如弘忍祖师对惠能大师特地说明的，所谓"传法"，其实并无法可传，但确有一定的法度可依，又有衣钵作为信物。换句话说，老师传授学生知识，实际上传授的是思考问题的方法。学生必须学会解决问题的思维方式，才能真正掌握知识；如果单靠死记硬背，知识很容易被遗忘。世俗有形有相的经验知识尚且如此，超越世俗经验的佛教义理更是如此。师父只能根据各人的根器加以点拨，成就如何只能靠弟子的个人领悟。

来黄梅之前，惠能大师对于佛法只是在偶然的零星听闻之下即有所得；经过在黄梅八个月的熏染，虽然从未踏足厅堂正式学习，但毕竟身处寺院的学修氛围之中，惠能大师对于佛法开始有所参究、反思和践行，已经产生了切身的体认，从"知"步入了"识"的阶段。

---

① 元·宗宝编：《六祖大师法宝坛经》，《大正藏》第48册，第348页。

二、从识到解：惠能大师的"三更受法"

惠能大师的呈法偈展示了他在黄梅八个月的修习心得，此刻虽然尚未彻底证悟，但已经显示出明显超越所有师兄弟的过人知见，获得五祖弘忍内心的认可。接下来，就发生了惠能"三更受法"的戏剧性情节：

> 次日，祖潜至碓坊，见能腰石舂米，语曰："求道之人，为法忘躯，当如是乎！"乃问曰："米熟也未？"惠能曰："米熟久矣，犹欠筛在。"祖以杖击碓三下而去。惠能即会祖意，三鼓入室。祖以袈裟遮围，不令人见，为说《金刚经》。至"应无所住而生其心"，惠能言下大悟，一切万法，不离自性。遂启祖言："何期自性，本自清净；何期自性，本不生灭；何期自性，本自具足；何期自性，本无动摇；何期自性，能生万法。"祖知悟本性，谓惠能曰："不识本心，学法无益；若识自本心，见自本性，即名丈夫、天人师、佛。"三更受法，人尽不知，便传顿教及衣钵，云："汝为第六代祖，善自护念，广度有情，流布将来，无令断绝。"①

在惠能写出"菩提本无树"呈法偈的次日，弘忍大师悄然来至惠能舂米的碓坊，问惠能"米熟了没有"，惠能答："早就熟了，就欠筛子筛。"筛是舂米的最后一道工序，米舂好，谷糠与米分离开来，只需要用筛子把谷糠滤掉，剩下的就是米的精华。他们二人所言是机锋之语，弘忍大师问："米熟否？"显然是问惠能的修为如何，而惠能的回答"犹欠筛"则包含了几种不同的解读：表面上的含义是说，自己的修行和参悟都已准备好，但尚不精细，需要师父进一步去粗存精。更深一层，禅宗认为众生皆有佛性，但被客尘染污埋没，这里惠能是说自己的佛性已然显现，只是染污尚未尽去；或者说自己虽已知晓用功的方法，但对见思烦恼还没有彻底清除净尽；又或者可

---

① 元·宗宝编：《六祖大师法宝坛经》，《大正藏》第48册，第348页。

以理解为自己已然证悟，但尚未达到登峰造极、炉火纯青之境，还需要善知识的点拨和印证，所以"犹欠筛"。

待三更时分，惠能悄悄来到了五祖的丈室。五祖还不放心，特意用袈裟把场地遮围起来。这里应该有两层用意：一方面，佛法的真髓确实至高无上，微妙精深，所以稀有难得；另一方面则是为了避免节外生枝，试图保护惠能。总之，五祖弘忍大师不想让其他人看到。随后，五祖弘忍大师就为惠能讲授《金刚经》。直到此时，他不但对《金刚经》有一般的认知，识《金刚经》之大意，更进一步了解到《金刚经》深层的道理——讲到"应无所住而生其心"时，惠能真正从大彻大悟进入"解"的层面，证悟了"一切万法不离自心"。

惠能大师从知佛法、识自性，然后在五祖弘忍为他讲解《金刚经》之后，进一步解证了"应无所住而生其心"的道理。这时候，五祖弘忍虽然没有直接对惠能大师的修为作出评价，但从弘忍与惠能的前后几次对谈，到之后的传衣付法，再到最后送惠能到渡口，可证弘忍大师认定惠能完全有资格继承自己的衣钵，也能够承担起弘扬禅法的重任。

五祖弘忍在"传顿教及衣钵"之后，嘱托惠能"汝为第六代祖，善自护念，广度有情，流布将来，无令断绝"，就是将普度众生、传播正法的重任托付给了惠能。五祖又留下传法偈："有情来下种，因地果还生，无情既无种，无性亦无生"①，传给惠能去进一步参究，可见对惠能寄予了极大的希望。

不难看到，禅宗的"传法"其实并没有什么好传，不过是师徒之间以偈颂或机锋往来，相互印证，相互增上。比如五祖弘忍大师与惠能为数不多的几次对话都富含深意，弘忍是通过不同的方式考较、调教惠能，然后再对他的境界加以印证，最后机缘成熟，交予传法信物，仅此而已。所以，"传法"并不像有些人猜度的，有某种机密的诀窍可供授受，五祖三更传给了惠能，便令幸运

---

① 元·宗宝编：《六祖大师法宝坛经》，《大正藏》第 48 册，第 349 页。

的惠能顷刻间脱胎换骨。其实，真正使惠能脱胎换骨的，还是在于他自身的根器和不懈的努力。

三、从解到行：惠能大师的"悟了自度"

一般认为，惠能"三更受法"以后便大彻大悟，其实并不见得。据《坛经》记载：

> 惠能三更领得衣钵，云："能本是南中人，素不知此山路，如何出得江口？"五祖言："汝不须忧，吾自送汝。"祖相送，直至九江驿。祖令上船，五祖把橹自摇。惠能言："请和尚坐，弟子合摇橹。"祖云："合是吾渡汝。"惠能云："迷时师度，悟了自度。度名虽一，用处不同。惠能生在边方，语音不正，蒙师传法，今已得悟，只合自性自度。"祖云："如是！如是！以后佛法，由汝大行。汝去三年，吾方逝世。汝今好去，努力向南，不宜速说，佛法难起。"[①]

弘忍大师传法给惠能以后，担心惠能有性命之忧，便命惠能赶紧南逃。此时惠能颇感为难——惠能本是南方人，到黄梅以后一直在厨房里干了八个月的苦力，山门都没出去过，要逃难哪里认识路。五祖弘忍嘱咐他不用担心，会亲自护送。就这样，七十多岁的老人，三更时分，亲自将徒弟送到很远的渡口。二人在渡口找到渡船，弘忍大师又要亲自摇橹送惠能过江，此时师弟二人又进行了几句意味深长的交谈。师父说"合是吾渡汝"，弟子答"迷时师度，悟了自度""蒙师传法，今已得悟，只合自性自度"。

"迷时师度，悟了自度"一语，揭示了禅宗传法的本质。"迷时师度"是说弟子在迷惘之时需要师父点拨、指路。师父的考较、点醒、指正、调教、试探、验证也就是传法的全过程，并没有一法真正授受。而"悟了自度"则意味着弟

---

① 元·宗宝编：《六祖大师法宝坛经》，《大正藏》第48册，第348页。

子在师父的启发下开悟见性，但并不是悟了就一劳永逸、万事大吉，以后还是要靠自修自度。惠能大师也就是从这时开始，走上了自觉、自修、自度的践行之路。

在知、识、解的过程中，势必需要善知识或师父的提点。比如最初那位在岭南客店诵经并指点惠能来到黄梅的客人，不知这位客人修为究竟如何；但即便他对佛法只是一知半解，对于此时的惠能来说仍是一位大善知识，为惠能提供了接触正法的机缘。惠能受到五祖弘忍的赏识，并获授衣法，这又是一个难得的机缘。但再好的机缘也不能代替个人的学修，在掌握了正确的方法，走上修行之路以后，就只能"自性自度"。所谓"自度"，就是要把自己所知、所识、所解的佛法，通过亲身践行化为自己的生命体验，用每一个当下乃至全部生命去不断验证佛法，这就是"行"的过程。

从知行合一的角度来看，《坛经》所载六祖黄梅求法的经历，从接受五祖弘忍的考较、听授《金刚经》、获授衣法等一系列步骤，都属于"知见"的范围，所以惠能虽然在黄梅已然彻悟自性，但仍只是在知见上的领悟；从传法来说，与其说是五祖弘忍"传授"给惠能某种法、某种境界，不如说弘忍去其杂芜，进而印证了惠能的知见。知见上的领悟尚不圆满，还需要有践行去体证。既然师父已印证了弟子修学的方向正确，之后就需要弟子自己去进一步修行了道。

惠能大师的一生磨难重重：幼时贫苦，来至弘忍大师门下只服杂役，得付衣法却要连夜潜逃，又屡遭追杀。之后惠能大师的"践行"，就是回到现实生活中去；既然已经了知、印证了佛法的真髓，那么佛法将为其化解困难和烦恼提供资粮，令祖师在日常生活中继续接受磨砺，在每一个寻常日用的当下去领悟自心。这将是惠能大师在出山传法之前要解决的课题，也就是"行"的任务。

长期以来人们一直有一个疑问，惠能大师南逃之后隐遁山林长达十五年之久，既然已经彻悟自性，那么他在这漫长的十五年间都做了些什么？其实隐遁同样也是修行的一部分。面对困难始终以平常心对待，遇到外界的影响或诱惑始终不染不执，乃至到达无住、无相、无念的程度，所有的经历都是对修行的磨砺和考验，最终也成就了一位伟大的圣者。这也就是大乘经教常说的，走进红尘，用佛法的智慧去化解人生中的种种烦恼，如此才是真正的大智慧、大自在、大解脱。

综上所述，惠能大师从最初听法、接受五祖付法、隐遁自修自度，直至最后了道出山、开宗立派的全过程，如果用五法来概括，就是知、识、解、行、证；如果用四法概括，则是信、解、行、证；再简化为三法，即相当于闻、思、修。教法体系不同，其实是基于不同角度对同一问题的解说，其核心就是法必须靠自己去修、去悟，没有捷径可走，没有人能够代替，因为这是在自己心地上用功。无论传说得多么神奇，"传法"的意义也无非是指路与印证，别无诀窍。

实际上禅宗传法是一种"千圣不传之传"。正因无法可传，寻获福慧具足、根性契合的弟子接续法脉也是难求难遇。相传唐代船子和尚在接引夹山禅师开悟后，等于将衣法托付给夹山，最后嘱其"但向深山里，镢头边，觅取一个半个接续，无令断绝"，便"覆船入水而逝"。[①] 禅宗传法正是如此地酣畅与决绝。

第二节　《六祖坛经》的"净土"新解

中国佛教弥陀净土法门的形成可以追溯到东晋的慧远大师。慧远在庐山建立莲社，倡导往生净土，所以净土宗又被称为"莲宗"。如果说唐宋时期参禅论道一度成为士大夫之间的流行风气，那么净土信仰则在普通民众间更为盛行。

---

① 参见宋·普济集：《五灯会元·卷五》，《卍续藏经》第138册，第176页。

一、弥陀净土的兴起

为什么净土宗在中国能如此流行并长盛不衰？关键的一点在于净土宗解决了生命的最终归属问题。

在佛教进入中国之前，人们对于死后去往何处的问题始终没有得到明确的答案，而主流思想则本着"未知生，焉知死"（语出《论语·先进》）的原则，讳言死亡。但死亡毕竟是每一生命个体都必须面对、无法规避的问题，佛教六道轮回思想传入之后填补了这一缺环。"业力轮回说"不仅告诉了人们死后可能往生何处，还一并揭示出往生此道的理由。比如生前悭吝、嫉妒、欺诳或见难不救，死后为业力所催很容易转生为饿鬼；若生前昏聩、事理颠倒、口出恶言，则容易堕入畜生道。

净土信仰秉持大乘佛教的基本理念，主张有众生的地方就有佛，有佛的地方就有净土，此佛之净土也将成为众生死后一个可能的归宿。有关净土的教理教义原本也相当复杂，但传至民间一般仅指西方阿弥陀佛的极乐净土，其修行也简化为一种极具操作性的简便方式——念佛。

"念佛"之修行方法，大约源自原始佛教中的"十随念"，即念佛、念法、念僧、念戒、念施、念天、念止息、念安般、念身非常、念死等十念。[①]这里的"念"为"忆念"之义。发展至净土宗，"念佛"原本有四种途径：第一种叫"持名念佛"，即专心念阿弥陀佛的名号，这也是我们平素接触最多的一种；第二种叫"观像念佛"，即观视一尊阿弥陀佛、观音菩萨或者大势至菩萨相好光明的雕像或画像，进而生起想往之心；第三种是"观想念佛"，即不用实体的像，而是在心中观想诸佛菩萨的妙像；第四种则是"实相念佛"，即直观诸佛菩萨真正的法身。这四种法门里显然以"持名念佛"最为简便易行，传至后世遂渐渐取代了其他的念佛修行，"念"也从"忆念""忆持"转变为"念诵""持诵"。

---

① 东晋·瞿昙僧伽提婆译：《增一阿含经·卷一》，《大正藏》第2册，第552–553页。

隋唐之际的善导大师是倡导持名念佛的代表人物，也是净土宗的实际创始人。净土宗认为，只要人们一心专念阿弥陀佛的名号，就能超脱轮回，往生西方极乐净土。这样一来，净土法门就成为一种速超生死的修行捷法，为轮回道前战战兢兢的人们带来了莫大的希望。

二、《六祖坛经》中的"净土"

自从佛教创立以来，所有佛经、历代祖师都告诉我们修行解脱非常不易；到净土这里，却单凭一句简单的佛号就能往生极乐。净土宗基本经典《阿弥陀经》里佛告长老舍利弗："从是西方过十万亿佛土，有世界名曰极乐。其土有佛，号阿弥陀，今现在说法。"① 就是说从我们所在的娑婆世界到西方极乐净土有十万亿佛土的距离，但只要专念阿弥陀佛的名号，在临命终时，就会根据各人业力及念佛功力深浅，由阿弥陀佛，或观音菩萨、大势至菩萨，或极乐世界的其他僧众前来接引，刹那间便往生至西方极乐世界。

念佛往生极乐净土是否真的这么容易？在《坛经》中有识之士即提出了这样的疑问。经载：

> 刺史又问曰："弟子常见僧俗念阿弥陀佛，愿生西方。请和尚说，得生彼否？愿为破疑。"

> 师言："使君善听，惠能与说。世尊在舍卫城中，说西方引化，经文分明，去此不远。若论相说，里数有十万八千，即身中十恶八邪，便是说远。说远为其下根，说近为其上智。人有两种，法无两般。迷悟有殊，见有迟疾。迷人念佛，求生于彼。悟人自净其心。所以佛言：'随其心净，即佛土净。'使君东方人，但心净即无罪。虽西方人，心不净亦有愆。东方人造罪，念佛求生西方。西方人造罪，念佛求生何国？凡愚不了自性，不识身中净土，愿东愿

① 姚秦·鸠摩罗什译：《佛说阿弥陀经》，《大正藏》第12册，第346页。

西。悟人在处一般，所以佛言：'随所住处恒安乐。'使君心地但无不善，西方去此不遥。若怀不善之心，念佛往生难到。今劝善知识，先除十恶，即行十万；后除八邪，乃过八千。念念见性，常行平直，到如弹指，便睹弥陀。使君但行十善，何须更愿往生？不断十恶之心，何佛即来迎请？若悟无生顿法，见西方只在刹那。不悟，念佛求生，路遥如何得达？惠能与诸人，移西方于刹那间，目前便见。各愿见否？" ①

韦刺史所提的问题应该反映了当时唐朝社会宗教信仰的一般状况，即很多人知道并且相信念佛号死后可往生西方极乐，净土法门的兴盛可见一斑。但正因太过简单便捷，有识者难免对此心存疑虑。惠能大师理解居士心中的疑问，对"净土"提出了既有别于净土宗也有别于一般世俗观念的新见解。

（一）西方极乐世界距离我们多远？

《阿弥陀经》说西方极乐世界距离我们"十万亿佛土"，《坛经》则说是"十万八千里"。十万亿也好，十万八千也罢，总之是个遥不可及的天文数字。但六祖惠能却说："心地但无不善，西方去此不遥。若怀不善之心，念佛往生难到。今劝善知识，先除十恶即行十万，后除八邪乃过八千。"

虽云"十万八千"，其实可远可近，远近在于一心——内心妄念越多，离西方极乐越远，终日念佛也难以企及；内心妄念少的话，西方极乐并不遥远。对于一个普通人来说，妄念到底有多少？惠能大师用佛教的"十恶八邪"代表心中的一切不善念。"十恶"即杀生、偷盗、邪淫、妄语、两舌、恶口、绮语、贪欲、嗔恚、邪见等十种不善业；"八邪"则是与八正道相反的邪见、邪思惟、邪语、邪业、邪命、邪方便、邪念、邪定等八种邪道。既然妄念越少距西方越近，那么去除心中行十恶的不善念就行过了十万，去除有违正道的八种邪见又

---

① 元·宗宝编：《六祖大师法宝坛经》，《大正藏》第48册，第352页。

行过了八千，长此以往，往生西方指日可待。

（二）如何才能往生极乐？

想往生极乐，如果心存不善，念多少佛号都无法到达；只有止息妄念才是唯一的办法。如果妄念尽净，只是一个清净的心，那么当下就在净土。正如《维摩诘经》所说："随其心净，即佛土净。"

按《坛经》所说，唯有"清净"二字才是净土法门的枢要。所谓"但行十善，何须更愿往生"，如果一个人常行十善，心中唯余善念，没有纤毫可以导向恶趣的不善念，业力自然无所作为，定能去往极乐，根本不需要另求往生。如果"不断十恶之心"，心地不能清净，持念再多佛号，"何佛即来迎请"？

而禅宗往生极乐的修行，无非"念念见性，常行平直"，仍是在寻常日用中下手，顾念每一个当下。若每一念都得见性，每一刻均心平行直，则到极乐、睹弥陀就在"弹指"之间。

三、六祖惠能是否承认西方极乐世界

惠能大师在《坛经》中重新定义了"净土"，与净土宗一向倡导的"念佛即可往生"的观念不尽一致，因而有人认为六祖完全不相信西方净土存在。比如惠能大师说：

> 东方人，但心净即无罪。虽西方人，心不净亦有愆。东方人造罪，念佛求生西方。西方人造罪，念佛求生何国？[1]

另外，六祖又说："凡愚不了自性，不识身中净土，愿东愿西。悟人在处一般。"似乎也是否认西方有极乐净土，因为觉悟之人在哪儿都是"一般"，这样还去西方做什么？还有"若怀不善之心，念佛往生难到""不悟念佛求生，路遥如何得达"，似乎完全否定了念佛往生的功能。要评判这种观点的是非，

---

[1] 元·宗宝编：《六祖大师法宝坛经》，《大正藏》第48册，第352页。

我们需要先来看看西方极乐世界到底是一个什么样的国土。如《阿弥陀经》所言："其佛国土，无三恶道。"①西方极乐世界里都没有三恶道，怎么可能有人"造罪"呢？可见"西方人造罪"这一假设根本不能成立。这里惠能大师真正想表达的意思显然是"愿东愿西""求生净土"本不是问题，最大的问题在于——净土靠"求"终不可得，只有"自净其意"才能到达。

惠能大师这里其实是指出了往生西方极乐世界的三个层次：

第一个层次是信愿，即首先必须解决往生的入门问题，所以由信愿入手；

第二个层次是资粮，一个人要往生西方净土，势必要具备最基本的修行条件，比如五戒、孝道、布施等；

第三个层次是践行，信愿、资粮具足之后，关键是践行，即在心地上用功，在清净心上用功，转迷成悟。即《坛经》里所说的"若悟无生顿法，见西方只在刹那"②。

惠能大师认为，一个人若能领悟到无生顿法的话，便可刹那间往生西方极乐，这种观点与《佛说无量寿经》的"无生法忍"一脉相承；"随其心净，即佛土净"这一观念，则来自《佛说无量寿经》和《维摩诘经》。通达"无生法忍"的修行人，随其所愿便可往生极乐，《佛说无量寿经》中时为法藏比丘的阿弥陀佛所发四十八大愿的第三十四愿就说：

> 设我得佛，十方无量不可思议诸佛世界众生之类，闻我名字，不得菩萨无生法忍、诸深总持者，不取正觉。③

这里法藏比丘说，待我成佛的时候，十方无量世界的一切众生，一听到我的名号，如果有人没有证得永离生死之无生法忍和诸深总持的话，我就誓不成佛。什么叫"无生法忍"？是指一个人通过学习佛法领悟到缘生缘灭、不生不

---

① 姚秦·鸠摩罗什译：《佛说阿弥陀经》，《大正藏》第 12 册，第 347 页。
② 元·宗宝编：《六祖大师法宝坛经》，《大正藏》第 48 册，第 352 页。
③ 曹魏·康僧铠译：《佛说无量寿经》，《大正藏》第 12 册，第 268 页。

灭之理，由此获得正知正见，入见道初地。入初地也就是得初定，意味着不管在他身上发生何种的困难或考验，他都能用因缘观正确面对，无须强忍而自然能够心安神定。到了"无生法忍"境界的人，无论是在极乐世界还是住娑婆世界都没有区别，因为周围的环境对他并没有影响。换句话说，惠能大师特别强调"悟"——领悟佛法精要，领悟缘生缘灭的至理，如此便不再有妄念，内心清净安宁，如此在西方在东方的确并无分别。

在惠能大师讲解了"悟"的道理，即"若悟无生顿法，见西方只在刹那"之后，座中居士、弟子似乎仍很迷茫。惠能大师便提出："惠能与诸人，移西方于刹那间，目前便见。各愿见否？"如果证悟了无生无灭的顿教之法，亲近西方世界也只在刹那之间。那么惠能现在就搬西方极乐世界于眼前，令大家当下看到极乐净土，大家可愿意？众人都感到很殊胜，纷纷表示："如果现在能见，哪里还需要再发愿往生西方呢？希望大师慈悲示现。"惠能大师随即作了如此展示：

> 世人自色身是城，眼耳鼻舌是门。外有五门，内有意门。心是地，性是王。王居心地上，性在王在，性去王无。性在身心存，性去身坏。佛向性中作，莫向身外求。……常行十善，天堂便至。除人我，须弥到。去邪心，海水竭。烦恼无，波浪灭。毒害忘，鱼龙绝。自心地上觉性如来，放大光明。外照六门清净，能破六欲诸天。自性内照，三毒即除。地狱等罪，一时消灭。内外明彻，不异西方。不作此修，如何到彼？[①]

显然，惠能大师并非否定净土，只是人人皆有佛性，一念觉便是佛，那么佛的极乐国土又何假外求？净土就在自身，待心地觉醒，清净光明，"内外明彻，不异西方"，还要到何处去寻求极乐呢？

---

① 元·宗宝编：《六祖大师法宝坛经》，《大正藏》第48册，第352页。

四、《六祖坛经》"净土"新解之价值

普通人对于净土法门往往习惯于从有形有相的角度理解，还往往倾向于通过日常的惯性思维去推断西方极乐世界的距离。这正是为什么会有那么多人期待仅仅通过持诵一句佛号即可获得极乐世界的"门票"，这也正是为什么历史上会有不少学佛者质疑六祖惠能根本就不相信有极乐净土。

惠能大师指出，此土、此岸烦恼的众生，要想往生到净土彼岸成为解脱的众生，最核心的问题就在迷悟之间。断除妄念也好，培养清净心也好，心念是往生西方极乐世界的唯一关键，但凡心外求法、心外求极乐都只能是徒劳。

传统的净土法门，特别强调"信"与"愿"的力量。入门的初学者必须有信有愿，信力与愿力会对入道起到巨大的推动作用，这是对的；但是如果仅仅停留在信和愿的层面上是不够的。直至今日，仍有不少修习净土法门的学人相信，只要虔诚地信仰、发愿，不停念诵佛号，阿弥陀佛就一定会来接引。这就等于把所有精力都放在信与愿上，而忽视了行与果。信、愿之后应转入行的阶段，把主要精力从"外求"转为内在的自净其意，如此才是真正有效的净土修行。

通过惠能大师的开示可以看出，禅宗将各种法门均统摄于自心的清净和自性的开悟上，若离开一心的清净，"怀不善之心，念佛往生难到"；若离开自性的开悟，"不悟念佛求生，路遥如何得达"。"佛向性中作，莫向身外求"，不管发愿求取的是哪种佛、哪种净土，答案都只在自己内心，任何向外的求取都是执着的妄想，注定空忙一场。

净土法门中说持名念佛达到"一心不乱"，便能往生西方极乐净土：

> 若有善男子善女人，闻说阿弥陀佛，执持名号，若一日、若二日、若三日、若四日、若五日、若六日、若七日，一心不乱，其人临命终时，阿弥陀佛，与诸圣众，现在其前。是人终时，心不颠倒，即

得往生阿弥陀佛极乐国土。①

这里告诉人们往生净土的关键，不在于"执持名号"，也不在于三、五、七日甚至三、五、七年，而在于"一心不乱"。若果能一心不乱，即是心地清净，摒除一切妄念，自性开启，转迷成悟、转凡成圣，西方世界自然现前。惠能大师重新界定了从娑婆世界到西方极乐世界的距离，究其实质是心的距离，是迷与悟的距离。"十万亿佛土"只是一种譬喻，不能作物理学的距离去理解。惠能大师对"净土"的独到解读，表面上似乎有违"持名念佛则极乐可期"的净土法义，事实上正扣合"随其心净，即佛土净"的大乘理念，也更契合"一心不乱，往生极乐"的净土准则。主张去除妄念、自净其意、发现自性、转迷成悟的修行，力图将对外在有形净土的追求转向对自我超越、自悟自度的内在净土的追求，当是对修学者更具启发性也更有利益的实修法门。

第三节 《六祖坛经》的"自力"与"他力"新解

佛法是"自力解脱"还是"他力救赎"，是我们在认识中国佛教时无法规避的一个问题。"自力"与"他力"作为一对判教的基本范式，历来是教界与学界重点研究的对象。

探讨自力与他力的典型案例是净土宗的判教。在龙树菩萨的《十住毗婆沙论》中，提出了修习佛法有"难行道"与"易行道"的区别。凡依菩萨道，发大悲心，在此土积功累德，断惑证真，长久修习种种难行之苦行，终成正果者，为"难行道"；十方上下各有佛，若以信佛因缘，愿生彼佛净土，即忆念彼佛，持其名号，则乘佛愿力，便得往生其清净国土，仗佛神力，终得不退转，如此则为"易行道"。②北魏昙鸾大师据此认为，末法时期，必须靠阿弥

① 姚秦·鸠摩罗什译：《佛说阿弥陀经》，《大正藏》第 12 册，第 347 页。
② 参见龙树菩萨造，姚秦·鸠摩罗什译：《十住毗婆沙论·卷五》，《大正藏》第 26 册，第 40 页下。

陀佛的愿力，持其名号，发愿往生西方极乐世界，这是比较有保障且不退转的"易行道"。换句话说，"难行道"全凭自力修习，无他力之助，在末法时代举步维艰；而净土宗是自他二力兼具，"自力"即持名发愿的信力和愿力，"他力"即"阿弥陀佛本愿"的摄持力。①

历代净土祖师多主张"末法众生，障重福薄"，因而他者（即阿弥陀佛本愿之愿力）的帮助显得尤为重要且不可或缺。这是典型的"他力"论。一般认为，小乘佛法力主修习八正道或三十七道支，靠"自力"解脱为主；而大乘佛法普遍倾向于借助菩萨的愿力，主要倚仗"他力"证果。禅宗在传法立论时同样也须面对他力与自力的问题。

一、禅宗在"自力"与"他力"间的抉择

进入唐代，净土宗以"易行道"与"他力救度"行世，赢得了大量追随者。对于末法时代借重他力的速证法门，禅宗祖师们意下如何？《坛经》中惠能大师在黄梅得法之后渡江南逃的路上，五祖弘忍与六祖惠能之间的对话即已将禅宗在这一问题上的观点表露无遗：

> 祖令上船，五祖把橹自摇。惠能言："请和尚坐，弟子合摇橹。"祖云："合是吾渡汝。"惠能云："迷时师度，悟了自度。度名虽一，用处不同。惠能生在边方，语音不正，蒙师传法，今已得悟，只合自性自度。"祖云："如是！如是！以后佛法，由汝大行。汝去三年，吾方逝世。汝今好去，努力向南，不宜速说，佛法难起。"②

五祖弘忍的"吾渡汝"与六祖惠能的"迷时师度，悟了自度"，就是师弟之间对于"自力"与"他力"问题的一次切磋。弘忍的"吾渡汝"相当于又一

---

① 参见北魏·昙鸾注解：《无量寿经优婆提舍愿生偈注》，《大正藏》第26册，第826页。
② 元·宗宝编：《六祖大师法宝坛经》，《大正藏》第48册，第349页。

次对惠能的考较，而惠能的回答从来没让恩师失望过——惠能大师理解"师度"是一种"他力"，这种他力并非不需要，但不能过分依赖；而"悟了自度"则是绝对的，一个人觉悟以后必须靠自己，最后也只能靠自度获得究竟的彻悟。

在《坛经》的其他场合，惠能大师还特别强调"善知识"的作用：

> 若自不悟，须觅大善知识、解最上乘法者，直示正路。是善知识有大因缘，所谓化导，令得见性。一切善法，因善知识能发起故。三世诸佛、十二部经，在人性中本自具有，不能自悟，须求善知识指示方见。①

惠能大师再次重申，一个人在迷茫而找不到修行门径的时候，应该求助于解上乘佛法的大善知识，请善知识引导自己走向正途。事实上，无论是三世诸佛、历代祖师、授业恩师，还是一切经藏、语录开示，起到的都是善知识的引领、指路的作用，没有人能代替自己修行，但的确能在迷茫的时候指点迷津。如果一味强调自力，不敢或不屑请教高明，既有可能导致舍近求远、事倍功半，也有可能会误入歧途、追悔莫及。

净土宗的修行是信愿的自力与佛摄持的他力结合，但终究是依赖他力；惠能大师强调大善知识的引导作用，也是他力与自力兼顾，但终究是以自性自修为主。惠能大师解说净土法门，也是基于修自身净土的角度，将他力巧妙转化成了自力。借重他力而不依赖他力，代表了惠能大师及禅宗一贯的基本态度。

二、《六祖坛经》中"自力"与"他力"的案例分析

相信持诵经典即能证果，也是依赖"他力"的一种常见的典型表现，《坛经》中的僧人法达就是一个实例。据经载，法达因持诵《法华经》三千遍引以为傲，礼拜惠能大师的时候头不着地。惠能大师察觉到法达的慢心，但不知病根在哪儿，有心对他加以引导：

---

① 元·宗宝编：《六祖大师法宝坛经》，《大正藏》第48册，第351页。

　　师诃曰："礼不投地，何如不礼？汝心中必有一物，蕴习何事耶？"

　　曰："念《法华经》已及三千部。"

　　师曰："汝若念至万部，得其经意，不以为胜，则与吾偕行。汝今负此事业，都不知过。听吾偈曰：'礼本折慢幢，头奚不至地？有我罪即生，亡功福无比。'"①

　　惠能大师问法达傲慢的缘由，法达如实回答"念了三千部《法华经》"。这里依赖"他力"的弊端显露无疑——持诵三千部《法华经》固然了得，但未能得解经意，却滋生了我慢的妄心，这样的修行不但无功反而有过。于是惠能大师调教他说：

　　心迷法华转，心悟转法华。诵经久不明，与义作仇家。无念念即正，有念念成邪。有无具不计，长御白牛车。②

　　惠能大师延续一贯的立场，在迷妄的时候需要善知识的引导，"心迷法华转"；如果一味盲修瞎练，则被经典文句、名相所困，徒生障碍，"与义作仇家"。反观真正觉悟的圣者，《法华经》的道理随手拈来为我所用，没有任何的障碍，如此才是持经的正途，"心悟转法华"。用功诵经没有问题，问题在于依赖经典的他力救度，不知反观内心，领悟经义，导致"诵经久不明"，始终不明白经典的真正旨趣。惠能大师指引他"无念念即正，有念念成邪。有无具不计，长御白牛车"，即以"驾驭牛车"为喻调伏自心，以"无念"为念，取诸中道，方是诵经的正途。这一事件本身也反映了有时善知识的点拨是必要的。

　　善知识也好，过来人也罢，他们的角色仅仅是引导后学，即"他力"始终只起到辅助的作用，永远不能代替"自力"成为主要驱动力。他力大致相当于行路人手中的地图，它可以告诉后学路在哪里；但走与不走、走得快与慢、是

① 元·宗宝编：《六祖大师法宝坛经》，《大正藏》第48册，第355页。
② 元·宗宝编：《六祖大师法宝坛经》，《大正藏》第48册，第355页。

否能够抵达终点，这都不是善知识能够掌控的，修行人必须一步一个脚印自己一路行来，最终依赖"自力"成就。

《法句经》载佛陀说过"汝当自努力，如来唯示道"。这是典型的自力与他力的结合——如来是觉悟之路的指路者，这是他力；行者在知晓门径之后必须靠自己努力才能获得解脱，这是自力，真正的修行实践任何人都代替不了。佛陀在涅槃前，反复强调如来自己连"我引导比丘众"或"比丘众依怙于我"的念头也不曾有，众比丘只应当"以自作洲，自作归依，勿归依他人；以法为洲，以法为归依而住，勿归依他人"。① "洲"即岛屿，也就是修行人在无边苦海中的安身立命之处。"以自作洲"是自力，"以法为洲"是他力，二者相辅相成，缺一不可。显然，在修行的不同环节，自力与他力都具有无可替代的作用。当一个人连基本的法理都不了解、修行方向也模糊不明的时候，他力的引导是必要的；一旦走入正途，后面的路就要依靠自力、自己走完。在这一点上，惠能大师秉承的仍是释尊的教诲。

梁启超先生在谈及做学问的趣味之时曾诙谐地说："太阳虽好，总要诸君亲自去晒，旁人却替你晒不来。"② 的确，无论是冬天晒太阳的感觉，还是苹果的味道，都是旁人费尽唇舌也解释不清楚的，只有自己亲自去试一下才能真正明了个中滋味。佛教讲因果，一个人要收获什么，就必须栽培相应的种子。种瓜得瓜，种豆得豆。你想得善果，就必须种下善因，他力只能是助缘。修行证果更是如此，个人吃饭个人饱，个人生死个人了，断烦恼、了生死、得解脱、证佛果，这种体悟没有任何人能给予、能代替。

他力为辅，自力为主，自力与他力在不同环节发挥不同功能，二者协调并用，才是修学佛道的正途。这便是惠能大师在"自力"与"他力"问题上的态度与抉择。

---

① 参见通妙译：《大般涅槃经》，收于《汉译南传大藏经·长部经典二》，版权前揭，第51—52页。
② 梁启超：《学问之趣味》，载《时事新报·学灯》1922年8月12日。

第四节　《六祖坛经》的"顿悟"与"渐悟"新解

佛陀一生讲经三百余会，说法四十九年，留下了三藏十二部的八万四千法门。佛陀灭度后，佛弟子们对自己喜爱的义理加以发挥，形成了许多精辟的理论，逐渐演变成不同的部派。比较著名的有大众部、上座部、说一切有部、化地部、法藏部等十八部派或二十部派，史称部派佛教时期。之后大乘菩萨道兴起，大乘小乘佛法一并传入中国。法门众多，门派各异，中土的祖师大德们通过判教和择法，相继成立了具有独特教规教义和修持方法的中国化佛教宗派，最著名的是大乘八大宗派，禅宗即是八大宗派之一。即便是禅宗，内部也存在着南北二宗的分野。南宗开创者即六祖惠能，北宗开创者则是曾与惠能同门学法的神秀大师。

一、历史上的"南能北秀"

传世史料里对神秀大师记载不多，只知神秀早年四处寻师访道，直到遇见五祖弘忍方叹服"此真吾师也"，留在寺中砍柴担水磨砺自身。弘忍大师对神秀十分器重，曾认可神秀大师是其门下悟解第一人："吾度人多矣，至于悟解无及汝者。"[1]

神秀大师门下公认大师曾有著述《大乘五方便》传世，现今只余敦煌残本。对于神秀的佛法思想，除了《坛经》中的记载，我们只知道神秀大师曾留有一偈：

> 一切佛法，自心本有；将心外求，舍父逃走。[2]

五祖弘忍示寂后，神秀大师被武则天封为国师。史载：

---

[1]　宋·道原纂：《景德传灯录·卷四》，《大正藏》第 51 册，第 231 页。
[2]　宋·道原纂：《景德传灯录·卷四》，《大正藏》第 51 册，第 231 页。

则天大圣皇后问神秀禅师曰："所传之法，谁家宗旨？"

答曰："禀蕲州东山法门。"

问："依何典诰？"

答曰："依《文殊说般若经》一行三昧。"①

"一切佛法，自心本有"和"《文殊说般若经》一行三昧"就是神秀大师对自己所传法门的概括。"一切佛法，自心本有"为南北共法；而《文殊说般若经》即《文殊师利所说摩诃般若波罗蜜经》，其中所传的"一行三昧"其实是一种念佛法门：

文殊师利言："世尊！云何名一行三昧？"

佛言："法界一相，系缘法界，是名一行三昧。若善男子、善女人，欲入一行三昧，当先闻般若波罗蜜，如说修学，然后能入一行三昧。如法界缘，不退不坏，不思议，无碍无相。善男子、善女人，欲入一行三昧，应处空闲，舍诸乱意，不取相貌，系心一佛，专称名字。随佛方所，端身正向，能于一佛念念相续，即是念中，能见过去、未来、现在诸佛。……若得一行三昧，诸经法门一一分别，皆悉了知，决定无碍。昼夜常说，智慧辩才终不断绝。……如是次第渐渐修学，则能得入一行三昧，不可思议功德作证，除谤正法不信，恶业重罪障者，所不能入。"②

其核心方法就是"系心一佛，专称名字"，达到心无杂念，"能于一佛念念相续"便可了知一切经法，"如是次第渐渐修学"则能得入"一行三昧"。显然是一种依次第渐渐修学的"渐法"。

南宗也弘传"一行三昧"，但南宗的"一行三昧"并非渐次修学，而是"于

---

① 唐·净觉集：《楞伽师资记》，《大正藏》第 85 册，第 1290 页。
② 梁·曼陀罗仙译：《文殊师利所说摩诃般若波罗蜜经·卷下》，《大正藏》第 8 册，第 731 页。

一切处行住坐卧，常行一直心"①的"顿法"。惠能大师临终前又嘱托弟子"一相三昧"与"一行三昧"并修：

> 诸善知识！汝等各各净心，听吾说法。若欲成就种智，须达一相三昧、一行三昧。若于一切处而不住相，于彼相中不生憎爱，亦无取舍，不念利益成坏等事，安闲恬静，虚融澹泊，此名一相三昧。若于一切处行住坐卧，纯一直心，不动道场，真成净土，此名一行三昧。若人具二三昧，如地有种，含藏长养，成熟其实。一相一行，亦复如是。②

这里的"于一切处而不住相""若于一切处，行住坐卧，纯一直心"显然均非次第功夫，而是直抵根本的顿教。

自古各大佛教宗派的创始人都是有很高修为的高僧大德，他们并没有唯我独尊、排斥异己的世俗野心，禅门内部北宗神秀与南宗惠能两位大师也是如此。但门下弟子在弘传之际，出于保护和弘扬自己宗派的分别心，往往抬高己宗、贬低他宗，引发各种不愉快的争斗。根据《坛经》记载，神秀与惠能两宗门下一度各自认为自己的法门优胜、对方的法门低劣，争执不休，甚至发展到刀剑相向的血腥程度：

> 僧志彻，江西人，本姓张，名行昌。少任侠。自南北分化，二宗主虽亡彼我，而徒侣竞起爱憎。时，北宗门人自立秀师为第六祖，而忌祖师传衣为天下闻，乃嘱行昌来刺师。师心通，预知其事，即置金十两于座间。时夜暮，行昌入祖室，将欲加害，师舒颈就之。行昌挥刃者三，悉无所损。师曰："正剑不邪，邪剑不正。只负汝金，不负汝命。"行昌惊仆，久而方苏，求哀悔过，即愿出家。师遂与金，言："汝且去，恐徒众翻害于汝。汝可他日易形而来，吾当摄受。"

---

① 元·宗宝编：《六祖大师法宝坛经》，《大正藏》第48册，第352页。
② 元·宗宝编：《六祖大师法宝坛经》，《大正藏》第48册，第361页。

行昌禀旨宵遁。后投僧出家，具戒精进。①

经载"自南北分化，二宗主虽亡彼我，而徒侣竞起爱憎"，可见惠能和神秀本人并没有很强的门户之见，但后学弟子难免分别人我，因推崇自家宗师的理念，盲目反对其他门派。因五祖弘忍的衣钵传给了目不识丁的惠能，神秀门人仍然担心惠能一系会威胁到自身的正宗地位，甚至选派了年少时任侠的僧人来行刺惠能大师。行昌行刺惠能大师未遂的这一事件，表明在惠能大师与神秀大师并弘禅宗的时候，南宗与北宗互相对峙局面即已隐隐形成。

二、透析"顿渐之争"：以六祖惠能点化志诚为例

南北二宗的对立虽不乏势力、声誉、利益等世俗因素，但究其根本，还是禅法特质之争，也就是对佛教根本法义理解上的差异。

（一）顿渐之别

根据《坛经》的记载来看，神秀与惠能在世时，两派相隔既远，交流也不多，对彼此的法门均不甚了了，因此神秀大师曾特地派弟子志诚到惠能门下"偷学"顿悟禅法：

> 时，祖师居曹溪宝林，神秀大师在荆南玉泉寺。于时两宗盛化，人皆称南能北秀，故有南北二宗顿渐之分，而学者莫知宗趣。师谓众曰："法本一宗，人有南北。法即一种，见有迟疾。何名顿渐？法无顿渐，人有利钝，故名顿渐。"然秀之徒众，往往讥南宗祖师，不识一字，有何所长。秀曰："他得无师之智，深悟上乘。吾不如也。且吾师五祖，亲传衣法。岂徒然哉！吾恨不能远去亲近，虚受国恩。汝等诸人，毋滞于此，可往曹溪参决。"
>
> 一日，命门人志诚曰："汝聪明多智，可为吾到曹溪听法。若有

---

① 元·宗宝编：《六祖大师法宝坛经》，《大正藏》第48册，第359页。

所闻，尽心记取，还为吾说。"志诚禀命至曹溪，随众参请，不言来处。时祖师告众曰："今有盗法之人，潜在此会。"志诚即出礼拜，具陈其事。师曰："汝从玉泉来，应是细作。"对曰："不是。"师曰："何得不是？"对曰："未说即是，说了不是。"①

《坛经》虽是南宗所传，但有些关于北宗的记录还算持论公允。比如，有神秀的弟子以为惠能目不识丁而颇生轻视之心，神秀大师为惠能辩解说，惠能"得无师之智，深悟上乘"，并坦然承认"吾不如也"，进而感叹如果不是自己滞留京师，恨不能放下一切去曹溪和惠能一道参研。这等宗师气量绝非市井庸徒可比。正因神秀大师不能亲身前往，才派遣门下弟子志诚到惠能大师那里去学习，期待借此能了解惠能所传的法门。

从这段记述中可以看出，神秀大师的境界修为是很高的，他绝不因立场不同即排斥异己，反而在门人弟子面前不吝惜对惠能的推崇和赞叹。惠能大师对于北宗法门也只是略有耳闻，还是通过询问志诚方知究竟：

师曰："汝师若为示众？"

对曰："常指诲大众，住心观静，长坐不卧。"

师曰："住心观静，是病非禅。长坐拘身，于理何益？"

……

师云："吾闻汝师教示学人戒定慧法，未审汝师说戒定慧行相如何？与吾说看。"

诚曰："秀大师说，诸恶莫作名为戒，诸善奉行名为慧，自净其意名为定。彼说如此，未审和尚以何法诲人？"

师曰："吾若言有法与人，即为诳汝。但且随方解缚，假名三昧。如汝师所说戒定慧，实不可思议。吾所见戒定慧又别。"

① 元·宗宝编：《六祖大师法宝坛经》，《大正藏》第 48 册，第 358 页。

志诚曰："戒定慧只合一种，如何更别？"

师曰："汝师戒定慧接大乘人，吾戒定慧接最上乘人。悟解不同，见有迟疾。汝听吾说，与彼同否？吾所说法，不离自性。离体说法，名为相说，自性常迷。须知一切万法，皆从自性起用，是真戒定慧法。听吾偈曰：心地无非自性戒，心地无痴自性慧，心地无乱自性定，不增不减自金刚，身去身来本三昧。"①

这里志诚对神秀大师平日传授的介绍包括两方面：一是实修的禅法，神秀大师教的是"住心观静，长坐不卧"；一是三学的理论，神秀大师传授的是"诸恶莫作名为戒，诸善奉行名为慧，自净其意名为定"。显然，神秀大师所授的禅法是止观禅，而三学则出自七佛通偈里的"诸恶莫作，众善奉行，自净其意"，用大乘法的止恶、行善、利他三大原则重新界定修行的次第。

对于初学者来说，神秀大师的传授既有对佛教传统的继承，又包含独到的创见，实属难能可贵。但惠能大师以为，神秀的禅法仍有落入法相的隐患。志诚的疑问"戒定慧只合一种，如何更别"即代表了人们的固有观念，即所谓的戒、定、慧、闻、思、修等，似乎均属固定的法相。但从究竟的意义上说，并无固定的戒、定、慧等法，它们都不过是一种方便法门，或者说对治法门，针对不同的人，代表不同含义，完全可以作出不同解读。正如惠能的评判"汝师戒定慧接大乘人，吾戒定慧接最上乘人""汝师戒定慧劝小根智人，吾戒定慧劝大根智人"。神秀大师的法不是不好，也不是不对，但受众"悟解不同，见有迟疾"，如果一概而论即有问题。

（二）顿法精要

在与神秀大师所说法相对照的前提上，惠能大师强调自己所讲的法"不离自性"，而神秀所讲的"诸恶莫作名为戒，诸善奉行名为慧，自净其意名为定"

---

① 元·宗宝编：《六祖大师法宝坛经》，《大正藏》第48册，第358页。

仍属于"有相说法",因为神秀的戒定慧显然不是从自性根本上来讲的。"离体说法,名为相说",这样的"相说"其实是不究竟的,只有"一切万法皆从自性起用"方才是"真戒定慧法"。

志诚知道自己在神秀大师门下学道九年,但始终"不得契悟",仅听惠能大师寥寥数语"便契本心",因而诚恳地向惠能大师求教。这里惠能大师提醒志诚,同样的戒定慧,你师父所讲只是在表面的法相上做功夫,没有从自性根本上下手,这种法只能说与大乘人、小根智人,是一种渐悟的禅法;而自己所传直接从心地入手,落实在自性根本上,这才是我要讲的顿悟禅法,这种法只能说与最上乘人、大根智人。最后,惠能大师以一首偈颂总结了自己的理念:"心地无非自性戒,心地无痴自性慧,心地无乱自性定",即从自性的角度重新定义戒、定、慧。志诚以自己当下所悟也以一偈印证,获得惠能大师的首肯,又进一步启发他:

> (师复语诚曰:)"若悟自性,亦不立菩提涅槃,亦不立解脱知见。无一法可得,方能建立万法。若解此意,亦名佛身,亦名菩提涅槃,亦名解脱知见。见性之人,立亦得,不立亦得,去来自由,无滞无碍,应用随作,应语随答,普见化身,不离自性,即得自在神通游戏三昧,是名见性。"

> 志诚再启师曰:"如何是不立义?"

> 师曰:"自性无非、无痴、无乱。念念般若观照,常离法相,自由自在,纵横尽得,有何可立?自性自悟,顿悟顿修,亦无渐次,所以不立一切法。诸法寂灭,有何次第?"[1]

这里惠能大师先后所说的"不立菩提涅槃,亦不立解脱知见,无一法可得,方能建立万法""念念般若观照,常离法相,自由自在,纵横尽得"即是顿法

---

[1]　元·宗宝编:《六祖大师法宝坛经》,《大正藏》第48册,第358页。

的纲领与骨干。于当下每一念，念念观照，于外不着于法相，于内不着于心相，自由自在，直至染污尽去，清净自性发露，见自性则万法皆通，哪里需要什么"菩提涅槃""解脱知见"一一安立？这也正是惠能大师屡次强调的，法本没有差别，有差别的是听法、修道的人——"法即无顿渐，迷悟有迟疾"（《般若品》）[1]，"本来正教无有顿渐，人性自有利钝。迷人渐修，悟人顿契，自识本心，自见本性，即无差别。所以立顿渐之假名"（《定慧品》）[2]。所谓"顿悟""渐悟"只是权且假借之名相，顿也好、渐也罢，关键在于识本心、见本性，其他的一切都是工具。

在听闻了渐法和顿法的名目之后，世人往往误以为渐悟是属于小乘的、较为低级的法门，而顿悟则是高级的、无上的大法。其实"个人根机"里已然包含了渐修的修行储备。比如志诚，学道九年尚未见性，但并不意味着这九年的打坐参禅、听经学法就了无所得。事实上正因有了九年的渐修，机缘成熟，一经惠能大师点拨，方能深感内心契合。顿与渐，只与学人自身的修行储备有关，而与法无关。这才是惠能大师所说的顿法与渐法。

第五节 《六祖坛经》的"大乘"与"小乘"新解

"小乘"之名是相对"大乘"而起。大乘之前，只有释尊和诸大弟子传教时的原始佛教与教派分化后的部派佛教。待大乘法兴起，佛法分化为大小二乘，或声闻、缘觉、菩萨三乘。相对"大乘"的誓愿宏大、境界悠远，之前的原始佛教与部派佛教遂显得"小"，遂被称为"小乘"。大乘、小乘是否真有大小之别？禅宗对此有不同的见解。

---

[1] 元·宗宝编：《六祖大师法宝坛经》，《大正藏》第 48 册，第 351 页。
[2] 元·宗宝编：《六祖大师法宝坛经》，《大正藏》第 48 册，第 354 页。

一、历史上的"大乘"与"小乘"

大乘佛教和小乘佛教，在传统的观念中至少在四个方面有所区别：

第一，对佛陀的看法不同。小乘佛教把佛陀看成是一个觉悟的人，确切地说是一位导师，所以小乘佛教中的佛陀只是修行的引导者；而大乘佛教却认为佛陀已经是证得无上正等正觉的神。另外，小乘佛教认为现在世的佛就只有释迦牟尼，而大乘佛教则认为十方三世有无量无数的佛，释迦牟尼只是诸佛中的一位，其他著名的还有阿弥陀佛、药师佛等等。

第二，追求的理想不同。一般认为，小乘佛教追求罗汉果，偏重于个人解脱；而大乘佛教的修行不仅是为了自身成就，更要修菩萨行普度众生。

第三，修行方法不同。小乘佛教认为生命的本质是苦，而苦的根源在于人们心中的贪、嗔、痴、慢、疑等烦恼，因此修行就是要去除各种烦恼，最后证得涅槃；大乘佛教则追求普度一切众生，主张修习"自利"的布施度、持戒度、忍辱度、精进度、禅定度、般若度等"六度"与"利他"的布施摄、爱语摄、利行摄、同事摄等"四摄"。

第四，教法的理论根据不同。大小乘的法理依据均来自原始佛教的缘起法，主张缘起性空，但小乘法偏重于强调"人空"，而大乘法则偏重于强调"法空"。小乘佛教主要教义是五蕴、四谛、十二缘起，主修的是四念住、四正勤、四如意足、五根、五力、七觉支、八正道等三十七道品，均围绕人与人的修行而讲；大乘佛教法门类繁多，比如般若讲空性智慧，法华讲度人功德，华严讲圆融境界，涅槃讲常乐我净，净土讲清净极乐等等，可谓海纳百川，无所不包。

印度佛教的发展从时间上存在原始佛教、部派佛教、大乘佛教的先后次序，但传入中土时大乘小乘一起涌入，而且大乘更占优势。既然同时存在这么多不同的教法和理论，人们会想当然地认为，如同世俗中学生求学先读小学，然后再读中学、大学一样，学佛证果也应该从"声闻乘"学起，然后再学"缘觉乘""菩萨乘"。"声闻乘"的教理重点在于"四圣谛"，其学习目标是断见惑、思惑，证罗汉果；"缘觉乘"学习的教义主要是"缘起法"，其目标是破无明，证辟支佛果；"菩萨乘"则是修习"四摄六度"的菩萨行，其目标在于利益众生，证无上佛果。

二、《六祖坛经》的"法无四乘""唯一佛乘"

《六祖坛经》在声闻、缘觉、菩萨"三乘"之外又强调比大乘更高的"最上乘"佛法，似乎将要形成"四乘"佛法的格局。传统佛教认为应从基本的小乘佛法——如三法印、四圣谛、八正道等入手，再"回小向大"，发大乘菩萨自利利他的大心，自度度人。《坛经》对此显然并不认同。

（一）"法无四乘"

据《坛经》记载，僧人智常就曾面临四乘佛法无从学起的困惑：

> 智常一日问师曰："佛说三乘法，又言最上乘，弟子未解，愿为教授。"
> 师曰："汝观自本心，莫着外法相。法无四乘，人心自有等差。见闻转诵是小乘，悟法解义是中乘，依法修行是大乘。万法尽通，万法具备，一切不染，离诸法相，一无所得，名最上乘。乘是行义，不在口争，汝须自修，莫问吾也。一切时中，自性自如。"①

智常的疑问是该从何种佛法入手？惠能大师的回答是：不要去管法，要"观自本心"。意思是说，你心中的三乘、最上乘皆属外在的法相，不可执着。你唯一要做的就是反观自己的本心，发现自性。法无差别，有差别的是人。同样的法，因学法者解证的程度不同，才有大小分别——只知见闻转诵，法便成为小乘；能够理解法义，法便成为中乘；学法之人积极践行，法便成为大乘；

---

① 元·宗宝编：《六祖大师法宝坛经》，《大正藏》第48册，第356页。

如果证悟离相无染之理，法也随即成为最上乘。可见，在惠能大师这里，所谓小乘、中乘、大乘其实均是同一佛法，修行者所处的修行阶段（闻、思、修）和践行证悟的差别，才是导致佛法分化的根源所在。若能融会贯通，善用一切诸法而不执，所学所修也自然随之成为"最上乘法"。

大小乘的"乘"乃"车乘"之义，惠能大师则用"行"与"悟"重新诠释了"乘"——所谓"四乘"的衡量标准，关键在于你对佛法践行的程度如何、证解的程度如何，在口头上辩论孰高孰低是没有意义的。诸法平等，无有高下，是人的学修令其显示出差异。何为大？何为小？何为最上？惠能大师只教人反观自性，你修得如何，你的法便如何。这里惠能大师显然对教法层次的评判不屑一顾，不认可大乘、小乘、声闻、菩萨表面的名相，而只看重对法的修证。

（二）"唯一佛乘"

惠能大师在其他场合也表达过"法无大小"的观点。比如人们普遍认为般若性空属于大乘佛法，但惠能大师明确提出"般若之智无大小"：

> 般若之智亦无大小，为一切众生自心迷悟不同。迷心外见，修行觅佛，未悟自性，即是小根。若开悟顿教，不能外修，但于自心常起正见，烦恼尘劳常不能染，即是见性。①

惠能大师在向大众讲解般若之智时，提出般若性空之智根本不存在大乘法小乘法之说，因为般若智是一切世人本性中均存在的。只是因为众生迷惘，不能反观自心，不能于一切时、一切处念念观照，因众生迷悟程度的不同才会呈现出大乘小乘的区分。所谓小乘根器，"迷心外见，修行觅佛，未悟自性，即是小根"，指的是那些只知向外求法、离心觅佛的人。"若开悟顿教，不执外修，但于自心常起正见，烦恼尘劳常不能染，是即见性"，若不执于外相，而在内心中生起正知正见，不受一切烦恼尘劳的染着，便是可以见性的大乘根器。

---

① 元·宗宝编：《六祖大师法宝坛经》，《大正藏》第48册，第350-351页。

依据《坛经》的解释不难看出，其实大小乘或三乘、四乘都只是一种方便，是佛针对不同人群而采用不同方式揭示同一妙法，究其根本只有"唯一佛乘"，也就是引导人明心见性、证悟菩提：

> 经意分明，汝自迷背。诸三乘人，不能测佛智者，患在度量也。饶伊尽思共推，转加悬远。佛本为凡夫说，不为佛说。此理若不肯信者，从他退席。殊不知，坐却白牛车，更于门外觅三车。况经文明向汝道："唯一佛乘，无有余乘，若二若三。"乃至无数方便，种种因缘，譬喻言词，是法皆为一佛乘故。汝何不省？三车是假，为昔时故。一乘是实，为今时故。只教汝去假归实，归实之后，实亦无名。①

惠能大师明确指出，关于一乘乃至四乘佛法的分别，其实经典里面已经说得很清楚了，均是佛的应机施教，人们因被相所误，反生迷惑。凡夫用自己的妄想思量去揣摩、度量佛的智慧，偏偏要将佛所说法分出大小高下，这样越是费尽心思越是远离佛的本怀。佛法只是针对凡夫的一种转迷成悟的工具，如渡河之筏、标月之指。若不肯相信这个道理的人，也只好任由他去，听任其退出法席。

惠能大师在这段开示里用到几种譬喻和公案："三车"是《法华经》的著名譬喻，意指接引众生的权宜之法，这里指代外在的法相；不能理解经义的人便听任退席，这一典故也出自《法华经》——法华会上有五千声闻比丘退席，因为他们不能信受大乘佛法。② 而"白牛"则用来比喻每个人本有的自性、佛性，延续的是原始佛教常见的"牧牛"主题；"白牛车"是直抵自性的一乘佛法、最上乘法，偏偏还要到门外去寻找羊车、鹿车、牛车，此三车对应众人口中的"三乘"。

---

① 元·宗宝编：《六祖大师法宝坛经》，《大正藏》第48册，第356页。
② 参见姚秦·鸠摩罗什译：《妙法莲华经·卷一》，《大正藏》第9册，第7页。

　　惠能大师所援引的"唯一佛乘，无有余乘，若二若三"亦出自《法华经》，原文作"十方佛土中，唯有一乘法，无二亦无三，除佛方便说"[①]。可见，惠能大师的"法无四乘，唯一佛乘"是对法华的继承和引申，即将《法华经》中的"一乘法"直接明示为空有不二、明心见性的一佛乘，进而阐明大乘小乘、二乘三乘，以及无数方便法门、种种因缘譬喻，都是为了引导人们步入一佛乘的方便法门。

　　惠能大师最后再次强调对一佛乘亦不可执着——羊、鹿、牛三车代表了佛陀施设的三乘教法，这三乘教法均是针对迷失众生施设的权教；大白牛车代表佛陀的一乘教法，是为修持成熟的众生开显的究竟实教。而所谓"一乘实教"本身也只是帮助人们去除三乘执着的方便假名，一旦归入一乘之后，也就没有所谓的实教了，连一实相、一佛乘本身也不存在。当人们领悟到佛法的真髓，解脱自在，出入无碍，必然是一法不执的。

　　佛所说三藏十二部包含八万四千种法门，人们很自然地会觉得不同的法门必然有大小、高低、上下之别，比如四圣谛就被认为是初级的声闻法，而般若空性则是比较高级的大乘佛法，如此之类。惠能大师有针对性地指出，法无分别，有分别的是人。所谓声闻乘、缘觉乘、菩萨乘等林林总总，皆是针对迷妄众生而施设的教法。佛陀宣说这些繁杂的言教，目的不在于教法本身，而是为了通过不同教法引导不同根机的人觉悟佛的知见，走上解脱的道路；空有不二、明心见性才是一佛乘的真谛所在。

---

① 　姚秦·鸠摩罗什译：《妙法莲华经·卷一》，《大正藏》第 9 册，第 8 页。

结 语

《六祖坛经》最大的价值，在于将中国本土文化传统与印度佛教文化传统完美融合，一方面创生出既不违背佛教本怀，又极具本土文化特色的中国佛教；另一方面也将佛教精髓以"禅"的形态渗入到本土文化之中，给中国文化染上了"禅意"和"禅味"，为其平添了一份空灵、悠远的气息。

《坛经》对于中国文化传统的贡献，在伦理思想方面主要表现在将飘缈的"佛性"落实到人自身的"心性"上，主张在寻常日用中寻佛了道，在自心上发掘清净自性而不是向外寻求。禅宗心性论日后对宋明时期的陆王心学及其后学均产生了深远的影响。

禅宗兴起于唐代，唐宋以降士大夫谈禅成风。《坛经》及禅宗对于中国艺术精神的影响，集中表现在禅与诗、禅与画、禅与民间传说和传奇文学等多种文艺形态的相互渗透上面，参禅的"悟境"在一定程度上重塑了诗人和艺术家们的心理状态，进而影响了他们的创作。

《坛经》对于佛教义理的创新和发展则是全方位的。惠能大师从心性的角度，对佛教最基础的戒、定、慧重新定义，创造性地提出了"定慧等学"的学修理念；重新界定了佛教传统的天界、地狱，入世、出世，大乘、小乘等一系列观念，对净土、坐禅、般若、一行三昧等佛教法门均作出了革命性的创新；而《坛经》秉持的"不立文字，教外别传""直指人心，见性成佛"的禅门教育思想，彻底改变了佛教诵经念佛、持戒打坐、循序渐进的传统教育思路，就此完成了佛教的本土化，同时也开创了佛教知见的新天地。

参考文献

一、原始佛典

1. 东晋·法显译：《大般涅槃经》，《大正藏》第 1 册。

2. 东晋·瞿昙僧伽提婆译：《箭喻经》，《大正藏》第 1 册。

3. 东晋·瞿昙僧伽提婆译：《增一阿含经，《大正藏》第 2 册。

4. 姚秦·鸠摩罗什译：《金刚般若波罗蜜经》，《大正藏》第 8 册。

5. 梁·曼陀罗仙译：《文殊师利所说摩诃般若波罗蜜经》，《大正藏》第 8 册。

6. 东晋·佛驮跋陀罗译：《大方广佛华严经》，《大正藏》第 9 册。

7. 姚秦·鸠摩罗什译：《妙法莲华经》，《大正藏》第 9 册。

8. 唐·实叉难陀译：《大方广佛华严经》，《大正藏》第 10 册。

9. 梁·僧伽婆罗等译：《度一切诸佛境界智严经》，《大正藏》第 12 册。

10. 曹魏·康僧铠译：《佛说无量寿经》，《大正藏》第 12 册。

11. 姚秦·鸠摩罗什译：《佛垂般涅槃略说教诫经》，《大正藏》第 12 册。

12. 姚秦·鸠摩罗什译：《佛说阿弥陀经》，《大正藏》第 12 册。

13. 姚秦·鸠摩罗什译：《维摩诘所说经》，《大正藏》第 14 册。

14. 姚秦·鸠摩罗什译：《持世经》，《大正藏》第 14 册。

15. 后汉·迦叶摩腾共竺法兰译：《四十二章经》，《大正藏》第 17 册。

16. 后汉·安世高译：《佛说处处经》，《大正藏》第 17 册。

17. 姚秦·佛陀耶舍共竺佛念等译：《四分律》，《大正藏》第 22 册。

18. 姚秦·鸠摩罗什译：《梵网经》，《大正藏》第 24 册。

19. 龙树菩萨造，姚秦·鸠摩罗什译：《大智度论》，《大正藏》第 25 册。

20. 龙树菩萨造，姚秦·鸠摩罗什译：《十住毗婆沙论》，《大正藏》第 26 册。

21. 北魏·昙鸾注解：《无量寿经优婆提舍愿生偈注》，《大正藏》第 26 册。

22. 龙树菩萨造，梵志青目释，姚秦·三藏鸠摩罗什译：《中论》，《大正藏》第 30 册。

23. 提婆菩萨造，姚秦·鸠摩罗什译：《百论》，《大正藏》第 30 册。

24. 弥勒菩萨说，唐·玄奘译：《瑜伽师地论》，《大正藏》第 30 册。

25. 马鸣菩萨造，梁·真谛译：《大乘起信论》，《大正藏》第 32 册。

26. 隋·智顗说，唐·湛然略：《维摩经略疏》，《大正藏》第 38 册。

27. 宋·元照撰：《四分律行事钞资持记》，《大正藏》第 40 册。

28. 唐·慧然集：《镇州临济慧照禅师语录》，《大正藏》第 47 册。

29. 宋·慧开禅师撰，弥衍宗绍编：《禅宗无门关》，《大正藏》第 48 册。

30. 元·宗宝编：《六祖大师法宝坛经》，《大正藏》第 48 册。

31. 明·如卺编：《缁门警训》，《大正藏》第 48 册。

32. 元·觉岸编：《释氏稽古略》，《大正藏》第 49 册。

33. 宋·志磐撰：《佛祖统纪》，《大正藏》第 49 册。

34. 梁·慧皎撰：《高僧传》，《大正藏》第 50 册。

35. 宋·道原纂：《景德传灯录》，《大正藏》第 51 册。

36. 唐·道掖撰：《净名经集解关中疏》，《大正藏》第 85 册。

37. 唐·净觉集：《楞伽师资记》，《大正藏》第 85 册。

38. 唐·寒山：《寒山子诗集》，《嘉兴藏》第 20 册。

39. 唐·拾得：《拾得诗附》，《嘉兴藏》第 20 册。

40. 清·行元说，超宣等编：《百痴禅师语录》，《嘉兴藏》第 28 册。

41. 清·灯亮说，空谧编：《玉眉亮禅师语录》，《嘉兴藏》第 39 册。

42. 明·曾凤仪：《楞严经宗通》，《卍续藏经》第 25 册。

43. 明·大建较：《禅林宝训音义》，《卍续藏经》第 113 册。

44. 清·集云堂编：《宗鉴法林》，《卍续藏经》第 116 册。

45. 宋·元恺编：《大川普济禅师语录》，《卍续藏经》第 121 册。

46. 宋·普济集：《五灯会元》，《卍续藏经》第 138 册。

47. 元·昙噩撰：《明州定应大师布袋和尚传》，《卍续藏经》第 146 册。

48. 明·朱时恩辑：《居士分灯录下》，《卍续藏经》第 147 册。

49. 金·志明撰，元·德谏注：《禅苑蒙求瑶林》，《卍续藏经》第 148 册。

50. 清·通琇说，行岳编：《大觉普济能仁玉琳琇国师语录》，《乾隆大藏经》第 158 册。

51. 通妙等译：《汉译南传大藏经·长部经典》。

52. 通妙等译：《汉译南传大藏经·中部经典》。

53. 通妙、云庵等译：《汉译南传大藏经·相应部》。

54. 郭哲彰等译：《汉译南传大藏经·增支部经典》。

55. 悟醒等译：《汉译南传大藏经·小部经典》。

56. 心举编译：《南传大藏经优婆塞读本》，上海：中西书局，2018 年。

57.《长阿含经》，北京：宗教文化出版社，1999 年。

58.《增一阿含经》，北京：宗教文化出版社，1999 年。

59.《中阿含经》，北京：宗教文化出版社，1999 年。

60.《杂阿含经》，北京：宗教文化出版社，1999 年。

61. 南唐·静、筠法师合撰：《祖堂集》，郑州：中州古籍出版社，2001 年。

62. 蓝吉富主编：《禅宗全书》，台北：弥勒出版社，1980 年。

63. B. Horner Tr.. *The Book of the Discipline* (Vinaya–Piṭaka). London: Pali Text Society. 1949.

二、古代文献

1. 魏·王弼注，楼宇烈校释：《老子道德经注校释》，北京：中华书局，2008 年。

2. 战国·庄周著，张耿光译注：《庄子全译》，贵州人民出版社，1993 年。

3. 胡适校：《敦煌唐写本神会和尚遗集》，上海：亚东图书馆，1930 年。

4. 宋·苏轼著，清·冯应榴辑注，黄任轲、朱怀春校点：《苏轼诗集合注》，上海：上海古籍出版社，2001 年。

5. 宋·苏轼著，刘文忠评注：《东坡志林》，北京：中华书局，2007 年。

6. 宋·辛弃疾：《稼轩词》，北京：中国书店，1997 年。

7. 宋·惠洪撰：《冷斋夜话》，北京：中华书局，1988 年。

8. 宋·张君房纂辑，蒋力生等校注：《云笈七签》，北京：华夏出版社，1996 年。

9. 清·陆世仪撰：《陆桴亭思辨录辑要》，收于王云五主编：《丛书集成初编》，上海：商务印书馆，1926 年。

10. 清·孙希旦撰，沈啸寰、王星贤点校：《礼记集解》，北京：中华书局，1989 年。

11. 明·吴承恩：《西游记》，北京：人民文学出版社，1955 年。

三、近现代研究

1. 蒋忠新译：《摩奴法论》，北京：中国社会科学院出版社，1986 年。

2. 李申合校，方广锠简注：《敦煌坛经合校简注》，太原：山西古籍出版社，1999 年。

3. 净慧主编：《虚云和尚全集》，郑州：中州古籍出版社，2009 年。

4. 冯友兰：《中国哲学史》，北京：中华书局，1961 年。

5. 钱穆：《中国文化史导论》（修订本），北京：商务印书馆，1994 年。

6. 秦晖：《传统十论——本土社会的制度、文化及其变革》，上海：复旦大学出版社，2004 年。

7. 饶宗颐：《饶宗颐佛学文集》，香港：天地图书有限公司，2013 年。

8. 孙昌武：《佛教与中国文学》，上海：上海人民出版社，1988 年。

9. 刘彬：《〈易经〉校释译论》，济南：山东人民出版社，2019 年。

10. 孔祥瑞译注：《论语译注》，上海：上海社会科学院出版社，2020 年。

11. 杨逢彬：《孟子新注新译》，北京：北京大学出版社，2017 年。

12. 何宁撰：《淮南子集释》，北京：中华书局，1998 年。

13. 王志清撰：《王维诗选》，北京：商务印书馆，2015 年。

14. 宣化法师：《水镜回天录》，台北：法界佛教总会中文出版部，2010 年。

15. 星云大师：《星云禅话》，北京：现代出版社，2007 年。

16. 杨树达：《汉代婚丧礼俗考》，上海：开明书店，1933 年。

17. 印顺：《初期大乘佛教之起源与开展》，台北：正闻出版社，1982 年。

18. 张灿玾编著：《黄帝内经素问语释》，济南：山东科学技术出版社，2017 年。

19. 赵朴初：《佛教常识答问》，北京：北京出版社，2003 年。

20. 余英时著，侯旭东等译：《东汉生死观》，台北：联经出版事业股份有限公司，2008 年。

21. 胡适：《禅宗的白话散文》，收于《20 世纪佛学经典文库·胡适卷》，武汉：武汉大学出版社，2008 年。

22. 巫白慧：《吠陀轮回说探源》，收于《印度哲学——吠陀经探义和奥义书解析》，北京：东方出版社，2000 年。

23. 高毓婷：《北宗神秀菩萨戒研究》，《宗教学研究》2001 年第 4 期。

24. 学愚：《菩萨范式及其转换》，《世界宗教研究》2017 年第 3 期。

25. 魏莉、李良松、梁壮：《〈黄帝内经〉心性思想与情志理论对中医心质学理论构建的影响》,《中华中医药杂志》2020 年第 12 期。

26.Har Dayal. *The Bodhisattva Doctrine in Buddhist Sanskrit Literature*. Delhi：Motilal Banarsidass Publishers. 2004.

27.E. H. Gombrich. *How Buddhism Began: The Conditioned Genesis of the Early Teachings*. London: Routledge. 2006.

28.Alan Watts. *The Spirit of Zen: A Way of Life, Work, and Art in the Far East*. New York: Grove Press. 1994.

附录 六祖大师法宝坛经

风幡报恩光孝禅寺住持嗣祖比丘宗宝编

行由第一

时，大师至宝林，韶州韦刺史与官僚入山，请师出。于城中大梵寺讲堂，为众开缘说法。师升座次，刺史官僚三十余人、儒宗学士三十余人、僧尼道俗一千余人，同时作礼，愿闻法要。

大师告众曰：善知识！菩提自性，本来清净，但用此心，直了成佛。善知识！且听惠能行由，得法事意。

惠能严父，本贯范阳，左降流于岭南，作新州百姓。此身不幸，父又早亡，老母孤遗，移来南海，艰辛贫乏，于市卖柴。时有一客买柴，使令送至客店。客收去，惠能得钱，却出门外，见一客诵经。惠能一闻经语，心即开悟，遂问：客诵何经？客曰：《金刚经》。复问：从何所来，持此经典？客云：我从蕲州黄梅县东禅寺来。其寺是五祖忍大师在彼主化，门人一千有余。我到彼中礼拜，听受此经。大师常劝僧俗，但持《金刚经》，即自见性，直了成佛。惠能闻说，宿昔有缘，乃蒙一客，取银十两与惠能，令充老母衣粮，教便往黄梅参礼五祖。

惠能安置母毕，即便辞违。不经三十余日，便至黄梅，礼拜五祖。

祖问曰：汝何方人？欲求何物？

惠能对曰：弟子是岭南新州百姓，远来礼师，惟求作佛，不求余物。

祖言：汝是岭南人，又是獦獠，若为堪作佛？

惠能曰：人虽有南北，佛性本无南北。獦獠身与和尚不同，佛性有何差别？

五祖更欲与语，且见徒众总在左右，乃令随众作务。

惠能曰：惠能启和尚，弟子自心，常生智慧，不离自性，即是福田。未审和尚教作何务？

祖云：这獦獠根性大利。汝更勿言，着槽厂去。

惠能退至后院，有一行者差惠能破柴踏碓。经八月余，祖一日忽见惠能曰：吾思汝之见可用，恐有恶人害汝，遂不与汝言，汝知之否？惠能曰：弟子亦知师意，不敢行至堂前，令人不觉。

祖一日唤诸门人总来：吾向汝说，世人生死事大。汝等终日只求福田，不求出离生死苦海。自性若迷，福何可救？汝等各去，自看智慧，取自本心般若之性，各作一偈，来呈吾看。若悟大意，付汝衣法，为第六代祖。火急速去，不得迟滞。思量即不中用，见性之人，言下须见。若如此者；轮刀上阵，亦得见之。

众得处分，退而递相谓曰：我等众人不须澄心用意作偈，将呈和尚，有何所益？神秀上座现为教授师，必是他得。我辈谩作偈颂，枉用心力。余人闻语，总皆息心，咸言：我等已后依止秀师，何烦作偈。

神秀思惟：诸人不呈偈者，为我与他为教授师。我须作偈，将呈和尚。若不呈偈，和尚如何知我心中见解深浅？我呈偈意，求法即善，觅祖即恶，却同凡心，夺其圣位奚别？若不呈偈，终不得法。大难！大难！

五祖堂前有步廊三间，拟请供奉卢珍画《楞伽经》变相及五祖血脉图，流传供养。

神秀作偈成已，数度欲呈。行至堂前，心中恍惚，遍身汗流，拟呈不得。

前后经四日，一十三度呈偈不得。

秀乃思惟：不如向廊下书著，从他和尚看见，忽若道好，即出礼拜，云是秀作。若道不堪，枉向山中数年，受人礼拜，更修何道？是夜三更，不使人知，自执灯，书偈于南廊壁间，呈心所见。偈曰：

　　　　身是菩提树，心如明镜台。

　　　　时时勤拂拭，勿使惹尘埃。

秀书偈了，便却归房，人总不知。秀复思惟：五祖明日见偈欢喜，即我与法有缘。若言不堪，自是我迷，宿业障重，不合得法。圣意难测。房中思想，坐卧不安，直至五更。

祖已知神秀入门未得，不见自性。天明，祖唤卢供奉来，向南廊壁间，绘画图相，忽见其偈，报言：供奉却不用画，劳尔远来。经云：凡所有相，皆是虚妄。但留此偈，与人诵持。依此偈修，免堕恶道；依此偈修，有大利益。令门人炷香礼敬，尽诵此偈，即得见性。门人诵偈，皆叹善哉。

祖三更唤秀入堂，问曰：偈是汝作否？

秀言：实是秀作，不敢妄求祖位。望和尚慈悲，看弟子有少智慧否？

祖曰：汝作此偈，未见本性，只到门外，未入门内。如此见解，觅无上菩提，了不可得。无上菩提，须得言下识自本心，见自本性，不生不灭，于一切时中，念念自见，万法无滞，一真一切真，万境自如如。如如之心，即是真实。若如是见，即是无上菩提之自性也。汝且去一两日思惟，更作一偈，将来吾看。汝偈若入得门，付汝衣法。

神秀作礼而出。又经数日，作偈不成，心中恍惚，神思不安，犹如梦中，行坐不乐。

复两日，有一童子于碓坊过，唱诵其偈。惠能一闻，便知此偈未见本性，虽未蒙教授，早识大意。遂问童子曰：诵者何偈？

童子曰：尔这獦獠不知。大师言，世人生死事大，欲得传付衣法，令门人作偈来看。若悟大意，即付衣法，为第六祖。神秀上座于南廊壁上书无相偈，大师令人皆诵。依此偈修，免堕恶道。依此偈修，有大利益。

惠能曰：（我亦要诵此，结来生缘。）上人！我此踏碓八个余月，未曾行到堂前，望上人引至偈前礼拜。

童子引至偈前礼拜。惠能曰：惠能不识字，请上人为读。

时有江州别驾，姓张，名日用，便高声读。惠能闻已，遂言：亦有一偈，望别驾为书。

别驾言：汝亦作偈，其事希有！

惠能向别驾言：欲学无上菩提，不得轻于初学。下下人有上上智，上上人有没意智。若轻人，即有无量无边罪。

别驾言：汝但诵偈，吾为汝书。汝若得法，先须度吾，勿忘此言。

惠能偈曰：

菩提本无树，明镜亦非台。

本来无一物，何处惹尘埃。

书此偈已，徒众总惊，无不嗟讶，各相谓言：奇哉！不得以貌取人，何得多时，使他肉身菩萨。

祖见众人惊怪，恐人损害，遂将鞋擦了偈，曰：亦未见性。众以为然。

次日，祖潜至碓坊，见能腰石舂米，语曰：求道之人，为法忘躯，当如是乎！乃问曰：米熟也未？

惠能曰：米熟久矣，犹欠筛在。

祖以杖击碓三下而去。惠能即会祖意，三鼓入室。

祖以袈裟遮围，不令人见，为说《金刚经》。至"应无所住而生其心"，惠能言下大悟，一切万法，不离自性。遂启祖言：何期自性，本自清净；何期自性，本不生灭；何期自性，本自具足；何期自性，本无动摇；何期自性，能生万法。

祖知悟本性，谓惠能曰：不识本心，学法无益；若识自本心，见自本性，即名丈夫、天人师、佛。

三更受法，人尽不知，便传顿教及衣钵，云：汝为第六代祖，善自护念，广度有情，流布将来，无令断绝。听吾偈曰：

> 有情来下种，因地果还生。
>
> 无情既无种，无性亦无生。

祖复曰：昔达磨大师，初来此土，人未之信，故传此衣以为信体，代代相承；法则以心传心，皆令自悟自解。自古佛佛惟传本体，师师密付本心；衣为争端，止汝勿传。若传此衣，命如悬丝。汝须速去，恐人害汝。

惠能启曰：向甚处去？

祖云：逢怀则止，遇会则藏。

惠能三更领得衣钵，云：能本是南中人，素不知此山路，如何出得江口？

五祖言：汝不须忧，吾自送汝。

祖相送，直至九江驿。祖令上船，五祖把橹自摇。惠能言：请和尚坐，弟子合摇橹。祖云：合是吾渡汝。惠能曰：迷时师度，悟了自度。度名虽一，用处不同。惠能生在边方，语音不正，蒙师付法，今已得悟，只合自性自度。祖云：如是！如是！以后佛法，由汝大行。汝去三年，吾方逝世。汝今好去，努力向南，不宜速说，佛法难起。

惠能辞违祖已，发足南行。两月中间，至大庾岭。（五祖归，数日不上堂。众疑，诣问曰：和尚少病少恼否？曰：病即无，衣法已南矣。问：谁人传授？曰：能者得之。众乃知焉。）逐后数百人来，欲夺衣钵。

一僧俗姓陈，名惠明，先是四品将军，性行粗慥，极意参寻。为众人先，趁及惠能。惠能掷下衣钵于石上，云：此衣表信，可力争耶？能隐草莽中。惠明至，提掇不动，乃唤云：行者！行者！我为法来，不为衣来。

惠能遂出，盘坐石上。惠明作礼云：望行者为我说法。

惠能云：汝既为法而来，可屏息诸缘，勿生一念，吾为汝说。

明良久。惠能云：不思善，不思恶，正与么时，那个是明上座本来面目？

惠明言下大悟。复问云：上来密语密意外，还更有密意否？

惠能云：与汝说者，即非密也。汝若返照，密在汝边。

明曰：惠明虽在黄梅，实未省自己面目。今蒙指示，如人饮水，冷暖自知。今行者即惠明师也。

惠能曰：汝若如是，吾与汝同师黄梅。善自护持。

明又问：惠明今后向甚处去？惠能曰：逢袁则止，遇蒙则居。明礼辞。（明回至岭下，谓趁众曰：向陟崔嵬，竟无踪迹，当别道寻之。趁众咸以为然。惠明后改道明，避师上字。）

惠能后至曹溪，又被恶人寻逐。乃于四会，避难猎人队中，凡经一十五载，时与猎人随宜说法。猎人常令守网。每见生命，尽放之。每至饭时，以菜寄煮肉锅。或问，则对曰：但吃肉边菜。

一日思惟，时当弘法，不可终遁。遂出至广州法性寺。值印宗法师讲《涅槃经》。时有风吹幡动。一僧曰风动，一僧曰幡动，议论不已。惠能进曰：不是风动，不是幡动，仁者心动。一众骇然。

印宗延至上席，征诘奥义。见惠能言简理当，不由文字。

宗云：行者定非常人。久闻黄梅衣法南来，莫是行者否？

惠能曰：不敢。

宗于是作礼，告请传来衣钵，出示大众。

宗复问曰：黄梅付嘱，如何指授？

惠能曰：指授即无，惟论见性，不论禅定解脱。

宗曰：何不论禅定解脱？

能曰：为是二法，不是佛法。佛法是不二之法。

宗又问：如何是佛法不二之法？

惠能曰：法师讲《涅槃经》，明佛性是佛法不二之法。如高贵德王菩萨白佛言：犯四重禁，作五逆罪，及一阐提等，当断善根佛性否？佛言：善根有二，一者常，二者无常，佛性非常非无常，是故不断，名为不二。一者善，二者不善，佛性非善非不善，是名不二。蕴之与界，凡夫见二，智者了达，其性无二。无二之性，即是佛性。

印宗闻说，欢喜合掌，言：某甲讲经，犹如瓦砾。仁者论义，犹如真金。于是为惠能剃发，愿事为师。惠能遂于菩提树下，开东山法门。

惠能于东山得法，辛苦受尽，命似悬丝。今日得与使君、官僚、僧尼道俗同此一会，莫非累劫之缘，亦是过去生中供养诸佛，同种善根，方始得闻如上顿教得法之因。教是先圣所传，不是惠能自智。愿闻先圣教者，各令净心。闻了各自除疑，如先代圣人无别。

一众闻法欢喜，作礼而退。

般若第二

次日，韦使君请益。

师升座，告大众曰：总净心念摩诃般若波罗蜜多。

复云：善知识！菩提般若之智，世人本自有之，只缘心迷，不能自悟，须假大善知识示导见性。当知愚人智人，佛性本无差别，只缘迷悟不同，所以有愚有智。吾今为说摩诃般若波罗蜜法，使汝等各得智慧。志心谛听，吾为汝说。

善知识！世人终日口念般若，不识自性般若，犹如说食不饱。口但说空，万劫不得见性，终无有益。

善知识！摩诃般若波罗蜜是梵语，此言大智慧到彼岸。此须心行，不在口念。口念心不行，如幻、如化、如露、如电。口念心行，则心口相应，本性是佛，离性无别佛。

何名摩诃？摩诃是大。心量广大，犹如虚空，无有边畔，亦无方圆大小，亦非青黄赤白，亦无上下长短，亦无瞋无喜，无是无非，无善无恶，无有头尾。诸佛刹土，尽同虚空。世人妙性本空，无有一法可得。自性真空，亦复如是。

善知识！莫闻吾说空便即着空。第一莫着空，若空心静坐，即着无记空。

善知识！世界虚空，能含万物色像。日月星宿，山河大地，泉源溪涧，草木丛林，恶人善人，恶法善法，天堂地狱，一切大海，须弥诸山，总在空中。世人性空，亦复如是。

善知识！自性能含万法是大。万法在诸人性中，若见一切人恶之与善，尽皆不取不舍，亦不染着，心如虚空，名之为大，故曰摩诃。

善知识！迷人口说，智者心行。又有迷人，空心静坐，百无所思，自称为大。此一辈人，不可与语，为邪见故。

善知识！心量广大，遍周法界。用即了了分明，应用便知一切。一切即一，一即一切。去来自由，心体无滞，即是般若。

善知识！一切般若智，皆从自性而生，不从外入。莫错用意，名为真性自用。一真一切真。心量大事，不行小道。口莫终日说空，心中不修此行。恰似凡人自称国王，终不可得，非吾弟子。

善知识！何名般若？般若者，唐言智慧也。一切处所，一切时中，念念不愚，常行智慧，即是般若行。一念愚即般若绝，一念智即般若生。世人愚迷，不见般若。口说般若，心中常愚。常自言我修般若，念念说空，不识真空。般若无形相，智慧心即是。若作如是解，即名般若智。

何名波罗蜜？此是西国语，唐言到彼岸，解义离生灭。着境生灭起，如水有波浪，即名于此岸。离境无生灭，如水常通流，即名为彼岸，故号波罗蜜。

善知识！迷人口念，当念之时，有妄有非。念念若行，是名真性。悟此法者，是般若法。修此行者，是般若行。不修即凡。一念修行，自身等佛。

善知识！凡夫即佛。烦恼即菩提。前念迷即凡夫，后念悟即佛。前念着境即烦恼，后念离境即菩提。

善知识！摩诃般若波罗蜜最尊、最上、最第一，无住、无往亦无来，三世诸佛从中出。当用大智慧，打破五蕴烦恼尘劳。如此修行，定成佛道，变三毒为戒定慧。

善知识！我此法门，从一般若生八万四千智慧。何以故？为世人有八万四千尘劳。若无尘劳，智慧常现，不离自性。悟此法者，即是无念、无忆、无着，不起诳妄。用自真如性，以智慧观照，于一切法不取不舍，即是见性成佛道。

善知识！若欲入甚深法界及般若三昧者，须修般若行，持诵《金刚般若经》，即得见性。当知此经功德无量无边。经中分明赞叹，莫能具说。此法门是最上乘，为大智人说，为上根人说。小根小智人闻，心生不信。何以故？譬如天龙下雨于阎浮提，城邑聚落，悉皆漂流，如漂枣叶。若雨大海，不增不减。若大乘人，若最上乘人，闻说《金刚经》，心开悟解。故知本性自有般若之智，自用智慧，常观照故，不假文字。譬如雨水，不从天有，元是龙能兴致，令一切众生、一切草木、有情无情，悉皆蒙润。百川众流，却入大海，合为一体。众生本性般若之智，亦复如是。

善知识！小根之人，闻此顿教，犹如草木根性小者，若被大雨，悉皆自倒，不能增长，小根之人亦复如是。元有般若之智，与大智人更无差别，因何闻法，不自开悟？缘邪见障重，烦恼根深。犹如大云覆盖于日，不得风吹，日光不现。般若之智亦无大小，为一切众生自心迷悟不同。迷心外见，修行觅佛，未悟自性，即是小根。若开悟顿教，不能外修，但于自心常起正见，烦恼尘劳常不能染，即是见性。

善知识！内外不住，去来自由，能除执心，通达无碍，能修此行，与《般若经》本无差别。

善知识！一切修多罗及诸文字、大小二乘、十二部经皆因人置。因智慧性，方能建立。若无世人，一切万法本自不有。故知万法本自人兴，一切经书因人说有。缘其人中，有愚有智。愚为小人，智为大人。愚者问于智人，智者与愚人说法。愚人忽然悟解心开，即与智人无别。

善知识！不悟，即佛是众生，一念悟时，众生是佛，故知万法尽在自心。何不从自心中，顿见真如本性？《菩萨戒经》云：我本元自性清净，若识自心见性，皆成佛道。《净名经》云：即时豁然，还得本心。

善知识！我于忍和尚处，一闻言下便悟，顿见真如本性。是以将此教法流行，令学道者，顿悟菩提，各自观心，自见本性。若自不悟，须觅大善知识、解最上乘法者，直示正路。是善知识有大因缘，所谓化导，令得见性。一切善法，因善知识能发起故。

三世诸佛、十二部经，在人性中本自具有，不能自悟，须求善知识指示方见。若自悟者，不假外求。若一向执谓须他善知识方得解脱者，无有是处。何以故？自心内有知识自悟。若起邪迷，妄念颠倒，外善知识虽有教授，救不可得。若起真正般若观照，一刹那间妄念俱灭。若识自性，一悟即至佛地。

善知识！智慧观照，内外明彻，识自本心。若识本心，即本解脱。若得解脱，即是般若三昧。般若三昧，即是无念。何名无念？若见一切法，心不染着，是为无念。用即遍一切处，亦不着一切处。但净本心，使六识出六门，于六尘中无染无杂，来去自由，通用无滞，即是般若三昧，自在解脱，名无念行。若百物不思，当令念绝，即是法缚，即名边见。

善知识！悟无念法者，万法尽通。悟无念法者，见诸佛境界。悟无念法者，至佛地位。

善知识！后代得吾法者，将此顿教法门于同见同行发愿受持，如事佛故，终身而不退者，定入圣位。然须传授从上以来默传分付，不得匿其正法。若不同见同行，在别法中，不得传付。损彼前人，究竟无益。恐愚人不解，谤此法门，百劫千生，断佛种性。

善知识！吾有一无相颂，各须诵取。在家出家，但依此修，若不自修，惟记吾言，亦无有益。听吾颂曰：

说通及心通　　如日处虚空

唯传见性法　　出世破邪宗

法即无顿渐　　迷悟有迟疾

只此见性门　　愚人不可悉

说即虽万般　　合理还归一

烦恼暗宅中　　常须生慧日

邪来烦恼至　　正来烦恼除

邪正俱不用　　清净至无余

菩提本自性　　起心即是妄

净心在妄中　　但正无三障

世人若修道　　一切尽不妨

常自见己过　　与道即相当

色类自有道　　各不相妨恼

离道别觅道　　终身不见道

波波度一生　　到头还自懊

欲得见真道　　行正即是道

自若无道心　　暗行不见道

若真修道人　　不见世间过

若见他人非　　自非却是左

他非我不非　　我非自有过

但自却非心　　打除烦恼破

憎爱不关心　　长伸两脚卧

欲拟化他人　　自须有方便

勿令彼有疑　　即是自性现

佛法在世间　不离世间觉

离世觅菩提　恰如求兔角

正见名出世　邪见名世间

邪正尽打却　菩提性宛然

此颂是顿教　亦名大法船

迷闻经累劫　悟则刹那间

师复曰：今于大梵寺说此顿教，普愿法界众生言下见性成佛。

时，韦使君与官僚道俗闻师所说，无不省悟。一时作礼，皆叹：善哉，何期岭南有佛出世！

疑问第三

一日，韦刺史为师设大会斋。斋讫，刺史请师升座，同官僚士庶肃容再拜，问曰：弟子闻和尚说法，实不可思议。今有少疑，愿大慈悲，特为解说。

师曰：有疑即问，吾当为说。

韦公曰：和尚所说，可不是达磨大师宗旨乎？

师曰：是。

公曰：弟子闻达摩初化梁武帝，帝问云：朕一生造寺度僧，布施设斋，有何功德？达磨言：实无功德。弟子未达此理，愿和尚为说。

师曰：实无功德！勿疑先圣之言。武帝心邪，不知正法。造寺度僧，布施设斋，名为求福，不可将福便为功德。功德在法身中，不在修福。

师又曰：见性是功，平等是德。念念无滞，常见本性，真实妙用，名为功德。内心谦下是功，外行于礼是德。自性建立万法是功，心体离念是德。不离自性是功，应用无染是德。若觅功德法身，但依此作，是真功德。若修功德之人，心即不轻，常行普敬。心常轻人，吾我不断，即自无功。自性虚妄不实，即自无德，为吾我自大，常轻一切故。

善知识！念念无间是功，心行平直是德。自修性是功，自修身是德。

善知识！功德须自性内见，不是布施供养之所求也。是以福德与功德别，武帝不识真理，非我祖师有过。

刺史又问曰：弟子常见僧俗念阿弥陀佛，愿生西方。请和尚说，得生彼否？愿为破疑。

师言：使君善听，惠能与说。世尊在舍卫城中，说西方引化，经文分明，去此不远。若论相说，里数有十万八千，即身中十恶八邪，便是说远。说远为其下根，说近为其上智。

人有两种，法无两般。迷悟有殊，见有迟疾。迷人念佛，求生于彼。悟人自净其心。所以佛言：随其心净，即佛土净。

使君东方人，但心净即无罪。虽西方人，心不净亦有愆。东方人造罪，念佛求生西方。西方人造罪，念佛求生何国？

凡愚不了自性，不识身中净土，愿东愿西。悟人在处一般，所以佛言：随所住处恒安乐。

使君心地但无不善，西方去此不遥。若怀不善之心，念佛往生难到。今劝善知识，先除十恶，即行十万；后除八邪，乃过八千。念念见性，常行平直，到如弹指，便睹弥陀。

使君但行十善，何须更愿往生？不断十恶之心，何佛即来迎请？若悟无生顿法，见西方只在刹那。不悟，念佛求生，路遥如何得达？惠能与诸人移西方如刹那间，目前便见。各愿见否？

众皆顶礼云：若此处见，何须更愿往生？愿和尚慈悲，便现西方，普令得见。

师言：大众，世人自色身是城，眼耳鼻舌是门。外有五门，内有意门。心是地，性是王。王居心地上，性在王在，性去王无。性在身心存，性去身坏。佛向性中作，莫向身外求。

自性迷即是众生，自性觉即是佛。慈悲即是观音，喜舍名为势至，能净即释迦，平直即弥陀。人我是须弥，邪心是海水，烦恼是波浪，毒害是恶龙，虚妄是鬼神，尘劳是鱼鳖，贪瞋是地狱，愚痴是畜生。

善知识！常行十善，天堂便至。除人我，须弥到。去邪心，海水竭。烦恼无，波浪灭。毒害忘，鱼龙绝。自心地上觉性如来，放大光明。外照六门清净，能破六欲诸天。自性内照，三毒即除。地狱等罪，一时消灭。内外明彻，不异西方。不作此修，如何到彼？

大众闻说，了然见性，悉皆礼拜，俱叹善哉！唱言：普愿法界众生，闻者一时悟解。

师言：善知识！若欲修行，在家亦得，不由在寺。在家能行，如东方人心善。在寺不修，如西方人心恶。但心清净，即是自性西方。

韦公又问：在家如何修行？愿为教授。

师言：吾与大众说无相颂。但依此修，常与吾同处无别；若不作此修，剃发出家，于道何益？颂曰：

心平何劳持戒　　行直何用修禅

恩则孝养父母　　义则上下相怜

让则尊卑和睦　　忍则众恶无喧

若能钻木出火　　淤泥定生红莲

苦口的是良药　　逆耳必是忠言

改过必生智慧　　护短心内非贤

日用常行饶益　　成道非由施钱

菩提只向心觅　　何劳向外求玄

听说依此修行　　天堂只在目前

师复曰：善知识！总须依偈修行，见取自性，直成佛道。法不相待，众人且散。吾归曹溪，众若有疑，却来相问。

时刺史官僚，在会善男信女，各得开悟，信受奉行。

定慧第四

师示众云：善知识！我此法门，以定慧为本。大众勿迷，言定慧别。定慧一体，不是二。定是慧体，慧是定用。即慧之时定在慧，即定之时慧在定。若识此义，即是定慧等学。

诸学道人，莫言先定发慧、先慧发定各别。作此见者，法有二相，口说善语，心中不善，空有定慧，定慧不等。若心口俱善，内外一如，定慧即等。自悟修行，不在于净。若净先后，即同迷人，不断胜负，却增我法，不离四相。

善知识！定慧犹如何等？犹如灯光。有灯即光，无灯即暗。灯是光之体，光是灯之用。名虽有二，体本同一。此定慧法，亦复如是。

师示众云：善知识！一行三昧者，于一切处行住坐卧，常行一直心是也。《净名》云：直心是道场，直心是净土。莫心行谄曲，口但说直，口说一行三昧，不行直心。但行直心，于一切法勿有执着。迷人着法相，执一行三昧，直言常坐不动，妄不起心，即是一行三昧。作此解者即同无情，却是障道因缘。

善知识！道须通流，何以却滞？心不住法，道即通流。心若住法，名为自缚。若言常坐不动是，只如舍利弗宴坐林中，却被维摩诘诃。

善知识！又有人教坐，看心观静，不动不起，从此置功。迷人不会，便执成颠，如此者众。如是相教，故知大错。

师示众云：善知识！本来正教，无有顿渐，人性自有利钝。迷人渐修，悟人顿契。自识本心，自见本性，即无差别，所以立顿渐之假名。

善知识！我此法门，从上以来，先立无念为宗，无相为体，无住为本。无相者，于相而离相。无念者，于念而无念。无住者，人之本性，于世间善恶好丑，乃至冤之与亲，言语触刺欺争之时，并将为空，不思酬害。念念之中，不思前境。若前念、今念、后念，念念相续不断，名为系缚。于诸法上念念不住，即无缚也。此是以无住为本。

善知识！外离一切相，名为无相。能离于相，即法体清净。此是以无相为体。

善知识！于诸境上心不染，曰无念。于自念上常离诸境，不于境上生心。若只百物不思，念尽除却，一念绝即死，别处受生，是为大错。学道者思之！若不识法意，自错犹可，更误他人。自迷不见，又谤佛经。所以立无念为宗。

善知识！云何立无念为宗？只缘口说见性迷人，于境上有念，念上便起邪见，一切尘劳妄想从此而生。自性本无一法可得，若有所得，妄说祸福，即是尘劳邪见。故此法门立无念为宗。

善知识！无者无何事？念者念何物？无者，无二相，无诸尘劳之心。念者，念真如本性。真如即是念之体，念即是真如之用。真如自性起念，非眼耳鼻舌能念。真如有性，所以起念。真如若无，眼耳色声，当时即坏。

善知识！真如自性起念，六根虽有见闻觉知，不染万境，而真性常自在。故经云：能善分别诸法相，于第一义而不动。

坐禅第五

师示众云：此门坐禅，元不着心，亦不着净，亦不是不动。若言着心，心元是妄，知心如幻，故无所着也。若言着净，人性本净，由妄念故，盖覆真如，但无妄想，性自清净。起心着净，却生净妄。妄无处所，着者是妄。净无形相，却立净相，言是工夫。作此见者，障自本性，却被净缚。

善知识！若修不动者，但见一切人时，不见人之是非善恶过患，即是自性不动。

善知识！迷人身虽不动，开口便说他人是非长短好恶，与道违背。若着心着净，即障道也。

师示众云：善知识！何名坐禅？此法门中，无障无碍，外于一切善恶境界心念不起，名为坐；内见自性不动，名为禅。

善知识！何名禅定？外离相为禅，内不乱为定。外若着相，内心即乱；外若离相，心即不乱。本性自净自定，只为见境，思境即乱。若见诸境心不乱者，是真定也。

善知识！外离相即禅，内不乱即定。外禅内定，是为禅定。《菩萨戒经》云：我本性元自清净。善知识！于念念中，自见本性清净，自修自行，自成佛道。

忏悔第六

时，大师见广韶泊四方士庶骈集山中听法，于是升座告众曰：来，诸善知识！此事须从自性中起。于一切时，念念自净其心，自修自行，见自己法身，见自心佛，自度自戒，始得不假到此。既从远来，一会于此，皆共有缘，今可各各胡跪，先为传自性五分法身香，次授无相忏悔。

众胡跪。

师曰：一戒香，即自心中无非、无恶、无嫉妒、无贪瞋、无劫害，名戒香。

二定香，即睹诸善恶境相，自心不乱，名定香。

三慧香，自心无碍，常以智慧观照自性，不造诸恶。虽修众善，心不执着，敬上念下，矜恤孤贫，名慧香。

四解脱香，即自心无所攀缘，不思善，不思恶，自在无碍，名解脱香。

五解脱知见香，自心既无所攀缘善恶，不可沉空守寂，即须广学多闻，识自本心，达诸佛理，和光接物，无我无人，直至菩提，真性不易，名解脱知见香。

善知识！此香各自内熏，莫向外觅。

今与汝等授无相忏悔，灭三世罪，令得三业清净。

善知识！各随我语，一时道：弟子等，从前念、今念及后念，念念不被愚迷染。从前所有恶业、愚迷等罪，悉皆忏悔，愿一时销灭，永不复起。

弟子等，从前念、今念及后念，念念不被憍诳染。从前所有恶业、憍诳等罪，悉皆忏悔，愿一时销灭，永不复起。

弟子等，从前念、今念及后念，念念不被嫉妒染。从前所有恶业、嫉妒等罪，悉皆忏悔，愿一时销灭，永不复起。善知识！以上是为无相忏悔。

云何名忏？云何名悔？忏者，忏其前愆。从前所有恶业、愚迷、憍诳、嫉妒等罪，悉皆尽忏，永不复起，是名为忏。悔者，悔其后过。从今以后，所有恶业、愚迷、憍诳、嫉妒等罪，今已觉悟，悉皆永断，更不复作，是名为悔。故称忏悔。凡夫愚迷，只知忏其前愆，不知悔其后过。以不悔故，前愆不灭，后过又生。前愆既不灭，后过复又生，何名忏悔？

善知识！既忏悔已，与善知识发四弘誓愿。各须用心正听：自心众生无边誓愿度，自心烦恼无边誓愿断，自性法门无尽誓愿学，自性无上佛道誓愿成。善知识！大家岂不道众生无边誓愿度？怎么道？且不是惠能度。

善知识！心中众生，所谓邪迷心、诳妄心、不善心、嫉妒心、恶毒心，如是等心尽是众生，各须自性自度，是名真度。

何名自性自度？即自心中邪见、烦恼、愚痴众生，将正见度。既有正见，使般若智打破愚痴、迷妄众生，各各自度。邪来正度，迷来悟度，愚来智度，恶来善度。如是度者，名为真度。

又烦恼无边誓愿断，将自性般若智除却虚妄思想心是也。又法门无尽誓愿学，须自见性，常行正法，是名真学。又无上佛道誓愿成，既常能下心，行于真正，离迷离觉，常生般若，除真除妄，即见佛性，即言下佛道成。常念修行是愿力法。

善知识！今发四弘愿了，更与善知识授无相三归依戒。

善知识！归依觉，两足尊。归依正，离欲尊。归依净，众中尊。

从今日去，称觉为师，更不归依邪魔外道。以自性三宝常自证明，劝善知识归依自性三宝。佛者，觉也。法者，正也。僧者，净也。自心归依觉，邪迷不生，少欲知足，能离财色，名两足尊。自心归依正，念念无邪见，以无邪见故，即无人我、贡高、贪爱、执着，名离欲尊。自心归依净，一切尘劳爱欲境界，自性皆不染着，名众中尊。

若修此行，是自归依。凡夫不会，从日至夜受三归戒。若言归依佛，佛在何处？若不见佛，凭何所归，言却成妄。善知识！各自观察，莫错用心。经文分明言自归依佛，不言归依他佛。自佛不归，无所依处。今既自悟，各须归依自心三宝，内调心性，外敬他人，是自归依也。

善知识！既归依自三宝竟，各各志心，吾与说一体三身自性佛，令汝等见三身，了然自悟自性。总随我道：于自色身归依清净法身佛，于自色身归依圆满报身佛，于自色身归依千百亿化身佛。

善知识！色身是舍宅，不可言归。向者三身佛在自性中，世人总有。为自心迷，不见内性。外觅三身如来，不见自身中有三身佛。汝等听说，令汝等于自身中见自性有三身佛。此三身佛从自性生，不从外得。

何名清净法身佛？世人性本清净，万法从自性生。思量一切恶事，即生恶行。思量一切善事，即生善行。如是诸法，在自性中，如天常清，日月常明，为浮云盖覆，上明下暗。忽遇风吹云散，上下俱明，万象皆现。世人性常浮游，如彼天云。善知识！智如日，慧如月。智慧常明，于外着境，被妄念浮云盖覆自性，不得明朗。若遇善知识，闻真正法，自除迷妄，内外明彻，于自性中，万法皆现。见性之人，亦复如是。此名清净法身佛。

善知识！自心归依自性，是归依真佛。自归依者，除却自性中不善心、嫉妒心、谄曲心、吾我心、诳妄心、轻人心、慢他心、邪见心、贡高心及一切时中不善之行。常自见己过，不说他人好恶，是自归依。常须下心，普行恭敬，即是见性通达，更无滞碍，是自归依。

何名圆满报身？譬如一灯能除千年暗，一智能灭万年愚。莫思向前，已过不可得。常思于后，念念圆明，自见本性。善恶虽殊，本性无二。无二之性，名为实性。于实性中，不染善恶，此名圆满报身佛。自性起一念恶，灭万劫善因。自性起一念善，得恒沙恶尽。直至无上菩提，念念自见，不失本念，名为报身。

何名千百亿化身？若不思万法，性本如空，一念思量，名为变化。思量恶事，化为地狱；思念善事，化为天堂。毒害化为龙蛇，慈悲化为菩萨，智慧化为上界，愚痴化为下方。自性变化甚多，迷人不能省觉，念念起恶，常行恶道。回一念善，智慧即生，此名自性化身佛。善知识！法身本具，念念自性自见，即是报身佛。从报身思量，即是化身佛。自悟自修自性功德，是真归依。皮肉是色身，色身是宅舍，不言归依也。但悟自性三身，即识自性佛。

吾有一无相颂，若能诵持，言下令汝积劫迷罪一时销灭。颂曰：

迷人修福不修道　　只言修福便是道
布施供养福无边　　心中三恶元来造
拟将修福欲灭罪　　后世得福罪还在
但向心中除罪缘　　各自性中真忏悔
忽悟大乘真忏悔　　除邪行正即无罪
学道常于自性观　　即与诸佛同一类
吾祖惟传此顿法　　普愿见性同一体
若欲当来觅法身　　离诸法相心中洗
努力自见莫悠悠　　后念忽绝一世休
若悟大乘得见性　　虔恭合掌至心求

师言：善知识！总须诵取，依此修行，言下见性，虽去吾千里，如常在吾边。于此言下不悟，即对面千里，何勤远来？珍重，好去！

一众闻法，靡不开悟，欢喜奉行。

机缘第七

师自黄梅得法，回至韶州曹侯村，人无知者。有儒士刘志略，礼遇甚厚。志略有姑为尼，名无尽藏，常诵《大涅槃经》。师暂听，即知妙义，遂为解说。尼乃执卷问字。

师曰：字即不识，义即请问。

尼曰：字尚不识，焉能会义？

师曰：诸佛妙理，非关文字。

尼惊异之，遍告里中耆德云：此是有道之士，宜请供养。

有魏武侯玄孙曹叔良及居民，竞来瞻礼。时宝林古寺，自隋末兵火已废。遂于故基，重建梵宇，延师居之，俄成宝坊。

师住九月余日，又为恶党寻逐。师乃遁于前山，被其纵火焚草木，师隐身挨入石中得免。石今有师趺坐膝痕及衣布之纹，因名避难石。师忆五祖怀会止藏之嘱，遂行隐于二邑焉。

僧法海，韶州曲江人也。初参祖师，问曰：即心即佛，愿垂指谕。

师曰：前念不生即心，后念不灭即佛。成一切相即心，离一切相即佛。吾若具说，穷劫不尽，听吾偈曰：

> 即心名慧　　即佛乃定
>
> 定慧等持　　意中清净
>
> 悟此法门　　由汝习性
>
> 用本无生　　双修是正

法海言下大悟，以偈赞曰：

> 即心元是佛　　不悟而自屈
>
> 我知定慧因　　双修离诸物

僧法达，洪州人。七岁出家，常诵《法华经》。来礼祖师，头不至地。

祖诃曰：礼不投地，何如不礼？汝心中必有一物，蕴习何事耶？

曰：念《法华经》已及三千部。

祖曰：汝若念至万部，得其经意，不以为胜，则与吾偕行。汝今负此事业，都不知过。听吾偈曰：

> 礼本折慢幢　头奚不至地
>
> 有我罪即生　亡功福无比

师又曰：汝名什么？

曰：法达。

师曰：汝名法达，何曾达法？复说偈曰：

> 汝今名法达　勤诵未休歇
>
> 空诵但循声　明心号菩萨
>
> 汝今有缘故　吾今为汝说
>
> 但信佛无言　莲华从口发

达闻偈，悔谢曰：而今而后，当谦恭一切。弟子诵《法华经》，未解经义，心常有疑。和尚智慧广大，愿略说经中义理。

师曰：法达，法即甚达，汝心不达。经本无疑，汝心自疑。汝念此经，以何为宗？

达曰：学人根性暗钝，从来但依文诵念，岂知宗趣？

师曰：吾不识文字，汝试取经诵一遍，吾当为汝解说。

法达即高声念经，至《譬喻品》，师曰：止！此经元来以因缘出世为宗，纵说多种譬喻，亦无越于此。何者因缘？经云：诸佛世尊，唯以一大事因缘出现于世。一大事者，佛之知见也。世人外迷着相，内迷着空。若能于相离相，于空离空，即是内外不迷。若悟此法，一念心开，是为开佛知见。

佛，犹觉也。分为四门：开觉知见，示觉知见，悟觉知见，入觉知见。若闻开示，便能悟入，即觉知见，本来真性而得出现。汝慎勿错解经意，见他道开示悟入，自是佛之知见，我辈无分。若作此解，乃是谤经毁佛也。彼既是佛，已具知见，何用更开？汝今当信，佛知见者，只汝自心，更无别佛。盖为一切众生，自蔽光明，贪爱尘境，外缘内扰，甘受驱驰。便劳他世尊，从三昧起，种种苦口，劝令寝息，莫向外求，与佛无二。故云开佛知见。

吾亦劝一切人，于自心中，常开佛之知见。世人心邪，愚迷造罪，口善心恶，贪瞋嫉妒，谄佞我慢，侵人害物，自开众生知见。若能正心，常生智慧，观照自心，止恶行善，是自开佛之知见。汝须念念开佛知见，勿开众生知见。开佛知见，即是出世。开众生知见，即是世间。汝若但劳劳执念，以为功课者，何异牦牛爱尾？

达曰：若然者，但得解义，不劳诵经耶？

师曰：经有何过，岂障汝念？只为迷悟在人，损益由己。口诵心行，即是转经。口诵心不行，即是被经转。听吾偈曰：

> 心迷法华转　心悟转法华
>
> 诵经久不明　与义作仇家
>
> 无念念即正　有念念成邪
>
> 有无俱不计　长御白牛车

达闻偈，不觉悲泣，言下大悟，而告师曰：法达从昔已来，实未曾转法华，乃被法华转。

再启曰：经云：诸大声闻乃至菩萨，皆尽思共度量，不能测佛智。今令凡夫但悟自心，便名佛之知见，自非上根，未免疑谤。又经说三车，羊鹿牛车与白牛之车，如何区别？愿和尚再垂开示。

师曰：经意分明，汝自迷背。诸三乘人，不能测佛智者，患在度量也。饶伊尽思共推，转加悬远。佛本为凡夫说，不为佛说。此理若不肯信者，从他退席。殊不知，坐却白牛车，更于门外觅三车。况经文明向汝道，唯一佛乘，无有余乘，若二若三，乃至无数方便，种种因缘，譬喻言词，是法皆为一佛乘故。汝何不省？三车是假，为昔时故。一乘是实，为今时故。只教汝去假归实，归实之后，实亦无名。应知所有珍财，尽属于汝，由汝受用。更不作父想，亦不作子想，亦无用想，是名持《法华经》。从劫至劫，手不释卷，从昼至夜，无不念时也。

达蒙启发，踊跃欢喜，以偈赞曰：

> 经诵三千部　曹溪一句亡
>
> 未明出世旨　宁歇累生狂
>
> 羊鹿牛权设　初中后善扬
>
> 谁知火宅内　元是法中王

师曰：汝今后方可名念经僧也。

达从此领玄旨，亦不辍诵经。

僧智通，寿州安丰人。初看《楞伽经》，约千余遍，而不会三身四智，礼师求解其义。

师曰：三身者，清净法身，汝之性也。圆满报身，汝之智也。千百亿化身，汝之行也。若离本性，别说三身，即名有身无智。若悟三身无有自性，即名四智菩提。听吾偈曰：

> 自性具三身　发明成四智
>
> 不离见闻缘　超然登佛地
>
> 吾今为汝说　谛信永无迷
>
> 莫学驰求者　终日说菩提

通再启曰：四智之义，可得闻乎？

师曰：既会三身，便明四智，何更问耶？若离三身，别谈四智，此名有智无身。即此有智，还成无智。复说偈曰：

> 大圆镜智性清净　平等性智心无病
>
> 妙观察智见非功　成所作智同圆镜

五八六七果因转　　但用名言无实性

若于转处不留情　　繁兴永处那伽定

（如上转识为智也。教中云：转前五识为成所作智，转第六识为妙观察智，转第七识为平等性智，转第八识为大圆镜智。虽六七因中转，五八果上转，但转其名，而不转其体也。）通顿悟性智，遂呈偈曰：

三身元我体　　四智本心明

身智融无碍　　应物任随形

起修皆妄动　　守住匪真精

妙旨因师晓　　终亡染污名

僧智常，信州贵溪人。髫年出家，志求见性。一日参礼。

师问曰：汝从何来？欲求何事？

曰：学人近往洪州白峰山礼大通和尚，蒙示见性成佛之义。未决狐疑，远来投礼，伏望和尚慈悲指示。

师曰：彼有何言句，汝试举看。

曰：智常到彼，凡经三月，未蒙示诲。为法切故，一夕独入丈室，请问如何是某甲本心本性？

大通乃曰：汝见虚空否？

对曰：见。

彼曰：汝见虚空有相貌否？

对曰：虚空无形，有何相貌？

彼曰：汝之本性，犹如虚空，了无一物可见，是名正见。无一物可知，是名真知。无有青黄长短，但见本源清净，觉体圆明，即名见性成佛，亦名如来知见。

学人虽闻此说，犹未决了，乞和尚开示。

师曰：彼师所说，犹存见知，故令汝未了。吾今示汝一偈：

不见一法存无见　　大似浮云遮日面

不知一法守空知　　还如太虚生闪电

此之知见瞥然兴　　错认何曾解方便

汝当一念自知非　　自己灵光常显现

常闻偈已，心意豁然，乃述偈曰：

无端起知见　　着相求菩提

情存一念悟　　宁越昔时迷

自性觉源体　　随照枉迁流

不入祖师室　　茫然趣两头

智常一日问师曰：佛说三乘法，又言最上乘，弟子未解，愿为教授。

师曰：汝观自本心，莫着外法相。法无四乘，人心自有等差。见闻转诵是小乘，悟法解义是中乘，依法修行是大乘。万法尽通，万法俱备，一切不染，离诸法相，一无所得，名最上乘。乘是行义，不在口争，汝须自修，莫问吾也。一切时中，自性自如。

常礼谢执侍，终师之世。

僧志道，广州南海人也。请益曰：学人自出家，览《涅槃经》十载有余，未明大意，愿和尚垂诲。

师曰：汝何处未明？

曰：诸行无常，是生灭法。生灭灭已，寂灭为乐。于此疑惑。

师曰：汝作么生疑？

曰：一切众生皆有二身，谓色身、法身也。色身无常，有生有灭。法身有常，无知无觉。经云生灭灭已，寂灭为乐者，不审何身寂灭？何身受乐？若色身者，色身灭时，四大分散，全然是苦。苦，不可言乐。若法身寂灭，即同草木瓦石，谁当受乐？又法性是生灭之体，五蕴是生灭之用。一体五用，生灭是常。生则从体起用，灭则摄用归体。若听更生，即有情之类，不断不灭。若不听更生，则永归寂灭，同于无情之物。如是，则一切诸法被涅槃之所禁伏，尚不得生，何乐之有？

师曰：汝是释子，何习外道断常邪见，而议最上乘法？据汝所说，即色身外别有法身，离生灭求于寂灭。又推涅槃常乐，言有身受用。斯乃执吝生死，耽着世乐。汝今当知，佛为一切迷人认五蕴和合为自体相，分别一切法为外尘相，好生恶死，念念迁流，不知梦幻虚假，枉受轮回，以常乐涅槃，翻为苦相，终日驰求。佛愍此故，乃示涅槃真乐，刹那无有生相，刹那无有灭相，更无生灭可灭，是则寂灭现前。当现前时，亦无现前之量，乃谓常乐。此乐无有受者，亦无不受者，岂有一体五用之名？何况更言涅槃禁伏诸法，令永不生。斯乃谤佛毁法。听吾偈曰：

无上大涅槃　　圆明常寂照
凡愚谓之死　　外道执为断
诸求二乘人　　自以为无作
尽属情所计　　六十二见本
妄立虚假名　　何为真实义
惟有过量人　　通达无取舍
以知五蕴法　　及以蕴中我
外现众色像　　一一音声相
平等如梦幻　　不起凡圣见
不作涅槃解　　二边三际断
常应诸根用　　而不起用想
分别一切法　　不起分别想
劫火烧海底　　风鼓山相击
真常寂灭乐　　涅槃相如是
吾今强言说　　令汝舍邪见

汝勿随言解　许汝知少分

志道闻偈大悟，踊跃作礼而退。

行思禅师，生吉州安城刘氏。闻曹溪法席盛化，径来参礼。遂问曰：当何所务，即不落阶级？

师曰：汝曾作什么来？

曰：圣谛亦不为。

师曰：落何阶级？

曰：圣谛尚不为，何阶级之有？

师深器之，令思首众。一日，师谓曰：汝当分化一方，无令断绝。

思既得法，遂回吉州青原山，弘法绍化，谥弘济禅师。

怀让禅师，金州杜氏子也。初谒嵩山安国师，安发之曹溪参叩。让至，礼拜。

师曰：甚处来？

曰：嵩山。

师曰：什么物，恁么来？

曰：说似一物即不中。

师曰：还可修证否？

曰：修证即不无，污染即不得。

师曰：只此不污染，诸佛之所护念，汝即如是，吾亦如是。西天般若多罗识汝足下出一马驹踏杀天下人，应在汝心，不须速说。

让豁然契会。遂执侍左右一十五载，日臻玄奥。后往南岳，大阐禅宗，敕谥大慧禅师。

永嘉玄觉禅师，温州戴氏子。少习经论，精天台止观法门，因看《维摩经》，发明心地。偶师弟子玄策相访，与其剧谈，出言暗合诸祖。

策云：仁者得法师谁？

曰：我听方等经论，各有师承。后于《维摩经》悟佛心宗，未有证明者。

策云：威音王已前即得，威音王已后，无师自悟，尽是天然外道。

曰：愿仁者为我证据。

策云：我言轻。曹溪有六祖大师，四方云集，并是受法者。若去，则与偕行。

觉遂同策来参。绕师三匝，振锡而立。

师曰：夫沙门者，具三千威仪，八万细行。大德自何方而来，生大我慢？

觉曰：生死事大，无常迅速。

师曰：何不体取无生，了无速乎？

曰：体即无生，了本无速。

师曰：如是！如是！

玄觉方具威仪礼拜。须臾告辞。

师曰：返太速乎？

曰：本自非动，岂有速耶？

师曰：谁知非动？

曰：仁者自生分别。

师曰：汝甚得无生之意。

曰：无生岂有意耶？

师曰：无意，谁当分别？

曰：分别亦非意。

师曰：善哉！少留一宿。

时谓一宿觉，后著《证道歌》盛行于世。谥曰无相大师，时称为真觉焉。

禅者智隍，初参五祖，自谓已得正受。庵居长坐，积二十年。师弟子玄策，游方至河朔，闻隍之名，造庵问云：汝在此作什么？

隍曰：入定。

策云：汝云入定，为有心入耶？无心入耶？若无心入者，一切无情草木瓦石，应合得定。若有心入者，一切有情含识之流，亦应得定。

隍曰：我正入定时，不见有有无之心。

策云：不见有有无之心，即是常定。何有出入？若有出入，即非大定。

隍无对。良久，问曰：师嗣谁耶？

策云：我师曹溪六祖。

隍云：六祖以何为禅定？

策云：我师所说，妙湛圆寂，体用如如。五阴本空，六尘非有。不出不入，不定不乱。禅性无住，离住禅寂。禅性无生，离生禅想。心如虚空，亦无虚空之量。

隍闻是说，径来谒师。

师问云：仁者何来？

隍具述前缘。

师云：诚如所言。汝但心如虚空，不着空见，应用无碍，动静无心，凡圣情忘，能所具泯，性相如如，无不定时也。

隍于是大悟，二十年所得心，都无影响。其夜河北士庶闻空中有声云：隍禅师今日得道。隍后礼辞，复归河北，开化四众。

一僧问师曰：黄梅意旨甚么人得？

师云：会佛法人得。

僧云：和尚还得否？

师云：我不会佛法。

师一日欲濯所授之衣，而无美泉。因至寺后五里许，见山林郁茂，瑞气盘旋。师振锡卓地，泉应手而出，积以为池，乃跪膝浣衣石上。

忽有一僧来礼拜，云：方辩是西蜀人。昨于南天竺国，见达磨大师，嘱方辩速往唐土，吾传大迦叶正法眼藏，及僧伽梨，见传六代，于韶州曹溪，汝去瞻礼。方辩远来，愿见我师传来衣钵。

师乃出示。次问：上人攻何事业？

曰：善塑。

师正色曰：汝试塑看。

辩罔措。过数日，塑就真相，可高七寸，曲尽其妙。

师笑曰：汝只解塑性，不解佛性。

师舒手摩方辩顶，曰：永为人天福田。（师仍以衣酬之。辩取衣分为三：一披塑像，一自留，一用棕裹瘗地中。誓曰：后得此衣，乃吾出世，住持于此，重建殿宇。宋嘉祐八年，有僧惟先，修殿掘地，得衣如新。像在高泉寺，祈祷辄应。）

有僧举卧轮禅师偈云：

卧轮有伎俩　能断百思想

对境心不起　菩提日日长

师闻之，曰：此偈未明心地。若依而行之，是加系缚。因示一偈曰：

惠能没伎俩　不断百思想

对境心数起　菩提作么长

顿渐第八

时，祖师居曹溪宝林，神秀大师在荆南玉泉寺。于时两宗盛化，人皆称南能北秀，故有南北二宗顿渐之分，而学者莫知宗趣。师谓众曰：法本一宗，人有南北。法即一种，见有迟疾。何名顿渐？法无顿渐，人有利钝，故名顿渐。

然秀之徒众，往往讥南宗祖师不识一字，有何所长？秀曰：他得无师之智，深悟上乘，吾不如也。且吾师五祖亲传衣法，岂徒然哉！吾恨不能远去亲近，虚受国恩。汝等诸人，毋滞于此，可往曹溪参决。

一日，命门人志诚曰：汝聪明多智，可为吾到曹溪听法。若有所闻，尽心记取，还为吾说。

志诚禀命至曹溪，随众参请，不言来处。时祖师告众曰：今有盗法之人，潜在此会。

志诚即出礼拜，具陈其事。师曰：汝从玉泉来，应是细作。

对曰：不是。

师曰：何得不是？

对曰：未说即是，说了不是。

师曰：汝师若为示众？

对曰：常指诲大众，住心观净，长坐不卧。

师曰：住心观净，是病非禅。长坐拘身，于理何益？听吾偈曰：

生来坐不卧　死去卧不坐

一具臭骨头　何为立功课

志诚再拜曰：弟子在秀大师处学道九年，不得契悟。今闻和尚一说，便契本心。弟子生死事大，和尚大慈，更为教示。

师曰：吾闻汝师教示学人戒定慧法，未审汝师说戒定慧行相如何？与吾说看。

诚曰：秀大师说，诸恶莫作名为戒，诸善奉行名为慧，自净其意名为定。彼说如此，未审和尚以何法诲人？

师曰：吾若言有法与人，即为诳汝。但且随方解缚，假名三昧。如汝师所说戒定慧，实不可思议。吾所见戒定慧又别。

志诚曰：戒定慧只合一种，如何更别？

师曰：汝师戒定慧接大乘人，吾戒定慧接最上乘人。悟解不同，见有迟疾。汝听吾说，与彼同否？吾所说法，不离自性。离体说法，名为相说，自性常迷。须知一切万法，皆从自性起用，是真戒定慧法。听吾偈曰：

心地无非自性戒　心地无痴自性慧　心地无乱自性定

不增不减自金刚　身去身来本三昧

诚闻偈悔谢，乃呈一偈：

五蕴幻身　幻何究竟

回趣真如　法还不净

师然之。复语诚曰：汝师戒定慧劝小根智人，吾戒定慧劝大根智人。若悟自性，亦不立菩提涅槃，亦不立解脱知见。无一法可得，方能建立万法。若解此意，亦名佛身，亦名菩提涅槃，亦名解脱知见。见性之人，立亦得，不立亦得，去来自由，无滞无碍，应用随作，应语随答，普见化身，不离自性，即得自在神通游戏三昧，是名见性。

志诚再启师曰：如何是不立义？

师曰：自性无非、无痴、无乱。念念般若观照，常离法相，自由自在，纵横尽得，有何可立？自性自悟，顿悟顿修，亦无渐次，所以不立一切法。诸法寂灭，有何次第？

志诚礼拜，愿为执侍，朝夕不懈。

僧志彻，江西人，本姓张，名行昌。少任侠。自南北分化，二宗主虽亡彼我，而徒侣竞起爱憎。时，北宗门人自立秀师为第六祖，而忌祖师传衣为天下闻，乃嘱行昌来刺师。

师心通，预知其事，即置金十两于座间。时夜暮，行昌入祖室，将欲加害，师舒颈就之。行昌挥刃者三，悉无所损。

师曰：正剑不邪，邪剑不正。只负汝金，不负汝命。行昌惊仆，久而方苏，求哀悔过，即愿出家。

师遂与金，言：汝且去，恐徒众翻害于汝。汝可他日易形而来，吾当摄受。行昌禀旨宵遁。后投僧出家，具戒精进。

一日，忆师之言，远来礼觐。师曰：吾久念汝，汝何来晚？

曰：昨蒙和尚舍罪，今虽出家苦行，终难报德，其惟传法度生乎？弟子常览《涅槃经》，未晓常、无常义。乞和尚慈悲，略为解说。

师曰：无常者，即佛性也。有常者，即一切善恶诸法分别心也。

曰：和尚所说，大违经文。

师曰：吾传佛心印，安敢违于佛经？

曰：经说佛性是常，和尚却言无常；善恶诸法，乃至菩提心，皆是无常，和尚却言是常。此即相违，令学人转加疑惑。

师曰：《涅槃经》，吾昔听尼无尽藏读诵一遍，便为讲说，无一字一义不合经文。乃至为汝，终无二说。

曰：学人识量浅昧，愿和尚委曲开示。

师曰：汝知否？佛性若常，更说什么善恶诸法，乃至穷劫无有一人发菩提心者。故吾说无常，正是佛说真常之道也。又一切诸法若无常者，即物物皆有自性，容受生死，而真常性有不遍之处。故吾说常者，正是佛说真无常义。佛比为凡夫外道执于邪常，诸二乘人于常计无常，共成八倒。故于涅槃了义教中，破彼偏见，而显说真常、真乐、真我、真净。汝今依言背义，以断灭无常，及确定死常，而错解佛之圆妙最后微言，纵览千遍，有何所益？

行昌忽然大悟，说偈曰：

> 因守无常心　佛说有常性
>
> 不知方便者　犹春池拾砾
>
> 我今不施功　佛性而现前
>
> 非师相授与　我亦无所得

师曰：汝今彻也，宜名志彻。

彻礼谢而退。

有一童子名神会，襄阳高氏子，年十三，自玉泉来参礼。

师曰：知识远来艰辛，还将得本来否？若有本则合识主，试说看。

会曰：以无住为本，见即是主。

师曰：这沙弥争合取次语。

会乃问曰：和尚坐禅，还见不见？

师以拄杖打三下，云：吾打汝痛不痛？对曰：亦痛亦不痛。

师曰：吾亦见亦不见。

神会问：如何是亦见亦不见？

师云：吾之所见，常见自心过愆，不见他人是非好恶，是以亦见亦不见。汝言亦痛亦不痛如何？汝若不痛，同其木石；若痛，则同凡夫，即起恚恨。汝向前见、不见是二边，痛、不痛是生灭。汝自性且不见，敢尔弄人！

神会礼拜悔谢。

师又曰：汝若心迷不见，问善知识觅路。汝若心悟，即自见性，依法修行。汝自迷不见自心，却来问吾见与不见。吾见自知，岂代汝迷？汝若自见，亦不代吾迷。何不自知自见，乃问吾见与不见？

神会再礼百余拜，求谢过愆。服勤给侍，不离左右。

一日，师告众曰：吾有一物，无头无尾，无名无字，无背无面，诸人还识否？

神会出曰：是诸佛之本源，神会之佛性。

师曰：向汝道无名无字，汝便唤作本源佛性。汝向去有把茆盖头，也只成个知解宗徒。

祖师灭后，会入京洛，大弘曹溪顿教，著《显宗记》，盛行于世（是谓荷泽禅师）。

师见诸宗难问，咸起恶心，多集座下，愍而谓曰：学道之人，一切善念恶念应当尽除。无名可名，名于自性。无二之性，是名实性。于实性上，建立一切教门，言下便须自见。

诸人闻说，总皆作礼，请事为师。

宣诏第九

神龙元年上元日，则天、中宗诏云：朕请安、秀二师，宫中供养。万机之暇，每究一乘。二师推让云：南方有能禅师，密授忍大师衣法，传佛心印，可请彼问。今遣内侍薛简，驰诏迎请。愿师慈念，速赴上京。

师上表辞疾，愿终林麓。薛简曰：京城禅德皆云，欲得会道，必须坐禅习定。若不因禅定而得解脱者，未之有也。未审师所说法如何？

师曰：道由心悟，岂在坐也？经云：若言如来若坐若卧，是行邪道。何故？无所从来，亦无所去，无生无灭，是如来清净禅。诸法空寂，是如来清净坐。究竟无证，岂况坐耶？

简曰：弟子回京，主上必问。愿师慈悲，指示心要，传奏两宫及京城学道者。譬如一灯然百千灯，冥者皆明，明明无尽。

师云：道无明暗，明暗是代谢之义。明明无尽，亦是有尽，相待立名。故《净名经》云：法无有比，无相待故。

简曰：明喻智慧，暗喻烦恼。修道之人，倘不以智慧照破烦恼，无始生死凭何出离？

师曰：烦恼即是菩提，无二无别。若以智慧照破烦恼者，此是二乘见解。羊鹿等机，上智大根，悉不如是。

简曰：如何是大乘见解？

师曰：明与无明，凡夫见二。智者了达，其性无二。无二之性，即是实性。实性者，处凡愚而不减，在贤圣而不增，住烦恼而不乱，居禅定而不寂。不断不常，不来不去，不在中间，及其内外。不生不灭，性相如如。常住不迁，名之曰道。

简曰：师曰不生不灭，何异外道？

师曰：外道所说不生不灭者，将灭止生，以生显灭，灭犹不灭，生说不生。我说不生不灭者，本自无生，今亦不灭，所以不同外道。汝若欲知心要，但一切善恶都莫思量，自然得入清净心体，湛然常寂，妙用恒沙。

简蒙指教，豁然大悟，礼辞归阙，表奏师语。

其年九月三日，有诏奖谕师曰：师辞老疾，为朕修道，国之福田。师若净名，托疾毗耶，阐扬大乘，传诸佛心，谈不二法。薛简传师指授如来知见。朕积善余庆，宿种善根，值师出世，顿悟上乘。感荷师恩，顶戴无已，并奉磨衲袈裟及水晶钵，敕韶州刺史，修饰寺宇，赐师旧居，为国恩寺。

付嘱第十

师一日唤门人法海、志诚、法达、神会、智常、智通、志彻、志道、法珍、法如等，曰：汝等不同余人，吾灭度后，各为一方师。吾今教汝说法，不失本宗。

先须举三科法门，动用三十六对，出没即离两边。说一切法，莫离自性。忽有人问汝法，出语尽双，皆取对法，来去相因。究竟二法尽除，更无去处。

三科法门者，阴、界、入也。阴是五阴，色、受、想、行、识是也。入是十二入，外六尘，色、声、香、味、触、法；内六门，眼、耳、鼻、舌、身意是也。界是十八界，六尘、六门、六识是也。自性能含万法，名含藏识。若起思量，即是转识。生六识，出六门，见六尘，如是一十八界，皆从自性起用。自性若邪，起十八邪。自性若正，起十八正。若恶用即众生用，善用即佛用。用由何等，由自性有。

对法，外境无情五对：天与地对，日与月对，明与暗对，阴与阳对，水与火对，此是五对也。

法相语言十二对：语与法对，有与无对，有色与无色对，有相与无相对，有漏与无漏对，色与空对，动与静对，清与浊对，凡与圣对，僧与俗对，老与少对，大与小对，此是十二对也。

自性起用十九对：长与短对，邪与正对，痴与慧对，愚与智对，乱与定对，慈与毒对，戒与非对，直与曲对，实与虚对，险与平对，烦恼与菩提对，常与无常对，悲与害对，喜与瞋对，舍与悭对，进与退对，生与灭对，法身与色身对，化身与报身对，此是十九对也。

师言：此三十六对法，若解用即道，贯一切经法，出入即离两边。

自性动用，共人言语，外于相离相，内于空离空。若全着相，即长邪见。若全执空，即长无明。执空之人有谤经，直言不用文字。既云不用文字，人亦不合语言。只此语言，便是文字之相。又云直道不立文字，即此不立两字，亦是文字。见人所说，便即谤他言着文字。汝等须知，自迷犹可，又谤佛经。不要谤经，罪障无数。

若着相于外，而作法求真，或广立道场，说有无之过患，如是之人，累劫不可见性。但听依法修行，又莫百物不思，而于道性窒碍。若听说不修，令人反生邪念。但依法修行，无住相法施。汝等若悟，依此说，依此用，依此行，依此作，即不失本宗。

若有人问汝义，问有，将无对；问无，将有对；问凡，以圣对；问圣，以凡对。二道相因，生中道义。如一问一对，余问一依此作，即不失理也。设有人问：何名为暗？答云：明是因，暗是缘，明没则暗，以明显暗，以暗显明，来去相因，成中道义。余问悉皆如此。汝等于后传法，依此转相教授，勿失宗旨。

师于太极元年壬子延和七月命门人往新州国恩寺建塔，仍令促工，次年夏末落成。七月一日，集徒众曰：吾至八月欲离世间，汝等有疑早须相问。为汝破疑，令汝迷尽。吾若去后，无人教汝。

法海等闻，悉皆涕泣。惟有神会，神情不动，亦无涕泣。

师云：神会小师却得善不善等，毁誉不动，哀乐不生，余者不得。数年山中竟修何道？汝今悲泣为忧阿谁？若忧吾不知去处，吾自知去处。吾若不知去处，终不预报于汝。汝等悲泣，盖为不知吾去处。若知吾去处，即不合悲泣。

法性本无生灭去来，汝等尽坐，吾与汝说一偈，名曰真假动静偈。汝等诵取此偈，与吾意同。依此修行，不失宗旨。

众僧作礼，请师作偈。偈曰：

一切无有真　　不以见于真

若见于真者　　是见尽非真

若能自有真　　离假即心真

自心不离假　　无真何处真

有情即解动　　无情即不动

若修不动行　　同无情不动

若觅真不动　　动上有不动

不动是不动　　无情无佛种

能善分别相　　第一义不动

但作如是见　　即是真如用

报诸学道人　　努力须用意

莫于大乘门　　却执生死智

若言下相应　　即共论佛义

若实不相应　　合掌令欢喜

此宗本无诤　　诤即失道意

执逆诤法门　　自性入生死

时徒众闻说偈已，普皆作礼，并体师意，各各摄心，依法修行，更不敢诤。乃知大师不久住世，法海上座再拜问曰：和尚入灭之后，衣法当付何人？

师曰：吾于大梵寺说法，以至于今，钞录流行，目曰《法宝坛经》。汝等守护，递相传授，度诸群生。但依此说，是名正法。今为汝等说法，不付其衣，盖为汝等信根淳熟，决定无疑，堪任大事。然据先祖达磨大师付授偈意，衣不合传。偈曰：

> 吾本来兹土　传法救迷情
>
> 一华开五叶　结果自然成

师复曰：诸善知识！汝等各各净心，听吾说法。若欲成就种智，须达一相三昧、一行三昧。若于一切处而不住相，于彼相中不生憎爱，亦无取舍，不念利益成坏等事，安闲恬静，虚融澹泊，此名一相三昧。若于一切处行住坐卧，纯一直心，不动道场，真成净土，此名一行三昧。若人具二三昧，如地有种，含藏长养，成熟其实。一相一行，亦复如是。我今说法，犹如时雨，普润大地。汝等佛性，譬诸种子，遇兹沾洽，悉皆发生。承吾旨者，决获菩提。依吾行者，定证妙果。听吾偈曰：

> 心地含诸种　普雨悉皆萌
>
> 顿悟华情已　菩提果自成

师说偈已，曰：其法无二，其心亦然。其道清净，亦无诸相。汝等慎勿观静，及空其心。此心本净，无可取舍。各自努力，随缘好去。

尔时，徒众作礼而退。

大师七月八日忽谓门人曰：吾欲归新州，汝等速理舟楫。大众哀留甚坚。

师曰：诸佛出现，犹示涅槃。有来必去，理亦常然。吾此形骸，归必有所。

众曰：师从此去，早晚可回？

师曰：叶落归根，来时无口。

又问曰：正法眼藏传付何人？

师曰：有道者得，无心者通。

又问：后莫有难否？

师曰：吾灭后五六年，当有一人来取吾首。听吾记曰：

> 头上养亲　口里须餐
>
> 遇满之难　杨柳为官

又云：吾去七十年，有二菩萨从东方来，一出家，一在家。同时兴化，建立吾宗，缔缉伽蓝，昌隆法嗣。

问曰：未知从上佛祖应现已来，传授几代，愿垂开示。

师云：古佛应世，已无数量，不可计也。今以七佛为始。过去庄严劫毗婆尸佛、尸弃佛、毗舍浮佛，今贤劫拘留孙佛、拘那含牟尼佛、迦叶佛、释迦文佛，是为七佛。

已上七佛，今以释迦文佛首传。第一摩诃迦叶尊者，第二阿难尊者，第三商那和修尊者，第四优波鞠多尊者，第五提多迦尊者，第六弥遮迦尊者，第七婆须蜜多尊者，第八佛驮难提尊者，第九伏驮蜜多尊者，第十胁尊者，十一富那夜奢尊者，十二马鸣大士，十三迦毗摩罗尊者，十四龙树大士，十五迦那提婆尊者，十六罗睺罗多尊者，十七僧伽难提尊者，十八伽耶舍多尊者，十九鸠摩罗多尊者，二十阇耶多尊者，二十一婆修盘头尊者，二十二摩拏罗尊者，二十三鹤勒那尊者，二十四师子尊者，二十五婆舍斯多尊者，二十六不如蜜多尊者，二十七般若多罗尊者，二十八菩提达磨尊者，二十九慧可大师，三十僧璨大师，三十一道信大师，三十二弘忍大师，惠能是为三十三祖。从上诸祖，各有禀承。汝等向后递代流传，毋令乖误。

大师先天二年癸丑岁八月初三日，于国恩寺斋罢，谓诸徒众曰：汝等各依位坐，吾与汝别。

法海白言：和尚留何教法，令后代迷人得见佛性？

师言：汝等谛听。后代迷人，若识众生，即是佛性。若不识众生，万劫觅佛难逢。吾今教汝识自心众生，见自心佛性。欲求见佛，但识众生。只为众生迷佛，非是佛迷众生。自性若悟，众生是佛。自性若迷，佛是众生。自性平等，众生是佛。自性邪险，佛是众生。汝等心若险曲，即佛在众生中。一念平直，即是众生成佛。我心自有佛，自佛是真佛。自若无佛心，何处求真佛？汝等自心是佛，更莫狐疑。外无一物而能建立，皆是本心生万种法。故经云：心生种种法生，心灭种种法灭。吾今留一偈，与汝等别，名自性真佛偈。后代之人，识此偈意，自见本心，自成佛道。偈曰：

真如自性是真佛　　邪见三毒是魔王

邪迷之时魔在舍　　正见之时佛在堂

性中邪见三毒生　　即是魔王来住舍

正见自除三毒心　　魔变成佛真无假

法身报身及化身　　三身本来是一身

若向性中能自见　　即是成佛菩提因

本从化身生净性　　净性常在化身中

性使化身行正道　　当来圆满真无穷

淫性本是净性因　　除淫即是净性身

性中各自离五欲　　见性刹那即是真

今生若遇顿教门　　忽悟自性见世尊

若欲修行觅作佛　　不知何处拟求真

若能心中自见真　　有真即是成佛因

不见自性外觅佛　　起心总是大痴人

顿教法门今已留　　救度世人须自修

报汝当来学道者　　不作此见大悠悠

师说偈已，告曰：汝等好住。吾灭度后，莫作世情，悲泣雨泪，受人吊问，身着孝服，非吾弟子，亦非正法。但识自本心，见自本性，无动无静，无生无灭，无去无来，无是无非，无住无往。恐汝等心迷，不会吾意，今再嘱汝，令汝见性。吾灭度后，依此修行，如吾在日。若违吾教，纵吾在世，亦无有益。复说偈曰：

兀兀不修善　　腾腾不造恶

寂寂断见闻　　荡荡心无着

师说偈已，端坐至三更，忽谓门人曰：吾行矣。奄然迁化。于时异香满室，白虹属地，林木变白，禽兽哀鸣。

十一月，广韶新三郡官僚，洎门人僧俗，争迎真身，莫决所之。乃焚香祷曰：香烟指处，师所归焉。时，香烟直贯曹溪。十一月十三日，迁神龛并所传衣钵而回。次年七月出龛，弟子方辩以香泥上之。门人忆念取首之记，仍以铁叶漆布固护师颈入塔。忽于塔内，白光出现，直上冲天，三日始散。

韶州奏闻。奉敕立碑，纪师道行。师春秋七十有六，年二十四传衣，三十九祝发，说法利生三十七载。得旨嗣法者四十三人，悟道超凡者莫知其数。达磨所传信衣，中宗赐磨衲宝钵，及方辩塑师真相并道具等，永镇宝林道场。流传坛经，以显宗旨，皆兴隆三宝、普利群生者。

六祖大师法宝坛经终。